零陵地区地方志丛书

零陵地区志·财政志

零陵地区财政局　编

方志出版社
Publishing House of Local Records

图书在版编目（CIP）数据

零陵地区志．财政志/零陵地区财政局编．—北京：方志出版社，2019.12

ISBN 978-7-5144-4083-6

Ⅰ.①零…　Ⅱ.①零…　Ⅲ.①零陵地区—地方志②地方财政—财政史—零陵地区—1828—1991　Ⅳ.①K296.44

中国版本图书馆 CIP 数据核字（2019）第 015760 号

零陵地区志·财政志

编　　者：零陵地区财政局
责任编辑：董　琳

出 版 者：方志出版社
地址　北京市朝阳区潘家园东里 9 号（国家方志馆 4 层）
邮编　100021
网址　http：//www.fzph.org
发　　行：方志出版社图书经销中心
电话（010）67110500
经　　销：各地新华书店
印　　刷：衡阳顺地印务有限公司

开　　本：889×1194　1/16
印　　张：18
字　　数：335 千
版　　次：2019 年 12 月第 1 版　2019 年 12 月第 1 次印刷
印　　数：001～500 册

ISBN 978-7-5144-4083-6　**定价**：300.00 元

弁　言

1949年10月，中华人民共和国成立，饱经沧桑的中华民族从此走上新生。46年来，在中国共产党的领导下，零陵地区经济繁荣，人民安居乐业，团结奋进，值盛世修方志，势在必行。以新方志体裁编写财政志，再现零陵地区百多年来财政事业面貌，为发展社会主义财政提供借鉴，无疑是一件具有重要意义的大事。

编写《零陵地区志·财政志》是一项光荣而艰巨的任务，从1989年8月组建领导班子，确定修志人员起，经历了搜集资料，鉴证史实，试写初稿，讨论审核，修改补充，最后定稿等阶段，为时6年。由于清末、民国时期的档案资料如凤毛麟角，所存无几，中华人民共和国成立后，零陵地区行政机构数次分合，所辖区域变动频繁，给编志工作带来了很大困难。全体编写人员不辞劳苦，多次赴省内外档案馆、图书馆、博物馆等有关单位，查阅书刊近四千册，调档三千五百多卷，摘抄资料百余万字，并本着“实事求是，忠于历史，不褒不贬，秉笔直书，功过并载，述而不论”的原则，按照“贯通古今，薄古厚今”的方法，进行精心编写。1993年7月写成送审稿，经有关单位的专家、学者和知情人士评议、修志领导小组评审后，又反复修改补充，基本上做到了史料翔实、数据准确、语句规范、文笔流畅，最后经行署地方志办公室斧正，于1994年12月定稿。

本志书是编写人员呕心沥血、艰苦劳动的结晶，同时凝聚了全区财政人员的力量。愿志成伊始，大家继续努力，为建设富饶美丽的零陵而生财、聚财、理财、用财，用实际行动续编零陵地区财政志，为世人留下借鉴。

沈根元

1995年4月2日

凡 例

一、本志坚持以马克思列宁主义、毛泽东思想、邓小平理论、“三个代表”重要思想、科学发展观、习近平新时代中国特色社会主义思想为指导，坚持辩证唯物主义和历史唯物主义，实事求是地反映历史现状。

二、本志专门记述清道光元年（1821）至1991年零陵地区财政发展变化过程，但也因事而异，适当上溯下延。

三、记述区域范围以1991年行政区划为限，即永州市、冷水滩市、祁阳县、东安县、道县、宁远县、江永县、蓝山县、新田县、双牌县及江华瑶族自治县。

四、为记述方便和尊重历史，零陵地区各个时期的不同名称在志书中除第一次出现时使用全称外：民国2年（1913）以前简称永州府，民国3年（1914）至1949年简称永州区，1950年以后简称零陵地区。江华瑶族自治县简称江华县。志中所用“民国”即中华民国，“新中国”即中华人民共和国。

五、本志结构层次由概述、大事记和财政收入、财政支出、财政管理三篇组成，篇以下设章、节，一律采用横排竖写，随文插列图表，以求文省事明。篇、章正文前都有不立标题的导言，分别揭示本篇、本章的主要内容及中心思想，统率正文记述。

六、本志采用记述体，根据忠于历史、秉笔直书的原则，贯通古今，功过并载，述而不论，观点自见，由表及里，因果彰明。

七、本志对零陵地区的工商税收和其他税收，为避免与其他专志重复，仅反映各个历史时期的税收收入数量和少数重点税目，述载从简。

八、本志所用货币，1949年10月以前均用当时流通的主币，即民国3年（1914）为纹银，民国4年至民国23年（1915—1934）为银圆，民国24年至民国

37年（1935—1948）上半年为法币，民国37年下半年至民国38年（1948—1949）为金圆券。1949年10月以后均用旧人民币，1955年3月以后使用新人民币。1949年10月至1955年2月期间，按旧人民币一万元折合新人民币一元计列。

九、载入本志的史料都经过考证，去伪存真。由于清末、民国时期币制不统一，银两成色参差、币制变换频繁、档案资料残缺不全，因而对财政收支各种数据统计表中无法确定或无法查找的数据以及无发生数栏用“—”表示。

十、本志行文规范按照湖南省地方志编纂委员会颁发的《湖南省志编写行文通则》的规定执行。

①

②

① 1987年2月，零陵地区财贸系统首次先进代表大会召开，图为参加会议的全体财政干部合影

② 1991年，零陵地区财政局召开全区文明财政所经验交流表彰大会

③ 1991年，零陵地区文明财政所经验交流表彰大会全体与会人员合影

③

①

②

③

① 1991年4月，零陵地区财政会计学会第三届理事会召开，选举陆顺元为会长

② 零陵地区会计工作先进集体、先进个人表彰大会召开，地委书记唐盛世、行署专员邓鸿章等领导出席并合影

③ 零陵地区财政局举办首届财会知识竞赛

①

②

③

① 零陵地区财政局中老年健身健美操表演

② 1991年，零陵地区财政局举办元旦文艺晚会，局长陆顺元、副局长沈根元宣布优秀节目并颁奖

③ 1991年9月，零陵地区财政局参赛节目荣获全区财政系统文艺调演二等奖，参加演员有邓跃南、陆斌、文朝晖

④ 1993年，《零陵地区志·财政志》稿评审会召开

④

目 录

概　述

零陵财政源远流长。西汉元鼎六年（前111），就记载零陵郡（相当于今零陵地区）的征粮纳税。东汉建安十四年（209），诸葛亮亲督零陵郡，调赋税供应军队。西晋太安二年（303），以零陵粟饷益州罗尚军，一次运出米三万斛。宋朝中期，连年战争，南方军饷苛重。《宋史·食货》记载：“鄂兵岁用米四十五万余石，于全、永、郴、邵、道、衡、潭、鄂、鼎科拨。”元朝至元十三年（1276），阿里海牙攻占永州，“定额租每亩纳谷一石三斗至二石六斗，……每户摊税一贯二钱”。明万历九年（1581），赋税、役合征，推行一条鞭法。明天启、崇祯年间（1621—1644），永州续增岷藩宗禄、南渭王宗室禄米，岁银三千六百余两。清沿明制，雍正元年（1723），湖南完成钱粮定例，以康熙五十年（1711）丁册为准，额定永州府年征丁银、秋粮、夏税米等11.06万两（银，下同），自此丁粮科标用至清末。

自道光元年（1821）以来，境内财政自清朝后期、中华民国到中华人民共和国，先后经历封建、半封建半殖民地和社会主义三种社会制度。在前两种社会制度下，财政的实质是为封建地主、官僚买办阶层服务，财政收入中绝大部分上缴省和中央，用以维持、巩固封建王朝和资产阶级政权的统治。中华人民共和国成立以后，零陵地区的财政“取之于民，用之于民”，为建设零陵，繁荣零陵，不断提高全区人民生活水平发挥应有的积极作用。

一

清道光元年至宣统三年（1821—1911），永州府建置及区划未变。财政实行“统收统支”的中央集权制，永州府每年只能按朝廷规定的收支项目征收、上解和存留、坐支。

道光年间（1821—1850），永州府仍推行康熙年间（1662—1722年）“圣世滋丁，永不加赋”和雍正年间（1723—1735）“摊丁入地，地丁合一”之法，每年额定丁银、秋粮、夏税米收入11.06万两，农民的赋税负担为：每一丁口征0.176两至0.686两；每亩上等民田征粮5.99升，下等民田0.89升；全府平均每亩征粮2.75升，加上宫殿费和丁银每亩统征4分3厘1毫，占农田收入的2.7%左右。额定地方财政支出以衙门经费为主，年支2.15万两。道光元年（1821），永州府财政收入12.92万两，其中地丁（农业税）占97.1%，其他收入占2.9%。地方财政支出2.43万两，上解藩库和上司衙门经费10.26万两。在封建王朝的统治下，官吏与差役、平民的收入有天壤之别。道光初期，永州府各衙门的差役年支工食6两，农民种田年收入折银也不过数两，而各衙门的官吏，从吏目、知县到知府，每人年支俸银、养廉银91.5～1277两，为平民、差役的15～213倍。道光二十二年（1842）鸦片战争后，西方列强冲破中国封建王朝的城门，强迫清政府割地、赔款，永州府的财政上解中增加赔款一项，负担加重。

咸丰、同治年间（1851—1874），永州府的财政收支定额照旧。咸丰元年（1851），太平天国运动在广西兴起，永州是太平军北上反清必经之地，清政府为阻止太平军北上，在永州驻扎一镇绿营兵和湘军南路巡防队以及澄湘水师营，共有官兵3757人，年支军费银13.59万两、米5806担。大军压境，迫使永州实施厘金，开征盐税，加倍掠夺人民，以筹集粮饷。咸丰五年（1855），设立永州厘金局，征收盐厘、茶厘、竹木厘、百货厘等，年收入3万两左右，全部上解省供作澄湘水师营薪饷。

光绪十一年（1885），永州府加蓝山县财政收入12.7万两，其中：地丁收入占95.9%，工商税收入占0.1%，其他收入占4.0%；地方财政支出仍以衙门经费为主，岁支2.5万两，上解藩库9.7万两。光绪二十年（1894），中日甲午战争之后，清政府为筹集巨额赔款，责令各省摊解，地方官吏以此为口实随意增加税捐。光绪二十二年至三十四年（1896—1908），永州新开征印花税、当税、房捐、人力车税、车船使用税、烟酒税、矿税、屠宰税、戏院捐等杂税、杂捐10余种。

宣统年间（1909—1911），永州府的民间贸易比咸丰、同治和光绪时期发达，加之海禁大开，商品流通增加，每年财政收入增至23.7万两，但清政府基于军政费大量增加，在陆续开征杂税杂捐的基础上加重旧厘，每50公斤食盐抽厘2.99两，为同治初年0.832两的3.6倍。宣统元年（1909），永州厘金局征收各项税捐7.36万两，为咸丰五年（1855）的2.45倍。农业税收入占财政收入的比重由光绪十一年（1885）的95.9%降为宣统三年（1911）的73.7%，财政支出结构也发生较大变化。宣统三年（1911），驻永州境内的绿营兵全部撤走，湘军南路巡防队官兵由1631人裁至1445人，唯澄湘水师营未动，官兵薪饷支出减少30.9%，但地方财政支出中新增军政费支出1.74万两，知府知县等衙门公费支出9.17万两，是年境内各衙门经费支出比光绪十一年（1885）增加3.2倍。

宣统元年（1909），永州府财政会计按入款和出款两条线各设10类款目，之下又分若干项目核算，出现现代财政总会计核算的雏形。

二

中华民国1—2年（1912—1913），永州府置名存实亡。民国3年（1914），湖南省政府依照永州府区划设立永州专区，内未设财政机构，自此财政进入有财无权时期。财政收入主体仍属农业赋税。民国元年（1912），废地丁、漕粮，改征田赋，在正税的基础上加征45%的附加，全府额征（银）19.78万两，比清末加重6.36万两。自民国2年（1913）起，境内各县财政附属湖南省财政。民国3—17年（1914—1928），因省库匮乏，便将地方田赋附加作为正税一并解省，永州区每年解省25万元（银圆，下同）左右，各县所需费用开支另准开征行政附加、教育附加、民训经费附加等。

民国18—33年（1929—1944），为建立整理地方县级财政阶段。民国18年，永州区各县建立财政局，县级财政收入以田赋附加为主，辅以各项税捐和杂项收入以及少量的公产收入。民国19年（1930），全区各县财政收入131.63万元，其中田赋附加收入占73.2%，各项税捐收入占18.8%，杂项收入占7.4%，公产收入占0.6%。民国20年（1931），国民政府加剧“围剿”工农红军，地方当局不断扩充军队和保安团，是年区内的军费与团款支出占财政总支出的56%，而经济建设费支出仅占1.7%，文教卫事业费支出占18.4%。国民政府为满足军费、团款支出急剧增长的需要，在田赋附加上一增再增。民国21年（1932），全区征田赋附加119.68万元，为正税29.64万元的4.1倍，其中：征保安团附加71.22万元，占附加收入总额的59.5%，是年祁阳县和道县征收田赋附加为正税的5.7倍，居全区各县之冠。同时，省县政府大量发行公债券票，募集资金，以济财政穷困。民国22—30年（1933—1941），区内三次承募湖南省政府发行的各种债券。民国23年（1934），划分县级财政收支范围，开始建立预算会计管理制度，形成县级自治财政系统。民国28年（1939），永州区各县财政收入主要来源为田赋的45%，契税的40%，普通营业税的20%，印花税的30%，以及屠宰税、房捐、警捐的全部收入，是年全区财政收入143.96万元（法币）。财政收入结构与民国19年（1930）相比，田赋收入占财政收入的比重由73.2%下降到38.6%，各项税捐收入比重由18.8%上升到32.3%，上级财政补助占19%，其他收入占9.3%，地方企事业收入占0.8%。

民国27年（1938），湖南省财政厅按行政督察区设财政视察区，派员轮流视察，实行财政监督。民国32年（1943），改为驻区督导制度。每区派荐任督导一人，常驻指定区、县督导整理自治财政，是年宁远县列入湖南省第二期督察辅导。

民国30年（1941），永州区物价飞涨，法币不断贬值，为保证军需粮秣，从“下忙”（10月1日至11月底）开始，田赋由征收货币改为征收实物，每元赋额征稻谷2

市斗，全区征稻谷26.08万担。此后，还采取征购、征借、带征等方式加征实物，到民国36年（1947），每元赋额缴纳稻谷加至7斗6升，全区纳粮99.47万担，比民国30年（1941）增加2.81倍。民国30—36年（1941—1947），永州区分三批进行土地清丈、陈报，按丈量的承粮面积重新配定赋额，全区新定赋额比原有赋额增加24.2%。民国33年（1944）8月以后，日军侵占永州区，全区除新田县城外，其余先后沦陷，是年全区田赋征实和征借只完成37.5%，比民国31年（1942）减少48.2%。

民国34—38年（1945—1949），永州区财政处于失控阶段。民国34年（1945）8月，抗日战争胜利，全区免征田赋一年，还免征营业税一个月。民国35年（1946），恢复中央、省、县三级财政，未建立区一级财政。划入县级财政的收入有屠宰税、营业牌照税、使用牌照税、筵席娱乐税和公产收入等，田赋营业税和遗产税为中央、省、县三级财政分享财源。是年，解放战争开始，各地政府为应付内战耗费，重赋税搜刮粮食。民国37年（1948），一元赋额征纳稻谷8斗6升，比内战前的5斗2升加重65.4%；同时强行征借粮食，只发给粮库券，不计利息，规定从第一年起分五年平均偿还。民国33—36年（1944—1947），全区征借粮食143.79万担。民国37年（1948），全区各地粮价上涨，法币大贬值，全区财政收支预算以数百亿法币计算，上半年支出比民国36年（1947）同期增长19.3倍，其他支出占财政总支出的84.2%，经济建设费仅占0.3%，文教卫事业费也只占5.7%。

三

1949年10月1日，中华人民共和国成立，湖南省人民政府沿袭永州府区划设立永州区行政公署，1951年7月更名零陵地区行政专员公署。地区财政遵照中央人民政府“暂时沿用旧税制，部分废除，在征收中逐步完善”的指示，对货物税、营业税、所得税等几个主要税种沿用民国旧制征收，废除自卫捐、绥靖捐等一类苛捐杂税，改田赋为公粮；财政支出方面一切为建立、巩固人民政权服务。1949—1991年，全区财政大体经历6个发展阶段。

（一）1950—1952年

这一时期，零陵地区未建立一级财政，国家在财政管理上实行“统收统支”“收支两条线”的财政体制。1950年，零陵地区财政收入概算266.13万元，全部上缴湖南省财政；支出概算243.14万元，亦由省财政下拨。全区财政在收入上彻底废除民国时期旧税制，建立新的税收制度，开征14个税种。结合土地改革进行查田定产，经核定，1952年底全区有田地477.4万亩，常年应产粮8.15亿公斤，实征农业税12512.6万公斤，折币1131.1万元，全部上缴中央；征收附加270万元，占财政收入的31.9%；在支出上执行紧缩政策，对国家工作人员实行定量包干供给制，集中财力支援国家抗美援朝。三年内全区地方财政收入 1490.4 万元，地方财政支出 1474.7 万元。

（二）1953—1962 年

1952 年，零陵地区并入湘南行政公署，1954 年后归衡阳专署管辖，这一时期无零陵地区一级财政。1953 年，重新建立县一级财政，按照国家预算和决算制度管理财政收支，对农业税实行稳定负担、增产不增税的政策。1953—1957 年，执行国民经济第一个五年计划，全区财政收入年平 2442.6 万元，其中农业税占 45.8%，工商各税占 45.6%，企事业收入占 1.5%。这一时期，全区人民积极响应政府号召，筹集社会闲散资金，用于社会主义经济建设，踊跃购买公债 435.1 万元。全区财政支出重点是社会公益事业支出和行政管理支出，其次是经济建设支出，其中社会公益事业支出 2892 万元，占总支出的 43.6%；行政管理支出占 32.6%；经济建设支出占 12.0%；社会抚恤救济支出占 11.1%。1955 年，随着国家财政经济状况好转，国家机关工作人员的报酬全部由供给制改为工资制，全区行政事业单位职工 13691 人（不含祁阳县），每月发工资 33.9 万元。1956 年以后，加大经济建设投资，是年经济建设支出 364.9 万元，1957 年为 310.3 万元，两年平均比 1953 年增加 8.7 倍。全区综合生产能力与 1955 年相比，增加机床产量 1.3 倍、发电设备能力 49.2%、原煤产量 4.4 倍、耐火材料产量 1.2 倍、公路里程 1.8 倍、水库储水容量 7.5%、排灌动力 5.5 倍。1958—1960 年，全区财政受高指标、浮夸风的影响，掀起以大抓收入为中心的财政全面跃进运动，平均每年财政收入 4118.9 万元，比“一五”时期年均增长 68.6%，其中，1959 年全区财政收入 6229.6 万元，剔除省下放的商业、林业、邮电三系统的企业收入后，比 1958 年增长 5.8 倍；财政支出年均 3520 万元，比“一五”时期增长 1.2 倍，其中经济建设支出占 50.6%。冷水滩造纸厂、冷水滩水泥厂、零陵地区轻机厂等全区工业生产骨干企业和湖南省重点水利工程双牌水库等均在这一时期建成。与“一五”时期末相比，三年内全区增加生产能力：机床产量增加 2.5 倍、发电量增加 1.8 倍、炼铁炉达到 14 座 65.1 立方米、造纸产量增加 2.0 倍、原煤产量增加 3.8 倍、耐火材料产量增加 2.3 倍、公路里程增长 1.3 倍、水库储水容量增加 94%、排灌动力增加 8.9 倍。1961—1962 年，全区基建项目纷纷下马，一些在建工程停建或缓建，基本建设投资比前三年减少 45.1%，财政支出中每年增加退赔“大跃进”时期的“一平二调”款 839.8 万元，基本建设支出仍呈下降趋势。全区财政收入年平均 2353.3 万元，降至 1958 年以前的正常水平。收入结构中工商税和农业税分别占 51.1%和 48.6%。1962 年 10 月，省人民政府恢复零陵地区行政专员公署建置，区内增加蓝山县，减少祁阳县，相应建立地区一级财政。

（三）1963—1965年

1963年，零陵地区财政开始单独编列预算和决算。是年起，贯彻中共中央“调整、巩固、充实、提高”方针，全区连续三年采取一系列措施调整财政收支结构，取得明显效果，财政收入平均每年递增15%，其中：农业税收入比重由1962年的49.8%下降到1965年的33.2%；企业收入由负数上升到占14.6%；工商税收（含地方税收）随着企业生产经营的发展逐步增加，1965年达到1896.1万元，比1962年增长49.5%；财政支出中基本建设投资继续受到控制，投资方向有所改变，农业投资比重上升，工业投资比重下降；文化教育卫生方面的基本建设投资比例由“二五”时期的8.1%下降到5.4%。经过三年国民经济调整，全区财政收支结构趋于合理。

（四）1966—1977年

第三个五年计划时期（1966—1970），正处于“文化大革命”运动期间。从1966年起，零陵地区财政收入连续三年下降，平均每年递减11.2%。1968年，全区财政收入进入低谷，其中：企业收入出现负数226.2万元，比1965年减收784.2万元；工商税收也比“文化大革命”前大幅度下降。1969年，零陵地区行政专员公署更名零陵地区革命委员会，是年全区财政收入好转，财政支出中经济建设支出偏重轻纺化工和农田水利建设，地区磷肥厂、化肥厂、纺织厂和零陵东风氮肥厂、道县糖厂以及冷水滩造纸厂的扩建均在这一时期建成投产，全区年增生产能力：氮肥增加3.2万吨、磷肥增加5万吨、棉纱锭增加18000个、机制糖增加3000吨、机制纸增加7200吨，农田有效灌溉面积增加12.35万亩。这一时期财政机构精简合并，财政管理制度被视为“繁琐哲学”和“管卡压工具”而被取消，会计核算粗糙，账表脱节。1969—1970年，零陵地区财税管理站留下三人处理财政业务工作，其余人员进“五七”干校，年度财政总决算简化为4张表格，许多重要数据资料都被精简掉。从1971年起，执行第四个五年计划，全区财政工作逐步走上正轨。“四五”时期，全区财政收入平均每年递增4.6%，其中农业税收占27.1%，比“三五”时期下降17.3个百分点；工商税收和企业收入分别占56.9%、15.5%，比“三五”时期分别增加12.0和6.3个百分点。财政支出中，基本建设投资平均每年为3836.9万元，其中对工业投资占59.5%，增设“五小”（小煤矿、小炼油、小水泥、小玻璃、小火电）企业投资项目，平均每年投资196.9万元，占基本建设支出的5.1%，全区各县新建小糖厂4个，年增产糖能力3900吨；新建小氮肥厂6个，年增氮肥生产能力6.6万吨；新建卷烟厂1个，新建大型水利工程1处。1974—1976年，开展“批林批孔”和“批邓、反击右倾翻案风”运动，全区财政工作再次受到干扰。1976年，全区企业收入入库与退库两抵出现负数，为-427.2万元，比 1973 年减收 1578.5 万元；农业税也减少 11.4%，财政总收入下降 16.3%。

（五）1978—1987 年

1978 年，党的十一届三中全会召开后，零陵地区财政执行“调整、整顿、改革、开放”的方针，进入新的发展时期。为适应经济体制改革的需要，1980 年实行“划分收支，分级包干，分灶吃饭，一定五年”的财政体制，调动地方各级人民政府理财的积极性。1981 年，全区财政收入 1.41 亿元，比 1980 年增长 42.4%。1982 年，全区对行政事业单位的经费开支实行“预算包干，结余留用”的管理办法，运用经济手段，调动各单位增产节约、增收节支的积极性，是年和翌年，全区行政管理支出比 1981 年分别减少 22.1%、15.3%。1983 年，全区对企业实行第一步利改税后，将卷烟税收上划中央，是年工商税收比 1982 年下降 33.8%。1984 年 10 月，普遍推行第二步利改税，企业由上缴利润改为上缴税利并存，逐步向完全以税代利过渡。是年，全区普遍建立乡镇财政所。从 1985 年起，对企业基本建设及技术改造项目投资实行拨款改贷款，由无偿使用改为有偿使用；供销社系统改为集体性质，按八级累进税率缴纳工商所得税，不再向财政上缴利润，财政也不再拨补亏损。是年 6 月，全区行政事业单位进行工资改革，对国家机关工作人员实行发放基础工资、职务工资、工龄工资的办法，全区年增加工资额 1400.4 万元。1986 年，全区国营企业实行经营承包责任制，承包期 3~5 年，其中：地级国营工业、商业、物资、交通企业承包期均为 5 年，上缴财政利润（含所得税）以上年企业实际上缴数额剔除不可比因素确定基数，5 年内平均每年递增 5%左右，允许企业用增长的利润税前还贷。1987 年，全区企业产品税（增值税）、营业税合计比 1985 年增长 44.9%，企业净收入增长 69.2%。

1978—1987 年，这是零陵地区财政收入稳定增长的 10 年，全区财政收入总计 12.3 亿元，比之前 28 年的收入合计数还多 2.56 亿元，平均每年递增 10.9%；尤其是烤烟税，全区年征税额由 1978 年的 751.8 万元增至 1987 年的 3766.9 万元，10 年内共征收产品税 1.87 亿元，占同期财政总收入的 15.2%。这 10 年也是全区财政支出增长较快的 10 年，平均每年递增 9.7%，比之前 28 年的年均递增速度高 4.3 个百分点。其中：经济建设支出 5.11 亿元，占同期财政支出 30.8%，10 年内新建和扩建祁阳内下电站、零陵卷烟厂、江永桃川糖厂、道县寿雁糖厂、零陵地区冷冻厂等一批工业骨干企业；社会公益事业支出 6.47 亿元，占 39.0%，新建零陵地区人民医院、祁阳卫校、祁阳师范学校、零陵师范专科学校等。在支出中用于行政机关的基本建设投资 1502.3 万元，占新中国成立以来全区行政机关基本建设投资总额的 91.4%；江华县机关从水口镇搬迁至沱江镇，恢复冷水滩县级市建制以及地委、行署机关在冷水滩市修建住宅等均在这 10 年完成，全区行政管理支出 3.1 亿元，占财政总支出的 18.7%。这一时期，全区财政机构逐步健全，人员齐备。1979 年，零陵地区革命委员会更名零陵地区行政公署。是年，江永县开始建立乡镇财政所，到1986年全区已建立430个财政所（室），占区乡镇总数的98.9%，招聘、配备乡镇财政所（室）工作人员1013名。1983年，祁阳县划归零陵地区管辖。1985年，零陵地区财政干部学校升格为财税职工中等专业学校。是年，成立湖南省信托投资公司零陵分公司，到1987年财政信托拥有基金515万元，融通资金3062.8万元，三年共投放贷款4623万元。1987年，地区财政局内部机构、人员由1976年的5科1室29人，增至8科2室1校共117人。是年，全区财政系统有干部职工1392人，为1976年的3.6倍。此外，控制社会集团购买力、财政监察、会计职称的评定、推销国库券、会计函授、财政理论研究等各项工作陆续得到恢复和加强，全区财政系统进入兴旺发达时期。

（六）1988—1991年

1988年，零陵地区被湖南省确定为改革开放试验区之一，地区财政抓住机遇，大胆进行改革，在指导思想上突破分配管理型财政的束缚，树立起生产发展型财政的新观念，提出财源建设新课题，将工作重心转向促产培财，对国营工商企业采取“放水养鱼”的方式。1988—1990年，允许企业用新增利润税前还贷4935.4万元，相当于财政减少企业收入2220.9万元，支持企业用于生产设备改造和技术革新。全区财政发生较大变化，在1987年的基础上，平均每年财政收入递增13.6%，收入中农业税所占比重由11.2%下降到9.1%，工商税收比重由83.3%下降到73.4%，其中烤烟税收占财政总收入的14.1%；财政支出年均递增17.8%，支出中年均经济建设支出比1987年增长42.7%，社会公益事业支出增长45.6%，行政管理支出增长50.2%，抚恤和社会福利救济支出增长59.9%。此外，每年增加粮食加价和价差补贴2061.1万元，占同期财政总支出的4.8%。1989—1991年，为配合国家开发湘南农业，平均每年支援农村生产支出2730万元，比1987年增长69.2%，其中新增农业发展专项资金支出1053.6万元。1991年，零陵地区组织各县市实施省财政厅提出的县级财源建设“3581”工程，即通过努力奋斗，各县市年财政收入分别登上3000万元、5000万元、8000万元和1亿元台阶，并选择部分乡镇财政实施小“3581”工程（即年财政收入登上300万元、500万元、800万元、1000万元）。此后，财源建设走上规范化。

新中国成立以来的42年，零陵地区财政曲折地向前发展。1950—1991年，全区财政总收入累计完成32.92亿元，平均每年递增12.6%；认购公债339.7万元、国库券等1.25亿元。财政累计支出44.5亿元，平均每年递增14%，其中：经济建设支出累计13.76亿元，占总支出的30.9%，年递增12%；社会公益事业支出累计16.05亿元，占总支出的36.1%，年递增14.5%；抚恤和社会福利救济支出累计1.97亿元，占总支出的4.4%，年递增17.6%；行政管理支出累计8亿元，占总支出的18.0%，年递增14.6%。1952—1991年，全区共减免农业税7.14亿公斤（稻谷），折款1.35亿元，占同期农业税征收额的22.4%，平均每年减免1785万公斤，折款338.3万元。其中：江华瑶族自治县从1986年起免征农业税，4年共免征稻谷2497万公斤。42年来，零陵地区工业生产的发展，为财政收入稳定增长开辟财源，而财政各项支出的执行又极大地促进全区经济及各项事业的发展，正是这种交互作用，推动着古老而神奇的零陵在湘南大地崛起。

清道光元年（1821）至1991年部分年份零陵地区境内财政收支统计表

表1

项目 / 年份	币制		收入	支出
	名称	单位		
清道光元年（1821）	银	万两	12.91	2.43
清光绪十一年（1885）	银	万两	12.72	2.50
清宣统三年（1911）	银	万两	23.68	11.75
民国19年（1930）	银圆	万元	128.22	128.28
民国20年（1931）	银圆	万元	141.34	140.55
民国24年（1935）	法币	万元	107.51	106.14
民国26年（1937）	法币	万元	100.99	100.99
民国27年（1938）	法币	万元	72.19	73.19
民国28年（1939）	法币	万元	143.96	143.96
民国29年（1940）	法币	万元	157.72	157.78
民国30年（1941）	法币	万元	233.61	233.61
民国31年（1942）	法币	万元	660.62	660.61
民国32年（1943）	法币	万元	2489.37	2489.37
民国33年（1944）	法币	万元	6390.42	6389.51
民国34年（1945）	法币	万元	6681.97	6684.16
民国35年（1946）	法币	亿元	30.06	27.02
民国36年（1947）	法币	亿元	85.92	86.80
民国37年（1948）	法币	亿元	876.08	881.13
民国38年（1949）	金圆券	万元	997.25	1023.65
1950	人民币	万元	266.13	243.14
1951	人民币	万元	378.35	367.31
1952	人民币	万元	845.90	864.25
1953	人民币	万元	2296.61	942.24
1954	人民币	万元	2587.32	969.48
1955	人民币	万元	2763.62	1148.23
1956	人民币	万元	2433.71	1799.91
1957	人民币	万元	2131.75	1774.24

续表1

项目 年份	币制		收入	支出
	名称	单位		
1958	人民币	万元	910.64	2663.43
1959	人民币	万元	6229.57	3328.59
1960	人民币	万元	5216.60	4568.10
1961	人民币	万元	2198.60	3618.63
1962	人民币	万元	2508.04	2152.27
1963	人民币	万元	2568.50	2593.90
1964	人民币	万元	3657.62	3912.20
1965	人民币	万元	3809.63	3451.40
1966	人民币	万元	3466.19	4309.65
1967	人民币	万元	2968.12	4495.37
1968	人民币	万元	2670.07	3653.31
1969	人民币	万元	3563.32	4888.32
1970	人民币	万元	4327.13	5443.26
1971	人民币	万元	5097.36	6428.87
1972	人民币	万元	5826.11	6721.96
1973	人民币	万元	5988.14	7537.11
1974	人民币	万元	4512.83	7600.87
1975	人民币	万元	6054.66	7974.99
1976	人民币	万元	5009.47	8567.88
1977	人民币	万元	7075.40	8430.39
1978	人民币	万元	8157.40	11620.10
1979	人民币	万元	7609.87	12432.71
1980	人民币	万元	9852.90	12385.10
1981	人民币	亿元	1.41	1.39
1982	人民币	亿元	1.22	1.37
1983	人民币	亿元	0.98	1.33
1984	人民币	亿元	1.01	1.56
1985	人民币	亿元	1.38	2.12
1986	人民币	亿元	1.66	2.50
1987	人民币	亿元	2.08	2.67
1988	人民币	亿元	2.18	3.24
1989	人民币	亿元	2.59	3.82
1990	人民币	亿元	2.65	4.68
1991	人民币	亿元	3.46	5.14

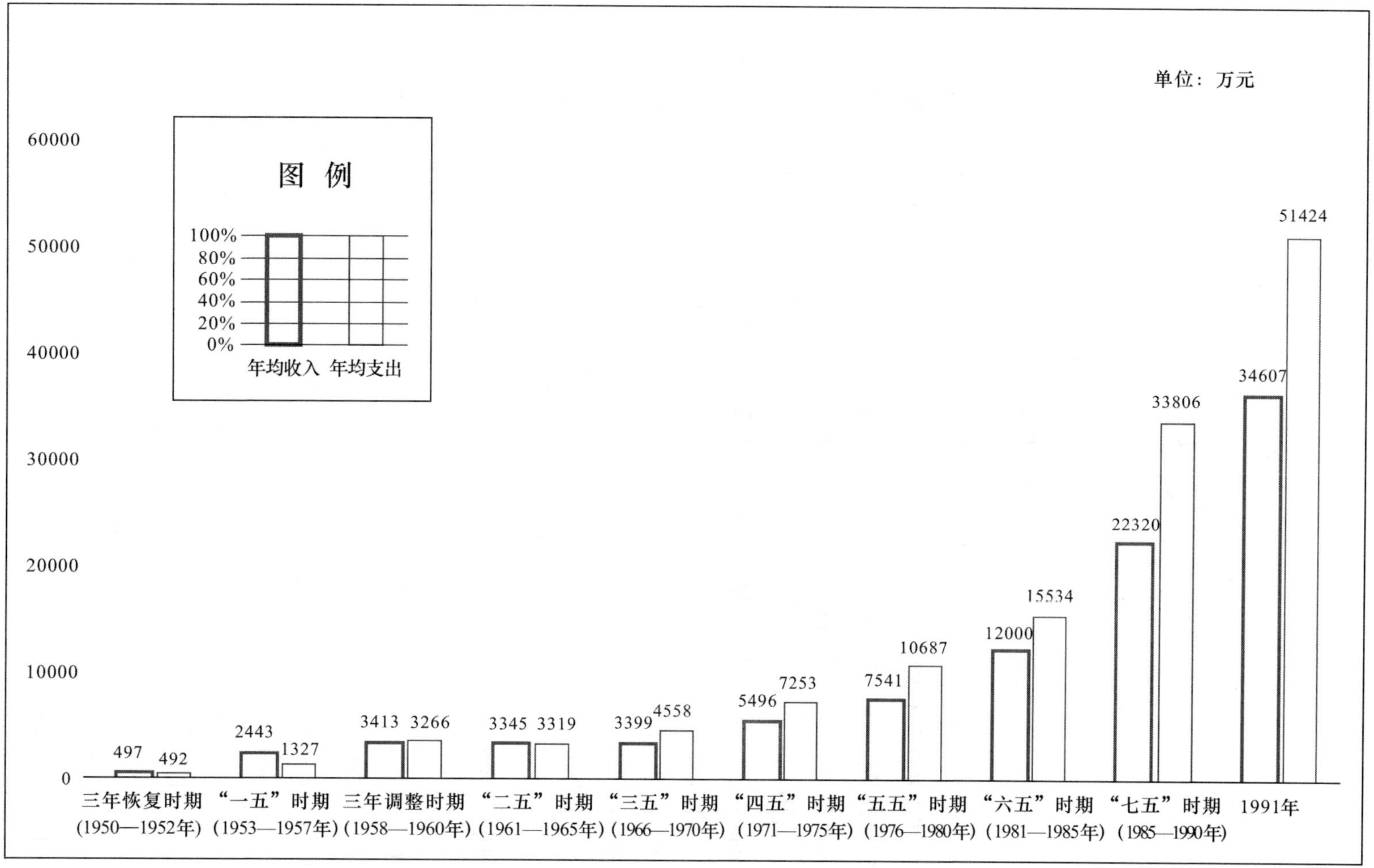

图1 1950—1991年零陵地区财政收入、支出对比图

大事记

清朝时期

道光元年（1821），朝廷对财政实行“统收统支”的中央集权制，永州府境内各县一切财政收入上缴朝廷，各衙门经费由朝廷按定额下拨支用。永州府额支知府俸银74.026两、补荒30.96两，道州知州俸银56.434两、补荒23.56两，各知县俸银均为31.74两、补荒13.26两；坐支濂溪、蒲湘、柳子祠及县文庙、崇圣祠等祭祀银1110两，向藩司请领310两。是年，永州府实行康熙年间（1662—1722）的“圣世滋丁、永不加赋”和雍正年间（1723—1735）的“摊丁入地，地丁合一”之法，全府额征秋粮、夏税米125347两（银），各项摊捐杂课68.68两。

咸丰元年（1851），永州府境内驻兵3757人，开支军费13.59万两（银），米5806担。

咸丰五年（1855），永州厘金局成立，年征收盐、茶、竹、木、百货厘金约3万两（银）。

同治八年（1872），湖南省向永州府及蓝山县摊派省衙署办公之费3801.147两（银）。

光绪二十年（1894），永州厘金局对茶、土糖厘金加抽二成，计130.96万文（钱），专供海防饷需。

宣统元年（1909），农业税分地丁、漕粮两类征解，永州府有地丁而无漕粮，但征漕粮附加费。

宣统元年（1909），永州府境内各县财政会计按入款和出款各设10类款目，款下分若干项目核算。

中华民国时期

民国元年（1912），废地丁、漕粮，改征田赋，以正（供）饷为标准征银，省定永州府正（供）饷12.23万两，除江华县有3130.5两正饷按每两征收正税银1.5两、地方附加0.7两外，其余正饷每两征收正税银1.1两、地方附加0.5两。是年，永州府各县征收田赋正税 13.60 万两（银）全部解省，地方附加 6.19 万两。

民国 2 年（1913），永州府境内公职人员月薪 40 元（银圆，下同）以上的发 9 成，50 元以上发 8 成半，100 元以上发 8 成，150 元以上发 7 成半，200 元以上发 7 成，360 元以上发 6 成半，480 元以上发 6 成，600 元以上发 5 成半，各级长官应支公费一律按 8 成发给。

民国 3 年（1914），田赋附加并入正税征收，永州区加蓝山县正税解省 25.6 万元。

民国 5 年（1916），永州区境内各县在知事公署内设财政委员，由省财政厅直辖，受知事监督，办理财政事宜。

民国 6 年（1917），改屠捐为屠宰税，归省财政收入，县级地方财政可征收屠宰税附加或提成。

民国 17 年（1928），永州区境内各县以征收省税与中央税的形式代替县级财政上解支出。

民国 18 年（1929），永州区田赋征收时间由每年的“上忙”（4 月 1 日至 6 月底）、“下忙”（10 月 1 日至 11 月底）改为 9 月至翌年 1 月一次征收，超过期限按应纳正税额征收 3%～5%的催追费，超期 1 年以上再加征 3%～20%的利息。东安县政府发行短期公债 3 万元。嗣后，祁阳县、新田县政府相继发行抵借债券，以田赋或其他收入担保，向纳税人或商户借用现金，政府不负兑现之责，持券人可凭券抵特定时期之赋税。全区境内各县执行《湖南省官厅簿记登记规则》，普遍采用会计科目、凭证、账簿、报表，按记账原则进行会计核算。境内各县均成立财政局，直属省财政厅，受县政府监督，负责当地的省税征解，经办省款坐支，办理县级地方财政收支。

民国 19 年（1930），永州区各县财政局实行统一的收支预算制度和会计制度。是年，全区境内各县契税、屠宰税划归省税收入，县税收入为契税附加、屠宰税提成以及筵席捐等。全区执行《中华民国试办预算章程》，每年 7 月 1 日至次年 6 月 30 日为一个会计年度。

民国 22 年（1933），永州区境内各县（含蓝山县）承募湖南省发行的“救国公债券”21.88 万元，实际完成 20.2 万元。是年 6 月，契税划归地方税，税率为卖契 3 分，典契 1 分，另附加 2 分。

民国 23 年（1934），划分县级财政收支范围，永州区各县形成县级自治财政系统。

民国 24 年（1935），湖南省财政厅开始对永州区收不抵支县进行补助，补助金额占全区财政总收入的 15%左右。是年，全区执行省颁发官吏出差旅费规则：车船费，荐任支报二等票价，委任以下报三等票价；每日膳宿费，省内荐任为4元，委任为2元，省外荐任为6元，委任4元；杂费，按每日旅费定额的三分之一支报。

民国25年（1936），永州区各县会计年度改为历年制，每年1月1日至12月31日为1个会计年度。并执行省颁发公职人员薪资等级：荐任官分12等级，县长级1~10级，月薪200~400元（法币，下同）；委任官分16等级，科长级为1~8级，月薪55~200元。

民国26年（1937），永州区境内各县执行国民政府公布的预算法，预算分总预算、单位预算、单位附属预算，概算改为多级制。

民国27年（1938），零陵县、祁阳县、东安县、道县、江华县、永明县、宁远县、新田县属湖南省第九督察区，按行政督察区设财政视察区。是年，屠宰税划归县级财政收入，税率为每头牛征5元、猪3元、羊1元，按实收数额上解省财政20%。

民国28年（1939），永州区境内各公务机关始行“主计制度”，当日账务当日记完，换人复核，每月编制出计算、收支对照、现金结存等表单。是年，区内各县财政收入分成比例为田赋45%、契税40%、营业税20%、印花税30%，屠宰税、房捐、艺捐全部为县收入。

民国29年（1940），第九行政督察区改称第七区，专区及所辖各县机关执行湖南省各机关及所属单位简易会计制度，废除财政计划由主管长官一人独裁制，逐步健全会计制度，各县公务资金集中在“民财建款”上统管。

民国30年（1941）下半年起，由中央接管田赋，停征货币，改征实物，永州区加蓝山县征稻谷26.08万担。是年起，屠宰税率增加三分之一，征收额全部解缴省库。8月，区内契税收入划归中央财政。9月，零陵县、东安县、蓝山县列入第一期田赋陈报业务，由业务员逐丘编号、查丈、计积、绘图、登册，将编查结果通知业户检校，于次年4月结束。是年，湖南省发行“同盟胜利和美金公债”，全区推销国币328.08万元，美元19.68万元。

民国31年（1942），屠宰税按市价、重量计算课征，税率为猪羊5%、牛6%。2月，宁远县、新田县列为湖南省第二期田赋陈报普查，9月普查结束。是年，永州区执行行政院规定，田赋每元赋额征收稻谷4斗，全区实际征收稻谷77.70万担。

民国32年（1943），永州区内实施督导制度，省派荐任督导员1人常驻区、县，督导整理自治财政。

民国33年（1944），湖南省对永州区内财政收不抵支县停止补助。

民国34年（1945），全国抗日战争胜利，永州区免征田赋一年，免征营业税一个月。是年，全区契税税率调整为卖契5%，典契4%，变换契、分割契2%，赠与契、占有契6%。

民国35年（1946），永州区内各县执行民国政府抚恤条例，对抗战中阵亡和因公殒命或积劳成疾的官兵，给予一次性抚恤金2万~30万元。民国政府恢复中央、省、县三级财政，县级政府的收入有屠宰税、营业牌照税、使用牌照税、筵席娱乐税和公产收入等，田赋、营业税和遗产税为中央、省、县三级财政分享，其中：田赋和营业税县占50%，遗产税县占30%。6月，执行省规定，区内各县契税收入划归县级财政收入。是年，省恢复对区内财政收不抵支的县实行补助，补助金额占财政收入的4%左右。

民国36年（1947）9月，永州区土地清丈、陈报完毕，厘定耕田面积2951.4万亩，其中：承粮面积427.7万亩，占总面积的14.5%，比陈报前承粮面积多91.9万亩，重新配定赋额167.72万元（银圆），比原定赋额增加24.3%。

民国37年（1948），永州区田赋每元赋额征收稻谷2斗8升，征购2斗8升，带征县级公粮三成，自卫饷谷8升，筑路谷2升，一次捐献谷1斗2升，合计8斗6升。

新中国成立以后

1949年

10月，成立永州专员公署，设财政粮食科。

11月，全区农业税改为征收公粮，一律缴纳稻谷，人平收入在135公斤以内者免征，出租田按主、佃分别负担，随征附加稻草、干柴。

1950年

2月，零陵地区各县财政实行“统收统支”制度。

3月29日，宁远县发生反革命武装暴乱，水市区公所财粮助理赵岐山壮烈牺牲。

4月，区内各人民银行成立代理金库，负责处理同级财政的收入缴库和支出付款事项。

上半年，全区分两期推销人民胜利折实公债19.21万分，于1956年还本付息。

8月，全区对农业税实行灾害减免，凡收获不足三成者免征公粮，收获达七成以上者不减免。

1951 年

1 月，全区结合土地改革进行查田定产，共查出册外漏记田 92.68 万亩，占原有田亩的 27.6%。

4 月，地区财政拨款 70 万元，筹建地区直属第一家国营工厂零陵造纸厂。

6 月，专署撤销财政粮食科，设立财政科。

1952 年

7 月，全区实行公费医疗制度，地、县成立公费医疗委员会，国家工作人员按每人每月 1.50 元限额据实报销。

10 月，零陵专员公署与衡阳、郴州并为湘南行政公署，内设财政处。

是年，对区内少数民族聚居地减免农业税 20%。

1953 年

1 月，区内各县实行“以支定收，收入分成，一年一定”的财政管理体制。

2 月，区内国营企业实行附加工资制，按工资总额提取比例为：工会经费 2%，劳保基金 3%，医药卫生补助金 5%~7%，福利补助金 2.5%，由企业行政方面直接支付的劳动保险费 3.24%。

是年，区内国营工业企业的基本折旧基金全部上缴财政。

1954 年

是年起，推销国家发行的经济建设公债，年息 4 厘，分 10 年偿还。

7 月，湘南行政公署被撤销，成立衡阳、郴州两个专署，零陵地区所属新田县划归郴州专署管辖，其余县归衡阳专署管辖，专署内设财政科。

1955 年

是年，区内各县对地方国营工业企业的自有流动资金实行计划定额，全部由财政拨给。

11 月，撤销江华县，成立江华瑶族自治县，对该县财政不实行“统收统支”，而是将农业税、工商税、工商所得税、商品流通税、货物税按规定比例划给该县，另每年补助 29.1 万元。

1956 年

3 月，永明县更名江永县，永明县财政科改称江永县财政科。

7月起，国家工作人员全部实行工资制，区内江华县执行三类工资区标准，其余县执行二类工资区标准。

10月，全区农业税实行以农业合作社为征收单位。

1957年

是年起，对干部、工人使用公费家具、水、电实行收租收费。

12月，筹建冷水滩造纸厂，1959年10月建成投产，财政共拨款210万元。

1958年

1月起，全区各县执行国家机关、企业事业单位工作人员差旅费开支的几项规定，住勤标准：到专署以上城市出差，在机关单位外就餐，每天补助0.50元，在机关单位搭餐补助0.20元，到区、乡（镇）出差，在机关单位外就餐每天补助0.25元，在机关单位搭餐不予补助。

3月，全区执行国务院关于工人、职员退休处理的暂行规定，按规定的不同退休年龄、工龄、退休原因和工种，以本人工资的40%~85%核定。

6月，农业税改累进税制为统一比例税制，区内各县平均税率为常年产量的16%，对少数民族县、乡减征其依率计征税额的6%~8%。

8月，区内各县财政税务机关机构合并，改称县财税局。

1959年

3月，宁远县财税局局长李祥恩出席全国先进财政工作者会议，并受到表彰。

4月，筹建江华水口造纸厂，至1961年因长期不能投产而停建，财政先后拨款252.4万元。

1960年

10月起，区内各县对行政工资在17级以上的党员干部降低工资。

12月，全区执行中共中央关于冻结、清理机关、团体在银行的存款和企业专项存款的指示，各单位12月底的存款余额一律冻结。

是年，医院工作人员的工资全部由财政负担，实行“全额管理、定额补助、预算包干”的管理制度。

1961年

1月，区内对国营工商企业开展清产核算，工业交通运输企业所需自有定额流动资金不足部分的80%由财政拨款。

7月起，区内各县对“大跃进”时期的“一平二调”实施经济退赔，至1962年财政共支付退赔款1679.6万元。

8月，各县财政与税务分家，成立县财政局。

10月，区内各县对农业税灾歉减免按“轻灾少减，重灾多减，特重全免”的原则，全区减免稻谷1202.1万公斤。

1962年

7月，全区调整农业税征收任务，平均税率为12.5%，农业税附加10%，纳税单位改为生产队。

12月，恢复零陵专署财政局。

是年，区内新田县试种烤烟成功，产烤烟18担，征收烟叶产品税1183元。

1963年

1月，全区执行国务院会计人员职权试行条例。

3月，全区对干部、职工增加工资，提薪面45%，江华县调整为四类工资区，其余县调整为三类区。

12月，全区农业税因灾歉减免稻谷3401万公斤，占是年依率计征额的36.8%。

1964年

是年，零陵专区实行“总额分成，加小固定”的财政体制，超收按20%分成。

2月起，全区对编制在15人以下，未安排勤杂员的行政机关、事业单位，按每人每月1元~1.5元发给小伙食补贴。

4月起，全区财政安排计划生育经费，用于减免城乡居民实施计划生育手术费和医药费。

12月，从本年度起，全区各县农业税附加收入中划出25%作为农村中小学房屋维修专用经费。

1965年

4月起，全区对行政工资14级以下的干部、职工，每月拨粮价补贴1元。

5月，在地区财贸干校举办工业会计培训班，为期3个月，学员60名。

1966年

10月起，对县以上供销社社属企业由缴纳所得税改为上缴利润，实行利润留成。

1967 年

是年起，地级财政取消“小固定”，实行“总额分成”和“超收分成”，分成比例均按 57%计算。

8 月，全区加征 4%的农业税附加，全额上解省财政，用作农村“文化大革命”运动经费。

11 月，人民解放军参与地方支左、支工、支农及军管军训人员的公用经费，改由各级财政负担，在所在单位的经费内报支。

1968 年

2 月，全区执行中共中央关于进一步节约闹革命坚决节约开支的紧急通知，按上年年底账面余额，冻结行政、事业、企业单位的银行存款。

4 月起，全区调整行政在职干部、职工粮价补贴，对行政工资 17 级以下人员，1965 年 11 月 1 日以前参加工作的每人每月补贴 2. 5 元，1966 年 7 月 31 日以前参加工作的补贴 1 元，8 月 10 日以后参加工作的不予补贴。

1969 年

3 月，撤销零陵专署财政局，成立零陵地区革命委员会财政税务管理站。

6 月，全区对城镇上山下乡人员给予安置生活补助费，其中：“知识青年”、社会青年、闲散劳力插队落户者人均年发 220 元，居民发 110 元，原系农村的发 40 元，到农村亲友落户的发 120 元。

9 月起，区内国营工业企业停止提取工会经费、劳动保险金，将福利金、医药卫生金、奖励基金合并为企业职工福利基金，按工资总额的 11%提取。

12 月，撤销潇水林区管理局，成立双牌县，相应成立双牌县财政税务管理站。

1970 年

10 月起，全区将市场管理人员列入行政编制，其经费开支纳入各级财政预算，市场罚没收入全额上缴财政。

1971 年

1 月，全区人民银行系统机构经费纳入地方财政预算。

4 月，全区实行“收支包干，超收分成，支出超支，自求平衡”的财政体制。

8月，全区农业税代金改缴粮食，计税价格一律按每50公斤9.50元计算。

10月，零陵地区财政税务管理站与人民银行合并，成立零陵地区革命委员会财政金融战线领导小组。

1972年

1月，对全区工商企业开展清产核资，核定流动资金，不足部分由财政拨给。

9月，撤销零陵地区革命委员会财政金融战线领导小组，成立零陵地区革命委员会财政金融局。

1973年

12月，全区对城市维护费的资金来源调整为：从电费、水费中提取的城市公用事业附加，从工商税收中提取1%的附加，随同工商所得税征收的1%附加和国家预算拨款。

1974年

1月起，全区对国家办的人民公社卫生院实行“全额管理，定额补助，结余留用”，对集体办的卫生院实行“社办公助”，财政按其正常支出的35%或人员工资的60%给予补助。

4月起，全区对行政机关公用经费试行“包干使用”的管理办法，结余留用。

1975年

1月起，全区执行财政部颁发的国营企业会计规则（草案）。

9月，零陵地区革命委员会撤销财政金融局，成立财政税务局。

1976年

是年起，零陵地区实行“收支挂钩，总额分成”的财政体制。

4月，全区执行省财政局颁发的地方财政总会计制度和行政事业单位会计制度。

11月，零陵地区革命委员会成立冻结存款办公室，对各单位1976年10月底各项经费和资金结余存款一律冻结。

1977年

9月，零陵地区成立扭亏增盈领导小组，下设办公室，在地区财税局内办公。

1978年

1月，全区规定国营企业提取的基本折旧基金50%留给企业，50%上缴财政；地级新建企业投产后，3年内提取的基本折旧基金全部上缴财政。

8月，全区执行财政部规定，公费医疗经费预算定额由年人均20.50元提高到30元。

9月，全区执行国务院颁发的会计人员职权条例。

11月，全区对国营企业试行企业基金制度，凡完成国家下达的8项年度计划指标以及供货合同的工业企业，可按工资总额的5%提取企业基金。

1979年

2月，成立永州镇（县级镇），相应成立永州镇财政税务局。

3月，江永县列入全省乡（镇）财政体制改革试点县，率先建立12个乡（镇）财政所。

5月，零陵地区革命委员会财政税务局更名为零陵地区行政公署财政税务局。

7月起，全区对国营企业固定资产试行有偿调拨办法。

8月，地区成立清产核算办公室，全区国营企业开展清产核资工作。

10月，全区实行8种主要副食品价格补贴，给职工每人每月补贴5元。

是年，全区对人平口粮不足200公斤的生产队免征农业税。

1980年

是年起，地区财政对部分支农资金由无偿拨款改为有偿周转使用。

3月，成立零陵地区财政干部学校，校址设在永州镇河西桃江。

是年，全区对贫困的生产队和少数民族居住地区减半征收农业税。

是年，全区对行政事业单位的干部职工发年终节约奖金人均40元。

1981年

1月，全区开始评定会计人员技术职称，地、县成立会计系列职称评审领导小组。

6月，全区行政机关按人员工资总额的0.6%提取奖励费，年终对工作人员进行奖励。

7月，地直行政机关工作人员实行家具自理，对原公费家具进行清理，折价变卖。

1982年

1月，改永州镇为县级永州市，永州镇财税局改称永州市财税局。

2月起，全区对超标准排放污染物的企业、事业单位征收排污费，纳入地方财政专项收费管理。

10月，零陵地区财政会计学会选举产生学会第一届理事会领导机构。

1983年

是年起，湖南省撤销零陵地区一级财政，地区不担负全区财政平衡职责。

4月，全区执行国营工业企业暂行条例和国营企业利改税试行办法，对企业实行第一步利改税。

5月，祁阳县由衡阳地区划归零陵地区，祁阳县财政税务局划归零陵地区财政税务局管辖。

7月起，全区国营企业流动资金改由银行统一管理，财政停拨企业流动资金。

11月，开征农林特产税，零陵地区未执行。

是年，全区对行政事业单位职工每人每月发放洗理费2.50元、书报费1.50元。

1984年

2月，零陵地区财政、税务机构分设，成立零陵地区财政处。

4月，零陵地区财政处更名为零陵地区财政局。

4—6月，开展清理职工借欠公款，全区清理1286个单位，有13435人借欠公款金额198.7万元。

5月，成立中共零陵地区财政局党组。

6月，撤销零陵县财政局，成立冷水滩市财政局。

7月，国营工业交通运输企业的固定资产折旧率由4.6%提高到6%，大修理基金提取比例由1.5%提高到2.5%。

8月，全区对国营企业实行第二步利改税。

是年，全区普遍建立区乡镇财政机构所，到年底共建财政所（室）461个。

是年，能源交通重点建设基金超收部分全部留地方使用。

1985年

是年起，省财政对零陵地区的东安县、道县、宁远县、蓝山县、江永县、双牌县财政实行定额递增 5%补贴，江华县递增 10%补贴，其余县市为定额递增 10%上解。

1 月，零陵地区财政干部学校改为零陵地区财税职工中等专业学校，升格为副处级事业单位。

5 月 1 日起，全区施行《中华人民共和国会计法》。

6 月，省财政厅在东安县召开全省国库券推销现场会，零陵地区提前 2 个月完成推销任务，获全省各地州市第一名。

7 月，全区行政事业单位工作人员进行工资制度改革，按 5 类工资实行结构工资制，并增发 4 种副食品补贴，每人每月 5 元。

8 月，成立湖南省信托投资公司零陵分公司。

9 月，地区财政局确定宁远县棉花坪瑶族自治乡为扶贫点。经过一年努力，1986 年该乡总产值完成 75.1 万元，比 1984 年增长 64.3%，人平口粮增加 20 公斤。

11 月，零陵地区财政局组建男、女篮球队，参加全省财政系统首届篮球比赛，获女子组第二名。

是年，全区工业交通运输企业技术改造资金由财政无偿拨款改为有偿贷款。

1986 年

是年，省财政厅将 1987—1989 年应给零陵地区有关县的定额补贴 1230 万元提前拨补，支持生产，培植财源。

1 月，全区开征农林特产税，税率 5%~8%，随征附加 14%。

4 月，地区财政局组织思想政治工作巡回讲用团赴各县市讲用。

4 月，全区对行政事业单位的预算外资金实行“专户储存，计划管理，财政审批，银行监督”制度。

5 月，核销中央财政借用全区 1981—1982 年结余款 4941 万元。

6 月，零陵地区提前 99 天超额完成国库券推销任务，列省内各地州市第一名。

7 月，全区执行湖南省征收教育费附加实施办法，按产品税、增值税、营业税税额征收 1%，乡镇农户按纯收入 1%~1.5%征收。

8 月，零陵地区财政会计学会召开第二次代表大会，选举产生第二届理事会。

9 月，全区开始对财会人员颁发会计证。

是年起，对江华瑶族自治县免征农业税，至 1989 年共免征稻谷 2497 万公斤。

是年，行署对地直企业实行厂长（经理）经营承包责任制，承包期为 5 年，上缴财政利润（所得税）以 1985 年为基数每年递增 5%。

1987年

2月，召开首次全区财贸系统先进工作者和先进集体代表大会，财政系统23个单位和47人受到表彰。

3月，零陵地区完成国库券推销任务，在省内各地州市中列第一名。

3月，成立中华会计函授学校零陵分校，学制为中专三年。

5月，省财政厅向全省推介东安县改革公费医疗管理经验。

6月，双牌县开展征收耕地占用税试点，嗣后全区开征。

6月，全区举行首次会计从业资格证书（以下称会计证）考试，3072人参考，合格率75.8%。

9月，在财政部召开的中南5省桂林片会上，零陵地区财政局介绍推销国库券工作经验。

10月，全区屠宰税征收工作由税务部门移交财政部门。

1988年

是年，零陵地区被国务院列为湘南农业开发区之一，财政安排第一期农业开发配套资金1038万元。

4月，全区对干部职工增加猪肉、蔬菜、食糖、鲜蛋价差补贴每月10元。

5月，零陵地区财政局由永州市中山路30号搬入永州市新街32号，借用永州市委、市政府旧办公室。

5月，全区会计工作表彰会召开，16个单位和110人被授予先进集体、先进会计工作者称号。

6月起，全区开展会计工作达标升级活动。

6月，省将粮食企业财务下放到地区管理，年亏损指标1100万元，行署对地区粮食局实行全行业承包。

6月，省恢复零陵地区一级财政，实行“定额补贴，一定三年”的财政体制。

6月，地区信托投资公司计划发行建设债券1500万元，实际发行665.3万元。

8月，全区对659名从事财务会计工作30年以上的人员颁发荣誉证书。

8月，湖南省珠算协会在东安县举行全省第八届珠算技术比赛，零陵地区队和东安县队均获技术进步奖。

8月，全省财政补贴县扭补工作经验交流和理论研讨会在东安县召开，东安县政府介绍经验。

9月起，对全区干部职工每人每月发放山区生活补贴15元，1989年1月增至

25元。

10月，全区事业单位会计系列专业技术职务评审工作结束，共评定高级会计师8人，会计师302人（含财政系统经济师29人），助理会计师849人，会计员846人。

是年，全区征收原木产品税1614.3万元，居历年之冠，占全区财政总收入的7.4%。

是年，零陵地区冷水滩造纸厂实现利润1706.5万元，上缴财政税利1126.8万元。

1989年

1月起，全区开征预算调节基金。

2月，成立湖南会计师事务所零陵分所，挂靠地区财政局。

4月，省财政厅农业税征收管理处在道县召开片会，发生车祸，死3人，伤10人。

4月，零陵地区珠算协会召开第一次代表大会，选出理事56人。

9月，全区举行首届会计知识竞赛，在6个优胜队中选出4人组成零陵地区代表队，参加全省会计知识竞赛，获第4名。

12月，中华会计函授学校零陵分校获全国总校1988—1989学年教学先进单位称号。

是年，零陵地区冷水滩造纸厂上缴财政税利1805.8万元，居历年地直企业之冠。

1990年

6月，湘桂毗邻地区农业税征管工作联席会在东安县召开，桂林和零陵地区及所属县（市）财政局负责人参加会议，衡阳市和湘潭市财政局负责人应邀出席会议。

7月，零陵地区珠算协会组队参加全省珠算知识决赛，获第8名，并获组织三等奖。

7月，江永县财政局干部陈某某贪污受贿9610元，被开除公职，判刑10年。

9月，中南5省在河南开封市召开财政综合计划会议，零陵地区财政局在会上介绍国库券推销工作经验。

11月，成立零陵地区财政行政复议委员会。

12月，中华会计函授学校零陵分校荣获全国总校1989—1990学年教学先进单位称号。

1991年

1月，湖南省信托投资公司零陵分公司更名为零陵办事处。

4月，全区授予11个乡镇财政所文明财政所称号。

6月，零陵、衡阳、郴州、桂林、赣州、韶关等地市财政局发起召开湘、桂、赣、粤四省边界地市财政理论研讨会，每年一次，首次研讨会在郴州地区举行，零陵地区选送2篇论文在会上宣读。

7月，冷水滩市被省财政厅定为“3581”财源建设工程重点市，签订1993年财政收入实现8000万元目标合同书。

9月，对全区113名从事财会工作30年以上的人员颁发荣誉证书。

12月，中华会计函授学校零陵分校被全国总校评为1990—1991学年教学先进单位。

12月，地区财政局党、政领导分设，陆顺元被任命为党组书记，沈根元被任命为局长。

是年，全区征收烤烟产品税3939.1万元，居历年之冠，占财政总收入的11.4%。

第一篇

财政收入

零陵地区的财政收入，历来通过各项税捐、租课、企业收入等方式征集。清代后期，以地丁为主，厘金、杂税、杂捐为辅，光绪三十三年（1907）出现官业收入。民国时期，主要是田赋附加，次为营业税、契税、屠宰税和公产收入。

中华人民共和国成立后，在不同时期，零陵地区财政收入中地方税收的比重不同，第一个五年计划时期（1953—1957）占45.6%，“二五”时期（1958—1962）降到38.9%，三年国民经济调整时期（1963—1965）升至51.8%，“三五”时期（1966—1970）降至44.9%，第四、五、六三个五年计划时期分别上升到56.9%、74.5%和80.3%，“七五”时期（1986—1990）达到85.6%。全区企业收入在“一五”时期占财政总收入的1.5%，“二五”时期为26.8%，“三年调整”和“三五”时期连续降至12.4%和9.2%，“四五”时期（1971—1975）回升到15.5%，“五五”时期降至6.7%。1983年，全区国营企业实行第一步利改税，其技术革新和技术改造资金由财政拨款改为向银行贷款，允许企业用新增的利润归还贷款后再缴财政，因而财政的企业收入大幅度下降。“六五”时期（1981—1985），全区企业收入仅占财政总收入的4.9%；“七五”时期（1986—1990），企业收入中摒除政策性亏损退库和价差补贴以及其他退库，出现-3155.0万元；1991年为-2412.1万元。全区农业税比重由1953年的50.4%降到1991年的9.1%，其他收入历年数额不大。

清代民国时期部分年份永州境内财政收入分类统计表

表1-1

项目 / 年份	币制		合计	农业税	工商各税	企业收入	其他收入	专款收入
	名称	单位						
道光元年（1821）	银	两	129154	125416	110	—	3628	—
光绪十一年（1885）	银	两	127151	121978	105	—	5068	—
宣统三年（1911）	银	两	236819	174641	56306	—	5872	—
民国19年（1930）	银圆	元	1316269	963431	247610	—	105228	—
民国20年（1931）	银圆	元	1413405	1050281	112263	—	250861	—
民国24年（1935）	法币	元	1075101	915291	58552	—	99818	1440
民国26年（1937）	法币	元	1030749	467449	49935	3385	285369	224611
民国27年（1938）	法币	元	721940	212682	152669	5493	177760	173336
民国28年（1939）	法币	元	1439565	555100	465638	11473	133939	273415
民国29年（1940）	法币	元	1604112	589653	513664	17261	118951	364583
民国30年（1941）	法币	元	2379576	646612	620008	51299	236845	824812
民国31年（1942）	法币	元	6606213	2734115		55656	1158893	2657549
民国32年（1943）	法币	元	24893722	10272604		94701	12926417	1600000

续表1-1

项目 年份	币制		合计	农业税	工商各税	企业收入	其他收入	专款收入
	名称	单位						
民国33年（1944）	法币	元	24893722	22722533	14282101	79790	26819788	—
民国34年（1945）	法币	元	66819688	18700000	18039045	1809455	28271188	—
民国35年（1946）	法币	千元	3112539	353000	1087664	52007	1569868	50000
民国36年（1947）	法币	千元	8592146	3576000	2561173	54614	1721359	679000
民国37年（1948）	法币	千元	87608090	23125000	23702522	39217	37410601	3330750
民国38年（1949）	金圆券	元	9972458	1330000	5491979	2050	3148429	—

1950—1991年零陵地区财政收入分类统计表

表1-2

单位：万元

项目 年份	合计	农业税	农林特产税耕地占用税	契税	工商地方税收	企业收入	债款收入	其他收入	专款收入	国家预算调节基金	社会保险基金
1950	266.13	254.45	—	—	4.39	—	—	7.29	—	—	—
1951	378.35	281.26	—	—	54.75	—	—	42.34	—	—	—
1952	845.90	270.00	—	—	56.77	95.7	—	423.43	—	—	—
1953	2296.61	1157.36	—	4.12	1011.34	11.1	—	112.69	—	—	—
1954	2587.32	1123.81	—	7.59	1246.60	—	135.00	74.32	—	—	—
1955	2763.62	1466.87	—	2.80	1060.04	28.5	117.72	87.69	—	—	—
1956	2433.71	1120.56	—	0.30	1116.95	58.4	78.93	58.57	—	—	—
1957	2131.75	727.58	—	0.40	1131.70	85.4	120.92	65.75	—	—	—
1958	910.64	169.45	—	1.10	354.12	225.8	22.11	138.06	—	—	—
1959	6229.57	1550.22	—	—	1957.55	2629.8	—	92.00	—	—	—
1960	5216.60	1297.30	—	—	1924.40	1814.8	—	180.10	—	—	—
1961	2198.60	1037.34	—	—	1135.46	-52.0	—	77.80	—	—	—
1962	2508.04	1248.51	—	0.80	1268.25	-43.2	—	33.68	—	—	—
1963	2568.50	735.90	—	0.70	1580.10	167.5	—	84.30	—	—	—
1964	3657.62	1338.42	—	1.80	1722.30	519.0	—	76.10	—	—	—
1965	3809.63	1264.63	—	0.80	1896.10	558.0	—	90.10	—	—	—
1966	3466.19	1476.64	—	0.20	1563.68	394.2	—	31.47	—	—	—
1967	2968.12	1276.71	—	0.05	1407.26	258.2	—	25.90	—	—	—
1968	2670.07	1700.42	—	—	1165.75	-226.2	—	30.10	—	—	—
1969	3563.32	1549.18	—	—	1540.74	411.2	—	62.20	—	—	—
1970	4327.13	1545.08	—	—	1960.25	731.9	—	89.90	—	—	—
1971	5097.36	1554.46	—	0.10	2474.50	1029.0	—	39.30	—	—	—

续表1-2

项目/年份	合计	农业税	农林特产税耕地占用税	契税	工商地方税收	企业收入	债款收入	其他收入	专款收入	国家预算调节基金	社会保险基金
1972	5826.11	1504.61	—	—	2795.51	1501.9	—	24.09	—	—	—
1973	5988.14	1555.51	—	—	3249.53	1151.3	—	31.80	—	—	—
1974	4512.83	1408.95	—	—	3180.98	-103.0	—	25.90	—	—	—
1975	6054.66	1425.67	—	—	3929.39	671.6	—	28.00	—	—	—
1976	5009.47	1377.93	—	—	4030.34	-427.2	—	28.40	—	—	—
1977	7075.40	1507.58	—	—	4838.07	702.8	—	26.95	—	—	—
1978	8157.40	1411.40	—	—	5525.40	1192.9	—	27.70	—	—	—
1979	7609.87	1402.47	—	—	6100.40	134.3	—	-27.30	—	—	—
1980	9852.90	1271.40	—	—	7610.70	932.0	—	38.80	—	—	—
1981	14074.09	1330.50	—	—	11740.90	950.8	—	52.70	—	—	—
1982	12217.50	1377.10	—	—	10337.20	379.6	—	123.60	—	—	—
1983	9773.20	1664.60	—	0.40	6846.80	1131.0	—	85.30	45.10	—	—
1984	10106.20	1769.00	—	0.90	7922.70	273.5	—	121.50	18.60	—	—
1985	13828.20	2007.10	—	0.80	11357.60	181.0	—	258.10	23.60	—	—
1986	16620.90	2199.30	—	1.50	14053.90	-152.3	—	452.40	66.10	—	—
1987	20752.10	2523.50	210.50	2.70	17296.00	306.2	—	344.50	68.70	—	—
1988	21846.90	2457.30	369.30	5.30	19776.70	-1152.1	—	284.30	106.10	—	—
1989	25856.60	2587.10	588.00	11.80	22278.20	-681.9	—	618.40	102.40	352.60	—
1990	26521.00	2581.30	718.70	27.90	22115.80	-1474.9	—	1614.60	507.30	430.30	—
1991	34607.10	3141.50	939.00	47.10	25397.40	-2412.1	—	1643.70	643.90	423.30	4783.30

第一章　税　收

清末，永州府的税收有地丁，盐、茶税厘，百货厘金和烟酒税、田房契税、当税、牙税，其中地丁收入占70.5%。民国时期，永州区以田赋及其附加为主，工商税收较次。新中国成立后，零陵地区工商税收（含地方税收）和农业税在财政收入中占大头，1950—1991年，分别占同期财政总收入的72.3%和18.4%。

第一节　农牧业税

一、农业税

清代前期的农业税有秋粮、夏税米、农桑丝，晚清为地丁、漕粮。民国时期统称田赋。新中国成立后，改称农业税。名目虽异，但均征自粮食等农作物收入，历来是零陵境内财政收入的主要来源。

清康熙五十五年（1711），永州府的民田和地、塘征秋粮带派夏税米及农桑丝，折成银缴纳，另加征九厘饷银；屯田（军田）征秋粮为饷银，也加征九厘饷银。清雍正元年（1723），实施“摊丁入地”，把丁银摊入地粮中统一征收；是年10月，完成丁银定额，田、地、塘定亩科征标准。宣统年间（1909—1911），农业税按地丁、漕粮两类征解，永州府有地丁而无漕粮，但有漕粮附费。宣统三年（1911），永州府丁粮收入占财政总收入的比重由光绪十一年（1885）的95.9%降至73.7%。

民国元年（1912），谭延闿督湘，改订田赋新章，将地丁、漕粮等名目统称田赋，以正饷为标准计征。额定永州府加蓝山县田赋正饷12.23万两，征正税银13.6万两、附加61880两，全部解省。民国3年（1914）附加并作正税，原永州府加蓝山县正税解省25.6万元（银圆）；民国10年（1921）增至29.7万元，民国18年（1929）为29.6万元。民国19年（1930），永州区各县新征地方行政附加、教育附加、团防附加和其他附加92.9万元，用于地方支出；田赋正税收入29.6万元仍上解省。民国20—23年（1931—1934），田赋附加项目有保安团附加、义勇队附加、行政附加、自治附加、保甲附加、县教育附加、区教育附加、党费附加、其他附加，全区综合附加率每正银1两带征各项附加分别为9.42元（银圆，下同）、9.80元、9.58元和9.31元，平均年征附加116.4万元，正税29.6万元，附加为正税的3.9倍。民国28年（1939），省、县按55∶45划分田赋，是年全区田赋分成收入55.5万元（法币，下同）。民国30年（1941）“下忙”起，改征实物，是年湖南省第七行政督察区加蓝山县征稻谷26.1万担，并进行土地陈报。民国35年（1946）、民国36年（1947），县级财政与省和中央财政对半划收田赋，全区年征额分别为2.46亿元、35.76亿元。民国36年（1947），全区土地陈报结束。民国37年（1948）上半年，全区田赋收入231.25亿元。民国38年（1949），全区收入133万元（金圆券）。民国时期，全区田赋及田赋附加收入占财政收入比重由民国19年（1930）的72.5%降至民国37年（1948）的26.4%。

新中国成立后，1950年，零陵地区农业税正税征收稻谷8924万公斤，直解中央，超计划征收折币10.4万元和随正税征收的附加244.1万元作地方粮，用于地方支出。1951年和1952年，农业税超收分成25%，连同农业税附加，全区年收入分别为281.3万元、270万元。1953年起，重新建立县级财政，农业税划为固定收入，与中央和省分成。1953—1957年，零陵地区平均年征农业税（含附加）1119.2万元。1958年，农业税由中央征收，县级财政作为调剂收入列入决算，分成比例为：江华县20%，其余县为15%，是年全区分成收入169.5万元。1959年后，农业税复归县级财政固定收入项目。1959—1984年，全区平均年收农业税1407万元。1985—1991年，农业税计征价格提高后，全区平均年征税2500万元。全区农业税在财政收入中占的比重分别为：恢复时期为54.1%，“一五”时期为45.8%，“二五”时期为31.1%，三年调整时期为33.3%，“三五”至“七五”时期分别为44.4%、27.1%、18.5%、13.6%、11.1%，1991年降至9.1%。

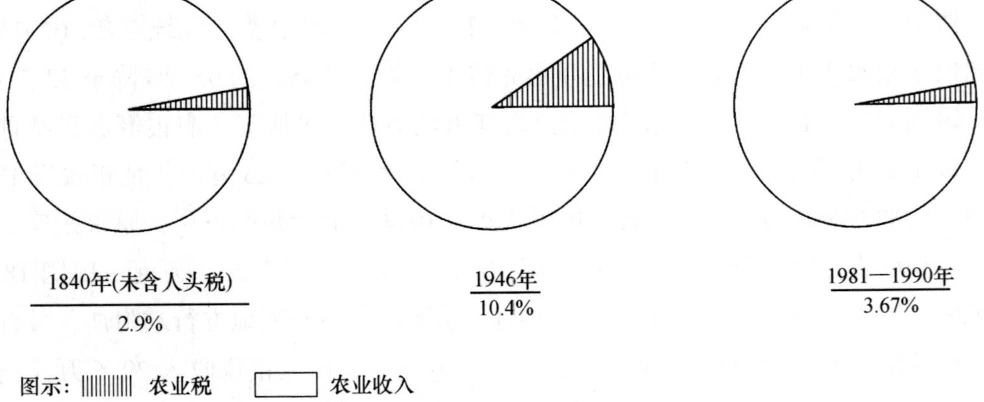

图1-1 清代、民国、新中国成立后零陵境内农业税负比较图

（一）查田定产

清雍正元年（1723）10月，湖南完成丁粮定额，以清康熙五十五年（1711）数为准，永州府有民、屯、闲丁55747丁1分5厘，征银12537两7钱8分8厘，另征不准优免省官员、举贡、监生、生员人丁改充饷银1434两9钱2分9厘。有民田、民地、民塘22962顷92亩，屯田2379顷90亩3分，共25342顷82亩3分，征秋粮72067担5斗3升，带征夏税米8157担9斗3升，带征农桑丝92公斤13两5钱3分。《湖南通志》（清光绪十一年刻本）载，永州府的田亩、丁粮和课税与雍正年间（1723—1735）定例无异。蓝山县有成熟田地塘2336顷73亩2分7厘，屯田66顷27亩3分7厘，共2303顷70亩9分4厘，年科秋粮9090担7斗4升8合，带派夏税米360担4斗，农桑丝16公斤12两3钱9分9厘，县民屯滋生3476丁9分1厘，征丁银1312两8钱9分8厘。

民国21年（1932），零陵等9县有旱地140.1万亩，水田223.5万亩。民国27年（1938），有稻田315.5万亩。民国30年（1941），增至335.9万亩。是年6月，开办土地陈报，由业务员逐丘编号、查丈、计积、绘图、登册，将编查结果通知业户检校。陈报后以县为范围厘定甲、乙、丙三等，每等分上、中、下三级，再按地等核配赋额，以不少于各县田赋原来的正赋总额为原则。陈报业务分三期推进，零陵县、东安县、蓝山县列入第一期，从民国30年（1941）9月起至民国31年（1942）4月止；宁远县、新田县为第二期，从民国31年（1942）2月起至9月止；其余县为第三期。至民国36年（1947），全区土地陈报完毕，量定总面积2951.4万亩，其中承粮面积427.7万亩，占总面积的14.5%，比陈报前承粮面积多91.9万亩。

新中国成立后，1949年10月，永州专署各县财粮科接收民国时期田赋粮食管理处的田赋册籍，内载全区田地441万亩，人均1.75亩，年产粮食4.85亿公斤，人均192.5公斤。1950年，通过自报评议、张榜公布，自下而上核实统计，全区土地面积380.5万亩，计税产量6.16亿公斤。1951年，全区结合土地改革，进行查田定产，采取自报与抽查相结合的方法，对田地亩数出入较大的乡和正在进行土地改革的乡施行普遍丈量，查出册外漏记田92.7万亩，占原田亩的27.6%。田亩定产以乡为范围，按自然条件分三等六级，然后自下而上联评，自上而下调查核定，评定全区平均每亩常年产量200公斤。1952年，继续开展查田定产，采取普遍丈量、划分等级、核定产量，查实全区农业人口256.7万人，田土477.4万亩，常年产量8.15亿公斤。是年，从祁阳县分出祁东县，归衡阳地区管辖，全区人口、田土、产量比1951年有减少。1953年，全区开始建立农业税册籍管理制度，及时办理人口、田土及租赁异动登记。1956年，对农业税册籍进行全面整理，各项异动登记基本上在原册籍上进行，不再另行造册。1958年，实行新税制，再次整理、核实计税面积为520.8万亩，常年产量8.84亿公斤，比1957年分别增加8.1%、9.2%。是年，农村成立人民公社后，全区大修水利和大办地方工业占用的耕地面积没有核减计税面积、常年产量和计征税额。1959年，社员自留地免征农业税，但不核减农业税任务。

民国36年（1947）永州区内各县土地陈报前后赋额表

表1-3

项目 县名	清丈陈报前			清丈陈报后			清丈后与前比较	
	承粮面积（亩）	赋额（银圆）	平均每亩赋额	承粮面积（亩）	赋额（银圆）	平均每亩赋额	承粮面积（亩）	赋额（银圆）
零　陵	731330	275025.76	0.376	979692	413255.55	0.422	248362	138229.79
祁　阳	539370	195843.49	0.363	1020429	430439.31	0.422	481059	234595.82
东　安	230042	118998.43	0.517	399111	152608.45	0.382	169069	33610.02
道　县	510042	191289.60	0.375	672266	257254.98	0.382	162224	65965.38
宁　远	264164	169058.82	0.640	317168	108763.24	0.343	53004	-60295.58
永　明	450102	121931.82	0.271	257176	98336.63	0.382	-192926	-23595.19
江　华	171908	53057.87	0.309	267909	91871.35	0.343	96001	38813.48
新　田	275929	115653.59	0.419	171682	58873.19	0.343	-104247	-56780.40
蓝　山	185650	109527.37	0.590	191863	65801.65	0.343	6213	-43725.72
合　计	3358537	1350386.75	0.402	4277296	1677204.35	0.392	918759	326817.60

1961年，零陵地区执行“普遍调整、重点照顾”的政策，全面调整农业税，核减基建占用计税田土13.8万亩，常年应产量2495.8万公斤；核减社员自留地和公共食堂菜地计税田土32.2万亩，常年应产量5600万公斤；同时调减负担偏高地区的税率，全区平均税率由调整前的14.6%降至10%。调整后农业税计税田地433.7万亩，常年应产量7.79亿公斤，依率计征税额7789万公斤，比1960年分别减少16.6%、11.1%和39.1%。1962年，全区纳税单位由大队改为生产队，农业税基础数字随之变动。全区核实计税面积420.9万亩，常年应产量7.45亿公斤，平均亩产177公斤。同时，按不同经济情况，各县分别设置差别税率，全区平均税率12.5%，比1961年提高2.5个百分点，依率计征税额9253万公斤，增长18.8%。

1963年，全区查实、整理土地异动情况，增加一批免税年限到期的生熟垦荒地，核减一批基建用地。1964年，继续核减基建用地及错等、重算等土地，并对定产偏高、偏低和税率不当的生产队的税收进行调整。是年，全区计税面积421.5万亩，常年产量7.8亿公斤，依率计征税额9249万公斤，平均税率12.0%。1965—1978年，全区农业税负担未作大的调整。

十一届三中全会后，农村实行联产承包责任制，农业税征收册籍，土地异动登记制度未变。1983年，农村完善家庭联产承包责任制，调整承包面积。1987年，深化农村改革，推行双层经营责任制，土地异动情况大。1988年，零陵地区被湖南省确定为湘南农业开发基地，农业投入增加，农业经济发展速度加快，国家基建、乡镇企业、农民建房占用耕地以及自然灾害废减耕地，导致1991年全区计税面积为421万亩，常年产量5.46亿公斤，依率计征税额6410万公斤，比1964年分别减少0.1%、30.3%、30.7%，平均税率11.7%，比1964年增加0.03个百分点。

（二）计征与减免

雍正元年（1723），定永州府各属及蓝山县丁粮征收标准如下。

民丁征银定额：平均每丁征银2钱4分6厘7毫。各县每丁征银定额为：零陵0.176两，祁阳0.189两，东安0.219两，宁远0.373两，永明0.417两，江华0.686两，道州0.333两，新田0.435两，蓝山0.413两。屯丁、闲丁每丁银2钱，新田无。

田、地、塘科征标准：民田平均亩征秋粮2升7合4勺6抄6撮。各县民塘亩科秋粮。

雍正元年（1723）永州府内各州县民塘亩科秋粮表

表1-4　　单位：升

县州名／等级	零陵	祁阳	东安	道州	宁远	永明	江华	新田
上（鱼）塘	3.1540	1.0500	—	4.4405	—	—	—	—
中（鱼）塘	2.2700	0.8700	2.8000	2.9960	4.6715	—	2.7000	—
下　塘	—	—	2.2000	1.7120	—	—	2.5000	—
山　塘	—	—	0.8398	—	—	—	1.2000	—

说明：民地亩征秋粮，零陵、祁阳、新田熟地各征2.27升、1.05升和3.7892升，东安麻豆地征0.84升，道州中、下地征1.712升、1.0902升，江华中地、下地、山乡地分别征2.7000升、2.5000升和1.2升，蓝山无考。

雍正元年（1723）永州府内各州县民田亩征秋粮表

表 1-5　　单位：升

等级 / 县州名	上	次上	中	次中	下	次下	山水乡田	免丈瑶田
零　陵	4. 6430	—	3. 9040	—	3. 1540	—	2. 3040	—
祁　阳	2. 0000	—	1. 6000	—	1. 3000	—	1. 0500	—
东　安	3. 3000	—	2. 8000		2. 2000	—	0. 8398	—
道　州	4. 4405	3. 6380	2. 9960	2. 3540	1. 7120	1. 1920	—	—
宁　远	5. 0315	—	4. 6415	—	3. 3815	—	—	—
永　明	3. 5500	—	3. 1000	—	2. 4330	—	—	5. 3500
江　华	—	—	2. 7000	—	2. 5000	—	1. 2000	—
新　田	5. 0315	—	4. 6415	—	3. 3815	—	—	—
平　均	3. 9134	—	3. 3349	—	3. 1605	—	1. 3336	—

说明：民田、民地、民塘带征夏税米标准是，零陵、祁阳、东安每征秋粮一担分别带征 5. 036 升、5. 6456 升、5. 5461 升，江华中田、中塘和中地、下地、山乡地分别带征 1. 8453 升和 6. 45484 升、1. 66088 升、5. 64557 升，蓝山无考。

雍正元年（1723）永州府内四州县民田、地、塘每亩带征夏税米表

表 1-6　　单位：升

等级 / 县州名	上田	次上田	中田	次中田	下田	次下田	免丈瑶田	民塘	民地
道　州	0. 8885	0. 7276	0. 5992	0. 4708	0. 3424	0. 2358	—	0. 5992	0. 2182
宁　远	0. 9549	—	0. 9485	—	0. 9485	—	—	0. 9485	—
永　明	0. 6416	—	0. 6416	—	—	—	1. 0700	—	—
新　田	0. 9485	—	0. 9458	—	0. 9485	—	—	—	—

境内各县桑地亩征农桑丝：零陵县 5. 0339 钱，祁阳县 5. 1527 钱，东安县 5 钱，道州 0. 0824 钱，宁远县 6. 666 钱，永明县 5 钱，江华县 5 钱，新田县 18 钱。

各县屯田亩科秋粮：零陵县、祁阳县、东安县中田 15. 1192 升，下田 10 升；

道州、永明县、宁远县、江华县上田 12 升，中田 11 升，下田 7.4 升。屯地、屯塘仅道州、宁远县、永明县、江华县有，分等和亩科秋粮视同屯田，永明县无下塘。锦田、桃川、枇杷卫所田亩科秋粮：中田分别是 15 升、12.4082 升、13.4555 升，下田为 10 升、8.4 升和 8.1515 升。桃川、枇杷所次下田亩征 6.5943 升、7.9831 升，枇杷所下地、塘每亩均征 8.4935 升。江华县渔梁步亩科秋粮 1.3 升。宁远县、新田县官地分上、中、下，亩科秋粮同为 9.078 升、8.448 升和 6.418 升，每亩均带征夏税米 0.542 升；永明县官地亩征秋粮 2.6 升。

清乾隆、嘉庆、道光、咸丰、同治时期，丁粮定额照旧。道光元年（1821），永州府年额征秋粮夏税米折银 66617 两，九厘饷银 20132 两，鹿皮京贡银 8 两。班匠价银 155 两，屯田饷银 9822 两，湖洲杂课银 10 两，额征民丁银 12372 两。屯闲丁银 155 两，不准优免改充饷丁银 1435 两，丁粮银合计 110706 两。实征地丁起运银 98941 两，坐支银 9409 两，存留银 3736 两，驿站银 2200 两，带征耗羡银 11061 两，共 125347 两，占财政收入 97.1%。光绪十一年（1885），永州府年额定征秋粮夏米银 66617 两，九厘饷银 20132 两，鹿皮京贡银 9 两，班匠价银 155 两，屯田饷银 9822 两，湖洲杂课银 69 两，民闲丁银 12372 两，屯丁银 30 两，不准优免改充饷丁银 1435 两，丁粮银合计 110641 两，蓝山额征 11323 两，永州府加蓝山实征：起运 82781 两（银下同），存留 27054 两，丁粮外派并杂课 274 两，各卫所屯田赋银 10066 两，不准优免改充饷丁粮 1734 粮，共 121909 两，占财政收入 95.9%。宣统三年（1911），永州府加蓝山县实征地丁起运 97284 两（银，下同），地丁留存 14505 两，地丁驿站 9717 两，耗羡 12151 两，官田饷 1 两，官田租 50 两，漕粮附加 573 两，合 134281 两，占财政总收入的 56.7%。清代后期遇灾荒之年或帝王庆典之日，对应纳钱或民欠钱粮时有缓免。道光十四年（1834），孝和睿皇后六旬万寿时恩诏："所有各省节年正耗，民欠钱粮及因灾缓征带征银谷，并借籽种、口粮、牛具及漕项、芦课、学租、杂税等项，在道光十年以前，实欠在民者全行豁免。"咸丰三年（1853）四月诏："被贼鼠扰之道州、江华、永明……十八州县卫，应完钱粮分别蠲缓有差。"

民国元年（1912），湖南改地丁、漕粮等名目统称田赋，全省田赋税率分三种：有漕粮各县每额征正饷一两，收正税长平银 1 两 6 钱，另加地方附加 8 钱，共 2 两 4 钱；有秋米采买各县每额征正饷 1 两，收正税长平银 1 两 5 钱，地方附加 7 钱，共 2 两 2 钱；无漕粮、秋米、采买的县，每额征正饷 1 两，收正税长平银 1 两 1 钱，地方附加 5 钱，共 1 两 6 钱。永州府属唯江华县有采买 3630.5 两，其余均无漕粮、秋米和采买。全府加蓝山县年额征正税 135990 两，地方附加 61880 两。

民国元年（1912）永州府境内各州县田赋正（供）饷及附加数额表

表 1-7 单位：两

等级 / 县州名	正饷数	折长平银标准	应征长平银		
			合计	正税	地方附加
零　陵	25407.020	1.6	40651.2320	27947.7220	12703.5100
祁　阳	16548.521	1.6	26477.6336	18203.3731	8274.2605
东　安	10094.974	1.6	16151.9584	11104.4714	5047.4870
道　州	15891.241	1.6	25425.9856	17480.3651	7945.6205
宁　远	16461.524	1.6	26338.4384	18107.6764	8230.7620
永　明	11033.916	1.6	17654.2656	12137.3076	5516.9580
江　华	5350.467	1.6	8560.7470	5840.1323	2720.6147
（其中采买）	3630.501	2.2	7987.1022	5445.7515	2514.3507
新　田	10497.387	1.6	16795.8192	11547.1257	5248.6935
蓝　山	12383.434	1.6	19813.4944	13621.7774	6191.7170
合　计	123668.484	—	197869.5742	135989.9510	61879.6232

上述科征标准执行不久，省库匮乏，复将原定地方附加并作正饷解省，而地方所需经费另准酌征附加。民国 4 年（1915），币制变更，改征银圆，按长平银每两折收银圆 1.5 元。民国 6 年（1917）4 月“上忙”期间，永州区八属加蓝山县应纳田赋 25.6 万元（银圆）。民国时期，田赋正饷经灾蠲废毁和征地豁免，由民国元年（1912）的 122297 两减至民国 30 年（1941）的 119886 两。民国 19—30 年（1930—1941），地方附加占正税的最低倍数是民国 19 年的 3.36 倍，最高倍数为民国 27 年的 4.58 倍，其中东安县和永明县分别高达 6.1 倍和 6.6 倍。

抗日战争时期，民国政府控制粮食以保证军需。民国 30 年（1941）下半年，由中央接管田赋，停征货币，改征实物，从“下忙”起每元赋额征收稻谷 2 斗。是年，省第七行政督察区加蓝山县应征赋额 130.4 万元（银圆，下同），折征稻谷 26.1 万担，其中正税 29.3 万元，征谷 5.9 万担；省附加 45.5 万元，征谷 9.1 万担；县附税 55.6 万元，征谷 11.1 万担。民国 31 年（1942），行政院宣布田赋征收额增加一倍，每元赋额征收稻谷 4 斗。省政府同时颁布湖南省公买余粮办法，规定随赋购买余粮，由省粮政局指挥各县政府统一进行，按田赋亩册，无论公田、私田，暂定山田每亩由政府公买田东余粮上粒谷 5 斗，水田属本籍田东 7 斗，外籍田东 1 担，佃农 3 斗，公买之价每担 15 元。民国 32 年（1943），实行“随赋购粮”、

“征一购一”和“征一购三”，即山田照民国31年（1942）田赋，省、县正附税总额每元征收稻谷4斗，带购4斗；湖田征收4斗，带购1.2担。民国33年（1944），改征购为征借，带购稻谷不发价款，一律发给粮食库券，不计利息，规定从第5年起分5年平均偿还或抵纳当年新赋。是年，全区加蓝山县征谷20.4万担，征借19.9万担，县级公粮以征实额三成带征6.8万担。民国34年（1945），庆祝抗日战争胜利免征田赋。民国35年（1946）7月，恢复中央、省、县三级财政体系，田赋归地方征管，征收标准每元赋额征稻谷2斗，借征8升。民国36年（1947），增至每元赋额征稻谷2.8斗，借征1.2斗，带征县级公粮8升，增加带募积谷5升，筑路附加3升，乡保经费一次捐献2斗，合计7.6斗。民国37年（1948），实行“征一借一”，每元赋额征实2.8斗，征借2.8斗，县级公粮带征三成，带征自卫饷谷0.8斗，筑路谷0.2斗，县市一次捐献谷1.2斗，合计8.6斗。民国30—36年（1941—1947），全区加蓝山县正附赋额年征稻谷26.1万担增至99.5万担，增加2.8倍。

民国30年（1941）永州区内各县田赋征实数额表

表1-8

项目 县名	额征银圆（元）	折征稻谷（石）	其中		
			正税（石）	省附税（石）	县附税（石）
零　陵	262864.89	52572.978	12132.226	19209.358	21231.394
祁　阳	195836.32	39167.264	7866.228	12454.864	18846.172
东　安	110638.57	22127.714	4793.006	7588.928	9745.780
道　县	191272.20	38254.440	7650.888	12113.906	18489.646
宁　远	163520.39	32704.078	8091.730	12811.908	11800.440
永　明	119591.71	23918.342	5266.424	8338.504	10313.414
江　华	49528.44	9905.688	2525.042	2952.258	4428.388
新　田	111043.59	22208.718	5028.388	7961.616	9218.714
蓝　山	99862.01	19972.402	5347.070	7561.796	7063.536
合　计	1304158.12	260831.624	58701.002	90993.138	111137.484

新中国成立后，1949年11月，湖南省人民政府永州区行政专员公署布告规定，要求公粮缴纳稻谷，凡以大米缴纳者则按县人民政府规定的折标比例，一般以中等白米35公斤折合稻谷50公斤缴纳，杂粮只限收麦类、豆类、高粱、玉蜀黍及粟米，不收甘薯、花生等零星作物。依土地质量以稻谷为准，评定常年产量，按全年

总收入量一次计标征收，一次缴纳（粮赋合一），免去一切杂款。税率依每人平均收入分级累进计算，全年全家人平产量在100公斤以内者免征，100～2000公斤者分级2%～5%（不含5%，算后不算前，下同）、5%～10%、10%～15%、15%～20%、20%～25%、25%～35%、35%～40%累进征收，人平2000公斤以上者征收全部产量的50%，同时随公粮每征粮1公斤征柴0.5公斤、每征粮15公斤征草0.5公斤，支援人民解放军前线作战。革命烈士、现役军人和实行供给制的党、政、民工作人员及取得革命职员身份者和贫苦、老弱、残废、孤寡者，均按本人总收获量免征100公斤，其余按规定征收。

1950年，公粮改称农业税，征税范围、税率有所变动。农业特产经济作物由全部免征改为部分免征，但每户平均收入相当1000公斤主粮者，按产地批发价格征收6%。种植非主粮的各种粮食与市郊菜园种植棉花、苎麻、烟叶、甘蔗、花生、颜料等经济作物，依同等农田种植稻谷评定常年应产量计征。以户为单位，农业人口每人全年平均农业收入不超过75公斤主粮的免征，税率分40级，从3%到42%，采用全额累进制，同时附征正税15%的地方粮。减免执行省人民政府的规定：凡收获量不足三成者减免，收获量三成以上不足四成者减征70%，收获量四成以上不足五成者减征50%，收获量五成以上不足六成者减征30%，收获量六成以上不足七成者减征15%，收获量达七成者不减免。是年零陵地区实征农业税8924万公斤，折合人民币578.1万元。

1951年，全区342个乡完成土地改革，其农业税计征办法是：全家人平农业收入不足75公斤主粮者免征，税级由40个减为20个，税率为6%～25%，采用全额累进制。农林特产税计征以户为单位，每户收入相当于500公斤以上主粮者，折合稻谷计征其总收入的6%，相当于500公斤以下主粮者不征。农业税灾歉减免规定：歉收不足二成者不予减免，歉收二成不到七成者按五级分别减征20%、30%、40%、60%、80%，歉收七成以上者全免。是年，全区实征农业税11.45亿公斤，折合人民币1335.9万元。

1952年，对经济作物及农业特产的计征标准做出补充规定：棉花、茶叶、花生、颜料等按同等土地种植稻谷，评定常年应产量计征；甘蔗、苎麻除按一般同等稻田评定常年应产量合并本户计征外，再以县为单位按其产量增征10%～30%；桐籽、茶籽以户为单位，按收获时产地的批发价格折合稻谷计征。自耕收入折合在500公斤以上不足1000公斤者征5%，1000公斤以上者征6%；佃耕收入折谷在500公斤以上不足1000公斤征3%，1000公斤以上者征5%；出租收入折谷在2500公斤以上者征8%；少数民族聚居地，农业税减征20%。是年，全区农业税依率计征额折稻谷1.28亿公斤，灾歉减免213.3万公斤，应征正税1.26亿公斤，实征正税

1.25 亿公斤，折合人民币 1131.1 万元。

1953 年，对自耕果园按每户收入折谷计征。250 公斤以上不足 1000 公斤者，征其总收入的 8%，分级累进，最高在 2500 公斤以上的征收 12%；出租者按每户收租额折谷计征，150 公斤以上不足 500 公斤征收 10%，分级累进，最高 2500 公斤以上的征收 15%；佃耕的按每户交租后收入折谷计征，250 公斤以上不足 750 公斤的征收 6%，分级累进，最高在 2250 公斤以上的征收 10%。桐籽、茶叶、茶籽等特产作物，自耕收入折谷 500 公斤以上不足 750 公斤者征收 5%，分五级累进，2500 公斤以上的征收 10%；佃耕收入折谷 500 公斤以上不足 750 公斤征收 3%，分五级累进，2500 公斤以上的征收 8%；出租收入折谷在 400 公斤以上不足 750 公斤的征收 6%，分五级累进，2500 公斤以上的征收 11%。以试验为目的且由财政预算安排经费的农场、茶场、畜牧场、林场和苗圃，免征农业税；属企业性质的国营农场、地方国营农场，按其常年应产量的 10%计征。对革命烈士家属、革命军人和国家工作人员家属、老弱孤寡残废及生活特别困难户，减免其应征税额的 10%～30%；对土改新分地户，以户为单位，减征 5%；对经济落后、生产与生活困难的少数民族，不论聚居与杂居，一律减征其应征税额的 10%～30%；对交通不便、山多田少的山区，以户为单位，减征 10%～15%；对转业军人、归国华侨和经政府动员的移民、新安家立户从事农业生产者，在一至二年内，以户为单位减征 10%～30%；对当年受灾农户的农业税按“轻灾少减、重灾多减、特灾全免”的原则予以减免。是年，全区依率计征额折合稻谷 1.29 亿公斤，各项减免合计 1755.3 万公斤，其中：灾歉减免 1489.4 万公斤，社会减免 265.9 万公斤，应征正税 1.11 亿公斤，实征正税 1.11 亿公斤，折合人民币 1017.7 万元。

1954 年，农业税减免除继续执行 1953 年的减免办法，对荒地、以试验为目的的农场、林场和苗圃、种植保安林或以荒山、荒地种植木材林者，学校、孤儿院、养老院、医院的自耕地，机关部队人员利用业余时间种植的菜地，城市及其郊区已划定征收地产税的土地，无经常收益的宅地、院场、隙地、河堤、湖堤、水圳、沟港、塘坎、水库附近的山地，已划为矿区工厂基地等没有农业税收入的土地，免征当年的农业税。同时，对下列土地在规定时间内免征农业税：垦种的生荒地，分别不同情况，在三年至五年内免征农业税；垦种的熟荒地，分别不同情况，在一年至三年内免征农业税；轮歇地在其轮歇之年内免征农业税。是年，全区计征农业税 1.29 亿公斤，应征 1.24 亿公斤，实征 1.23 亿公斤。

1955 年，农业税征收、减免规定就其中个别问题有些改变，油茶免征农业税。工资制的革命工作人员，现役革命军官和职工，一律不计农业人口，但现役革命军士仍应计算农业人口。国营机械农场等免征农业税。国营农场、地方国营农场自耕部分按其常年应产量征收10%，出租部分按其租额征15%~20%。是年，全区农业税依率计征1.28亿公斤，应征1.10亿公斤，实征1.08亿公斤，折合人民币1112.5万元。

1956—1957年，零陵地区实现农业合作化，取消统一按人口计算和按户计征农业税的规定，将累进税率改成比例税制。对高级农业合作社、初级农业合作社和个体农户确定不同的计征办法。高级农业合作社以社为单位征收，应纳税额由全社农业总收入中统一提交，以社内各户1955年自耕与出租土地依率计征总额。社员自留地按本社的税率计征外，由社员自己负担，应纳税额由社代交，在社员应分的收入中分别扣除。初级农业生产合作社社员的农业税，按户计征，由社代交。个体农户的农业税，以本年的计税产量同上年的税率相乘计征。培植树苗的苗圃和农业院校试验实习的土地免征农业税。新建农场，不论新垦荒地或新垦熟地，自建场之年起，一律免征农业税两年。各地、县农场一律按当年实产量的7%征收农业税，不另征收地方附加和乡自筹经费。1957年，对灾歉减免，规定农业社以队为单位计灾减免。歉收后，全队全年农业实产量低于常年应产量不到一成的，不予减免；一成以上不到三成的，按实际歉收成数减免；三成以上不到四成的按实际歉收成数加一成减征；四成以上不到五成的，按实际歉收成数加两成减征；五成以上不到六成的，按实际歉收成数加三成减征；六成以上则全部免征。对个体农户的减免规定与1953年同。1956年遇特大水灾，全区灾歉减免2711万公斤。1957年，全区农业税计征1.26亿公斤，各项减免2499万公斤，应征1.13亿公斤，实征1.11亿公斤，折合人民币1081.7万元。

1958年，零陵地区依照湖南省农业税实施办法，对从事农业、有农业收入的单位和个人所收获的粮食作物、经济作物、农林特产、园艺作物和其他农作物均征收农业税。纳税义务人是人民公社，农业生产合作社和兼营农业的其他合作社，有自留地的合作社社员，个体农民和有农业收入的其他公民及其他企业、机关、学校、团体及寺庙。农业收入以常年应产量为计算标准。常年产量的评定，人民公社和农业合作社以社为单位，个体农民以户为单位，其他纳税人以其经营单位为单位。苎麻、黄麻、甘蔗、黄花菜、药材等投资少、收益大的经济作物，在评定常年产量时，参照当地种植粮食作物的常年应产量适当提高，但不得高出20%。油茶、油桐、茶叶、果园参照正常年景的实产量评定常年应产量，按6%的税率计征。实行比例税制，平均税率为常年应产量的15.5%。社员的自留地，按本社调产幅度评定常年应产量，并按照本社的税率计征，税额由社代交，在各自应分得的收入中扣回。个体农民的常年应产量参照所在地合作社的调产幅度评定，税率一般按原税率。为求得与所在地农业社的平衡负担，除按常年应产量所确定的税额计征外，再按其应征税额加征与所在地农业合作社相同比例的公益金。但加征后的税额不得超过个体农民计税收入的30%。是年，全区农业税平均税率15.5%，按稻谷折算依率计征税额1.30亿公斤，各项减免806万公斤，应征正税1.22亿公斤，实征正税1.22亿公斤；按应征正税的15%应征附加1823万公斤，实征附加1823万公斤。

1959—1960年，零陵地区农业税计征规定没有大的变化。1960年，全区依率计征1.29亿公斤，各项减免3991万公斤，应征1.01亿公斤，实征9758万公斤，折合人民币1027.6万元。

1961年，执行国务院调低全国农业税负担的决定，农业税正税和地方附加的实际税额占农业实际收入的比例，全国平均不超过10%。地方附加相当于正税的比例，由15%~30%降为10%以下，稳定三年不变，增产不增税。零陵地区按统一的平均税率10%计征，地方附加亦按正税的10%征收。是年，全区依率计征税额为1960年的60.9%，实征正税较上年减少22.3%。

1962年，零陵地区农业税平均税率提高到12.5%，地方附加则仍按正税的10%（省和县、市各5%）征收。1963年，因农业作物歉收，全区农业税灾歉减免折稻谷3401万公斤。1964年，规定凡是按照农业部门安排的良种繁殖计划面积占繁殖场总耕地面积70%以上的，剩余部分耕地亦一律免征农业税；良种繁殖计划面积不足70%的剩余部分耕地照征农业税。以县为单位增加农业税附加4%，用作农村社会主义教育经费，所增加的农业税附加额一律上解省。农业税灾歉减免，受灾减产不到二成的不予减免；受灾减产二成以上不足三成的，减征税额不超过依率计征税额的20%；受灾减产三成以上不足四成的，减征税额不超过依率计征税额的30%；受灾减产四成以上不足五成的，减征税额不超过依率计征税额的50%；受灾减产五成以上不足六成的，减征税额不超过依率计征税额的70%；受灾减产六成以上的全部免征。少数民族地区的民族减免，按依率计征税额减征6%~8%，是年全区减免农业税807万公斤，占计征税额的8.7%。

1965—1978年（除1967年外），农业税征收及减免政策、农业税附加分成办法改为：省3%、地区6%、县5%。1968—1978年，零陵地区社会减免和民族减免指标及实际减免额折成稻谷每年为360万公斤和57万公斤左右；各项减免累计折成稻谷1.44亿公斤，占同期计征额的14.2%。其中社会减免和少数民族减免每年固定为420万公斤，占同期计征额的4.8%。

1979年，农业税起征点定为稻谷200公斤。生产队（包括统一核算的大队）每人平均口粮在200公斤以下，每人平均分配收入相当于稻谷200公斤金额以下的，免征农业税。计算农业税起征点的口粮，以生产队集体粮食产量为准，自留地产量不计在内。集体的扣留，按各县市粮食部门各项费用、公积金、公益金和缴纳工商税金后的那一部分收入。起征点以上的生产队，因缴纳农业税（包括附加）而使口粮分配收入下降到起征点以下的，给予减征农业税照顾。经济作物地区、城市郊区的生产队，国家不供应口粮，凡是每人平均分配收入低于起征点的免征农业税；分配收入在起征点以上，因缴纳农业税而下降到起征以下的，给予减征农业税的照顾。对起征点以上和不实行起点的纳税单位，原有少数民族减免和灾歉减免继续执行。由于生产、生活困难的穷队已免征农业税，因此原分配的社会减免指标，集中用于起征点以上的减免队，不再以社会救济到户的形式安排使用。实行起征点办法以后，省对各地、州、市原来分配的常年产量、平均税率和依率计征税额不变。是年，零陵地区免征生产队 7746 个，减征生产队 4738 个，分别占总队数的 26.0%、15.9%；经省核准分配全区穷队免征折合稻谷 1636 万公斤，占依率计征税额的 17.8%，加上社会减免折合稻谷 363 万公斤，合计免征、减征农业税折稻谷 1999 万公斤，占同期计征税额的 21.6%。

1980 年，对起征点以下贫困生产队免征农业税的办法一定三年不变，对江华瑶族自治县的农业税任务实行减半征收。是年，核减农业税 160 万公斤。

1983 年，农村普遍推行家庭联产承包责任制，涌现出一批承包专业户、重点户、自营专业户和经济联合体。农业税的计征，改为“基数在队，任务到户，结算到户，减免到户”的办法。一切基础数字，以生产队为单位办理变动登记，进行核定，不划分到户。但国家分配给生产队的计征税额，各项减免和应征税额，则如数落实到户、组。落实方法：征收任务应根据各户承包耕地的数量、质量和产量、产值等情况，由公社负责组织生产队与各户民主商议确定；减免指标到队，再由队组织评议，分配到户，分户编造清册，由公社汇总统计上报。同时，继续执行少数民族地区农业税减半征收的政策，是年减免江华县和蓝山县、新田县、江永县的 5 个少数民族乡稻谷 175 万公斤。1984 年继续执行减半征收。1986 年起，江华县免征农业税 4 年，共免征稻谷 2497 万公斤。1989 年，全区农业税征收按稻谷计算，依率计征税额 9171 万公斤，各项减免 3318 万公斤，其中：灾歉减免 2036 万公斤，应征正税 5853 万公斤，实征正税 5853 万公斤，实征附加 816 万公斤。1990 年，全区农业税各项减免稻谷 3318 万公斤，其中：灾歉减免 2036 万公斤，社会减免 363 万公斤，民族减免（包括民族减半）423 万公斤，贫困减免 380 万公斤，基建减免（已剔除 1987 年、1988 年新增部分）166 万公斤；实征正税稻谷 5840 万公斤，实征附加稻谷 815 万公斤，合计 6655 万公斤；实征正税折合人民币 2581.0 万元。1991 年，全区各项减免 1435 万公斤，实征正税 4975 万公斤，折合金额 3141 万元。1952—1991 年，全区农业税各项减免 7.47 亿公斤，占同期计征额 18.9%；全区实征农业税额占财政收入比重由 1953 年的 44.3%降至 1991 年的 9.1%。

清代、民国时期若干年份永州府第七、第九区农业税赋征收表

表 1-9

项目 / 年份	币制		合计	其中	
	名称	单位		正税	附加
道光元年（1821）	银	两	125347	114286	11061
光绪十一年（1885）	银	两	121909	109835	12074
宣统三年（1911）	银	两	134281	121506	12775
民国 1 年（1912）	银	两	197869	135990	61880
民国 3 年（1914）	银圆	元	255894	255894	—
民国 6 年（1917）	银圆	元	255894	255894	—
民国 9 年（1920）	银圆	元	296804	296804	—
民国 10 年（1920）	银圆	元	296804	296804	—
民国 18 年（1929）	银圆	元	296445	296445	—
民国 19 年（1930）	银圆	元	1206011	276608	929403
民国 20 年（1931）	银圆	元	1446422	296311	1150111
民国 21 年（1932）	银圆	元	1493218	296439	1196779
民国 22 年（1933）	银圆	元	1466862	296439	1170423
民国 23 年（1934）	银圆	元	1433905	296439	1137466
民国 24 年（1935）	银圆	元	1244731	267800	976931
民国 26 年（1937）	银圆	元	1288831	256940	1031891
民国 27 年（1938）	银圆	元	441421	79120	362301
民国 28 年（1939）	银圆	元	1760613	334566	1426047
民国 29 年（1940）	银圆	元	1344936	296042	1048894
民国 30 年（1941）	银圆	元	1304158	293505	1010653
民国 31 年（1942）	稻谷	石	776968	—	—
民国 32 年（1943）	稻谷	石	509008	—	—
民国 33 年（1944）	稻谷	石	402692	—	—

（三）征收方法

清代，征收地丁银的办法有官征官解、书征书解。湖南多用书征书解，州县官吏按花名造粮册，使纳户分田数与一甲总额相符。粮书征解时有以银两为计算单位的，有以铜钱为计算单位的，情况不一，而湖南通用银圆和铜钱。不管哪种征收方式，粮书都要从中舞弊。“粮书多方抑勒，铜圆有折合铜钱七百文的，银圆折作铜钱八千余文的，因此另收‘补水’，农民根本搞不清田赋计算方法，只有听从粮书苟索，痛苦不胜”（1979年《湖南省志·湖南近百年大事记述》）。

民国时期（1912—1949），征收田赋的方法沿袭清代做法，登载人口、田亩的粮册由里甲中的专人保管，掌管人被称为册书，每年开征前县官吏分行各册书编造新粮册送入官署，称之为总粮册，征收时按册稽征。“征收解库时册书从中作梗，谁完谁欠，混淆不清，百姓受害匪浅，而册书官乘机贪占”（1979年《湖南省志·湖南近百年大事记述》）。民国37年（1948）2月，祁阳县田粮处长刘谭徽和下属洪桥办事处肖、罗两保管员被监院纠举为违法渎职贪污犯。民国前期征收田赋，全年分上、下“两忙”进行，“上忙”自4月1日至6月底，“下忙”自10月1日至11月底。民国18年（1929）后，每年一次征收，自9月1日至次年1月末征完。各县如因特殊情况须变更征收期者，由县长呈报省财政厅核批。花户应纳之本年田赋，如12月末未完纳者，征收机关派人催追；自1月1日至6月末按应完纳的正税额收催追费3%，7月1日后加至5%，由催征吏登门征收作为催收人员之伙食及津贴；各县田赋如次年1月末尚未照章完纳者，从次年2月1日起至月底照欠正税及附加总额加息3%，自3月1日起加息5%，到7月1日以后加息20%，并对欠户实行拘传押追。民国28年（1939），新田县下塘场村谢先高、谢宗纯、谢先编、谢贤德、谢贵政、谢忠耀、谢先综群起拒缴，遭县财政局“追拿惩办”。民国30年（1941）后，在征收当年田赋的同时，还预征以后年度的田赋。民国33年（1944），全区实征稻谷20.4万担，预征19.9万担（东安县未开征），为是年征实数的97.5%。民国政府恐花户拒缴，常派警士荷枪实弹催征。民国37年（1948）3月，零陵县对上称“田赋征实经王县长、张处长倾全力征收后刻已达六成，共征赋谷10万石，惟上令督催甚严，经已采取有效办法：由县政府田粮处与地方法院会衔布告切实开导粮户早日完纳国课，否则派枪警坐催，或带案法办……；派职员30余人，警士50名分赴各乡督催……”。

新中国成立初期，零陵地区农业税征收工作一般是秋后一次进行，限收稻谷，但亦可折征代金。纳税人须将应纳税额之稻谷及经济作物在规定期限内向指定仓库缴纳，取得入库收据。其运送里程，不论肩挑、车推、船运、畜运，单程25公里内为完全义务；超过25公里，按规定补给运费。1951年8月，以乡为单位，设一个或数个征收处，经办征收报解事宜。全部缴纳粮食者，可以村为单位组织集体缴纳；缴纳经济作物，应个别缴纳，如品种相同均合格者，在自愿结合情况下可集体缴纳；缴纳代金的，则以村为单位，收齐各户粮款，由推举的代表一次缴纳。

1953 年，义运里程改为单程 30 公里，超过部分由粮库按规定发给运费。征收代金的，以乡为单位集中缴纳。折征代金的粮食价格，由县征收机关，按照收购公司的收购牌价，无收购牌价的按市价统一规定代金价格。价格若有变动，涨落在 5%以上时 10 天调整一次。各区折征代金限额，按上级征收机关布置，不得自行增加。1954 年秋，征公粮和统购粮实行一次入库，按先公粮后统购粮结算。1955 年，以合作社、互助组或以行政组织为单位，采取“集体送粮，分户过磅，专人负责，按户结账”的办法。具备条件的单位，可采取“集体送粮，集体过磅，专人负责，集体结账”的办法，以便利群众，提高效率。

1961 年，农业税一律征收实物。产粮地区缴纳粮食，有粮食征购任务的，先完成农业税，剩余部分作为统购粮。对粮食、经济作物、农林特产、园艺作物兼作的地区，原则上按照该队粮食作物与经济作物的比例缴纳。征收的实物品种限粮食、棉花、黄麻、苎麻、茶油、桐油、烟叶、干椒。1962 年，增加茶叶、芝麻、花生、油菜籽、黄花菜、柑橘、蔬菜等品种，采取“以谷分配，以款结算”的办法，将纳税人应纳的农业税稻谷数量，按当地中等稻谷的收购牌价折成货币金额，通知纳税人照金额缴实物，实物一律按国家现行收购牌价，依质论价，一次计算，分次征收，年终结算。所征收的实物，由供销社和粮食部门代收。纳税人送缴实物后取得农业税实物入库证，持证向财政部门换取农业税收据。1963 年 7 月，将农业税征收实物的 15 个品种改为只征收粮食、棉花。1964 年，生产队交售公粮和统购粮，义务运送里程，山区不超过单程 10 公里，其他地区不超过 15 公里，义务运粮数量人均不超过 100 公斤原粮。超过义运数量和义运里程，以生产队为单位在完成全年粮食征收任务后，由粮管站或收购点一次结付运费。

1985 年 6 月 1 日，农业税改征货币。按粮食“倒三七”比例，30%按原统购价，70%按原超购价，确定结算价格每 50 公斤 15.59 元征币。1986 年，改以征收粮食为主和少量的代金，常年征收。1987 年，农业税结算价格每 50 公斤稻谷由币 15.59 元提到 17.09 元。1990 年，农业税结算价格每 50 公斤稻谷由币 17.09 元又提高到 22.10 元。

1949—1991 年零陵地区农业税基础数据表

表 1-10　　　　单位：万元、万亩、万斤

项目/年份	计税面积	常年产量	税率%	依率计征税额	各项减免	应征税额			实征税额			尾欠数	实征正税折合金额
						正税	附加	小计	正税	附加	小计		
1949	—	—	—	—	—	—	—	—	18486.7	—	18436.7	—	593.1
1950	—	—	—	—	—	—	—	—	17847.1	—	17847.1	—	578.1
1951	—	—	—	—	—	—	—	—	28947.9	—	28947.9	—	1335.9
1952	447.4	162942	15.70	25651.1	426.5	25224.6		25224.6	25025.1		25025.1	199.5	1131.1
1953	484.0	163365	15.70	25725.1	3510.5	22214.6	156.0	22370.6	22075.9	155.0	22230.9	139.7	1017.7
1954	486.7	163698	15.70	25723.9	974.5	24761.4	1487.7	26249.1	24653.5	1697.7	26351.2	-102.1	1306.4
1955	493.0	163281	15.70	25559.1	4505.8	20993.3	1056.2	22049.5	20638.3	913.0	21551.3	498.2	1112.5
1956	481.0	162618	15.40	25059.3	8539.6	16465.7	790.0	17255.7	15970.9	747.0	16717.9	537.8	862.3
1957	481.9	161827	15.50	25112.2	49987.0	20113.6	2413.0	22526.6	19940.6	2334.8	22275.4	251.2	1081.7
1958	520.8	176700	15.50	25920.1	1611.4	24308.7	3646.7	27955.4	24303.2	3646.2	27949.4	6.0	1429.4
1959	466.6	174966	14.60	25703.8	2422.7	23281.1	3492.1	26773.2	23281.1	3492.1	26773.2	—	1365.0
1960	519.8	175065	14.60	25583.7	7982.3	17591.4	2638.6	20230.0	16945.4	2569.9	19515.3	714.7	1027.6
1961	433.7	155716	10.00	15578.0	2404.1	13169.1	1316.0	14485.1	13168.8	1099.0	14267.8	217.3	1037.1
1962	420.9	148916	12.52	18505.1	2686.1	15818.4	1581.9	17400.3	15818.1	1297.3	17115.4	284.9	1248.5
1963	426.7	154273	11.98	18496.9	7640.0	10856.9	1216.1	12073.0	10869.4	1225.1	12094.5	-21.5	823.6
1964	421.5	156843	11.70	18497.0	1613.0	16884.0	2363.2	19247.3	16883.0	2363.5	19247.2	0.1	1226.7
1965	422.8	156450	11.83	18507.0	3447.5	15059.5	2108.3	17167.8	15089.4	2108.3	17167.7	0.1	1252.3
1966	422.8	157502	11.76	18529.4	2766.6	15762.8	2245.4	18008.2	15762.8	2245.4	18008.2	—	1477.2
1967	420.8	156168	11.79	18413.0	2320.7	16092.3	2252.3	18344.6	15914.5	2211.1	18152.6	192.0	1324.8
1968	423.6	153853	11.96	18403.0	2649.0	15754.0	2205.0	17959.0	17484.0	1644.0	19128.0	-1169.0	1645.2
1969	418.9	155931	11.73	18406.0	2019.0	16387.0	2294.0	18681.0	16364.0	2364.0	18728.0	-47.0	1549.0

续表1-10

项目 年份	计税面积	常年产量	税率%	依率计征税额	各项减免	应征税额			实征税额			尾欠数	实征正税折合金额
						正税	附加	小计	正税	附加	小计		
1970	417.9	155751	11.82	18406.0	1798.0	16608.0	2325.0	18933.0	16603.0	2257.0	18860.0	73.0	1549.5
1971	419.2	156046	11.78	18394.0	1808.0	16586.0	2321.0	18907.0	16592.0	2321.0	18913.0	-6.0	1558.2
1972	420.8	156174	11.81	18442.0	2493.0	15949.0	2233.0	18182.0	15950.0	2196.0	18146.0	36.0	1498.6
1973	433.4	158187	11.67	18464.0	1871.0	16593.0	2321.0	18914.0	16582.0	2278.0	18860.0	54.0	1557.6
1974	428.2	156771	11.77	18454.0	3508.0	14974.0	2095.0	17069.0	14975.0	2075.0	17050.0	19.0	1408.7
1975	426.5	154656	11.88	18388.0	3139.0	15249.0	2127.0	17376.0	15207.0	2120.0	17327.0	49.0	1425.4
1976	425.6	154436	11.88	18352.0	3736.0	14615.0	2037.0	16652.0	14578.0	2002.0	16580.0	72.0	1378.0
1977	425.3	155140	11.82	18351.0	2338.0	16013.0	2232.0	18245.0	15962.0	2197.0	18159.0	86.0	1508.0
1978	426.3	155769	11.76	18323.0	3343.0	14980.0	2087.0	17067.0	14831.0	2026.0	16857.0	212.0	1412.0
1979	424.2	156090	11.72	18309.0	6282.0	12025.0	1683.0	13708.0	12025.0	1683.0	13708.0	—	1403.0
1980	423.8	156158	11.72	18309.0	7300.0	11007.0	1539.0	12546.0	11007.0	1539.0	12546.0	—	1272.0
1981	424.1	155958	11.73	18306.0	6741.0	11565.0	1617.0	13182.0	11517.0	1608.0	13125.0	57.0	1330.0
1982	421.4	155849	11.74	18305.0	6372.0	11933.0	1662.0	13595.0	11903.0	1592.0	13495.0	100.0	1377.0
1983	421.8	155907	11.78	18358.0	3912.0	14446.0	2014.0	16460.0	14441.0	2014.0	16455.0	5.0	1668.0
1984	420.0	156096	11.71	18292.0	2978.0	15314.0	2137.0	17451.0	15314.0	2137.0	17451.0	—	1769.0
1985	418.7	155971	11.80	18327.0	4179.0	14148.0	1971.0	16119.0	14172.0	1973.0	16145.0	-26.0	2007.0
1986	419.4	156242	11.70	18353.0	4251.0	14102.0	1965.0	16067.0	14094.0	1964.0	18057.0	-1990.0	2199.0
1987	419.4	156254	11.70	18337.0	3568.0	14769.0	2058.0	16827.0	14766.0	2058.0	16823.0	4.0	2654.0
1988	419.4	156255	11.73	18333.0	3966.0	14367.0	2012.0	16379.0	14367.0	2012.0	16378.5	0.5	—
1989	419.4	156319	11.73	18341.0	6636.0	11706.0	1632.0	13338.0	11706.0	1632.0	13338.0	—	—
1990	420.0	156140	11.73	18316.0	6636.0	11680.0	1630.0	13310.0	11680.0	1630.0	13310.0	—	2581.0
1991	421.0	109284	11.73	12820.0	2870.0	9950.0	1388.0	11338.0	9950.0	1388.0	11338.0	—	3141.0

二、农林特产税

道光元年（1821），《永州府志》载：零陵县丁田之外又征湖州杂课……及生漆、黄麻正项共银43.28两，遇闰加征3.58两，东安县循旧征……湖州杂课（鱼、油、鹅、翎、麻、铁）改折银5.54两，府属八县征杂课68.68两。光绪十一年（1885），《湖南通志》载永州府的湖州杂课征银数与府志无异。宣统三年（1911），永州府征茶课税厘681.017两。

民国19年（1930），永州区征收竹木、糖、油捐34028元（银圆）。民国20—24年（1931—1935），列入各项税捐。

新中国成立后，农业特产经济作物列入农业税项目计征，1983年称农林特产农业税。1950—1985年，农林特产税统在农业税中未单列。

1986年，零陵地区开始征收农林特产税，征税范围包括园艺作物、林木、水生植物、水产养殖等4大类26个品种。具体征收品种及其税率为：水果、观赏花卉、药材、芦苇、湘莲等产品的收入，税率8%；茶叶、制茶用花卉、生漆、核桃、板栗、藕、鲜鱼（出售鱼苗）、珍珠等产品的收入，税率6%；木材、竹子、油桐、苗木、竹笋干、香菇、桑蚕、棕片、木耳、乌柏子、松脂等产品的收入，税率5%。各项产品随同农林特产税另征收应纳税额14%的地方附加。对新垦殖和新垦复的农林特产作物，从受益之年起，一般免征特产税3~5年。是年，全区征收入库农林特产税186万元，其中正税160万元、附加26万元。

1987年，零陵地区农林特产品总收入2257万元，应征农林特产正税130.6万元，地方附加17.6万元；实征正税130.5万元，附加17.6万元，实际执行综合税率5.1%。主要征税品种有水果、木材、竹子、鲜鱼、茶叶等，其中木材特产税120.2万元，占81.8%。

1988年，省和地直属单位应纳的农林特产税，均由零陵地区财政局征收，县市直属单位应纳的农林特产税由县市财政局征收，乡镇以下单位的应纳税额由乡镇财政所征收。各县市征收的农村特产税，按税款总额提取5%的征收业务费，其余留给县市作为地方的固定收入，用于农业投入。所提取的征收业务费，30%上缴省财政厅，70%留给县市财政局作征收业务费，实行专款专存专用，主要用于印刷票证、表册，交通工具，修缮费和开展宣传等有关费用开支。是年，全区农林特产品总收入4136.8万元，实征正税230.8万元，提取征收业务费11.5万元，实际入库219.3万元，附加31.6万元，实际执行综合税率5.5%。

1989年，果用瓜列入农林特产税征税范围，并调整税率，分别确定为淡水养殖（包括鲜鱼、出售鱼苗和珍珠）收入税率10%，其中珍珠15%、水果10%、柑橘

15%、果用瓜 10%、木材 8%，其他应税产品 5%。各项产品在征收农林特产税的同时，另征收应纳税额 10%的地方附加。并从农林特产税收入中提取 25%建立农林特产周转金，由农林特产税征收部门掌握，实行有偿使用。是年，零陵地区农林特产品总收入 6431.1 万元，实征正税 540 万元，提取业务费和周转金后入库 390.8 万元，附加 54 万元，合计 594 万元，实际执行综合税率 8.4%。

1990 年，零陵地区农林特产品总收入 1.13 亿元，计税收入 9611.1 万元，计征税额 813 万元，实征农林特产税 894.3 万元，其中正税 813 万元，附加 81.3 万元，实际执行综合税率 8.5%。提取农林特产税征收经费 40.7 万元，提取农林特产周转金 203.2 万元，入库 569.1 万元。

1991 年，零陵地区农林特产总收入 1.57 亿元，计税收入 1.32 亿元，计征税额 1111 万元，实征农林特产税 1220 万元，其中正税 1109 万元，附加 111 万元，实际执行综合税率 8.4%。提取农林特产税征收经费 55.6 万元，其中：上解省财政厅 17 万元；提取农林特产周转金 277.4 万元；入库 776 万元。

1986—1991 年，零陵地区累计征农村特产税及附加 3304.9 万元，平均年征 550.8 万元，1991 年比 1986 年增长 5.6 倍，年均递增 45.7%。

三、耕地占用税

1987 年，零陵地区全面开征耕地占用税。凡占用耕地建房或从事其他非农业建设的单位或个人，以实际占用的耕地面积和规定的税额标准计算税额，实行一次性征收。中央核准零陵地区平均税率 4.40 元/平方米，具体税额标准为：人均耕地在 0.5 亩以下（含 0.5 亩），每平方米征税 6~10 元；人均耕地 0.5~1 亩（含 1 亩），每平方米征税 4~8 元；人均耕地 1 亩以上，每平方米征税 3~7 元；凡占用城市郊区专业菜地、精养鱼池的，每平方米均征税 10 元。农村居民（农业户口）和农场职工占用耕地新建自用住宅，按上述规定标准减半征收。部队、铁路、机场、专用炸药储备仓库、学校、医院、幼儿园、敬老院、殡仪馆、火葬场、为残疾人举办的福利单位、良种繁殖场（站）、饮水工程、农田水利设施、乡镇简易公路桥梁、移民住宅等建设占用耕地，免征耕地占用税。县市按实征税款提取 5%的征收经费，其中：上缴省财政 30%，作为统一印制票证等开支；留给县市财政 70%作为耕地占用税征收经费。扣除 5%后剩余税款的 50%上缴中央财政，25%上缴省财政，25%留县市财政，分别建立农业发展专项基金，用于整治和改良土地。是年，全区耕地面积 427.6 万亩，按总人口计算人均 0.88 亩，按农业人口计算人均 0.97 亩。全区实际占用耕地 826.4 亩，其中属于免征税的 212.0 亩；实际执行平均税额 4.92 元/平方米，依率计征税额 225.8 万元，减免税额为 48.9 万元，应征税额为 176.9 万元，实征税额168.4万元，尾欠8.5万元。按实际征收额5%提取征收经费8.4万元后上解中央财政80.0万元，入地方财政80万元。

1988年7月1日，从耕地占用税中提取的征收经费省分成比例由原来30%调增为40%（含上缴中央的20%），县市留成比例调减为60%。零陵地区作为湖南省改革开放过渡试验区，耕地占用税地方留成部分中取消上解省25%，县市留成比例增至50%，用于建立农业发展专项资金。是年，全区耕地总面积为428.2万亩，按总人口计算人均0.87亩，按农业人口计算人均0.95亩；省分配零陵地区计划占用耕地6000亩，实际占用2815亩。耕地占用税计税2931亩（包括非耕地面积），免征366亩，应税2565亩。计征税额714.6万元，减免税额为113.4万元，应征税额601.2万元，实征税额300.2万元，入地方财政150万元。

1989年，耕地占用税扣除提取经费后，中央和地方分成比例由对半分成调整为：中央30%，地方70%，其中地方分成部分省规定零陵地区全部留归县市。是年，全区占用耕地517.3亩，计征税额161.3万元，应税面积456.2亩，应征税额143.4万元，实征236.4万元（含征历年尾欠114万元），入地方财政197.2万元。

1990年，零陵地区占用耕地1543亩，耕地占用税计税面积1543亩，计征税额480.9万元，其中免税面积732亩，减免税额240.4万元；应税面积811亩，应征税额220.5万元，实际征收196.6万元，其中缴中央37.2万元、留地方财政149.6万元、提取征收经费9.8万元。

1991年，零陵地区占用耕地1201亩，计税面积1223亩，计征税额361万元。应税面积637亩，应征税额172万元，实征219万元，入地方财政163万元。1987—1991年，全区征收耕地占用税1112.2万元，年均征收222.4万元。

四、契税

清道光年间（1821—1850），田房契税尽收尽解无定额。光绪初年，不分典契卖契，均按契价每两征银2分，光绪34年（1908）增为6分。宣统元年（1909）10月，卖契照契价征9%，典契征6%。宣统3年（1911），永州府加蓝山县实征契税银39679两。

民国元年（1912），卖契征税4分，县征附加1分；典契征税3分。民国4年（1915）后多次修改变动，到民国22年（1933）6月，契税划归地方税，税率定为卖契3分、典契1分。卖契税准各县于3分外征附加2分，作为地方经费。民国26年（1937），永州区契税收入20895元（法币，下同）。民国29年（1940）为26920元。民国30年（1941）8月，契税划归中央财政收入，是年全区实征契税43453元。民国34年（1945）税率分为4种：卖契5%，典契4%，变换契、分割契

2%，赠与契、占有契6%。民国35年（1946）6月，契税划归县级财政收入，税率未变，由各县税捐稽征处办理经征。是年，永州区征收1.07亿元。

1949年10月，新中国成立后，契税税率为：买卖按卖价征收6%；典当按典当价征收3%；赠与按现行价征收6%；交换，双方价值相等的不征税，价值不相等的按差价征收6%。从1950年10月起，契税分批征收。1951年1月，零陵县、祁阳县、新田等县开征。1954年土地改革后，对各阶层的土地所有权，不分新分或原有土地，一律按户颁发土地证，征取土地证费。征收标准分甲、乙两大类，按大米计算；甲类为水田，每亩收大米2.5公斤；乙类为旱土，每亩收大米1.25公斤，均折人民币缴纳。是年，零陵地区征收土地证费7.6万元。1952—1958年，全区征收契税16.3万元。

1958年，进行社会主义改造，城镇私房买卖很少发生，契税征收无形停止。1962年恢复征收。1962—1966年，零陵地区契税收入4.3万元。“文化大革命”开始后，各县停止征收。

1981年，零陵地区恢复契税，由各县房管所办理房屋契税，但契税征收基本上处于放任状态。1983年全区实征契税4200元。1984年，契税改由县市财政局办理，当年征税9100元。1989年、1990年、1991年分别增加到11.8万元、27.9万元、47.1万元。1953—1991年，全区共征收契税119.2万元。

第二节　工商税收

清代，永州府取自工商业的税收甚少。道光时期（1821—1850）只有牙税和当税。咸丰五年（1855），永州设厘金局，征收盐厘、百货厘。宣统3年（1911），永州府工商税收占财政总收入的6.3%。

民国17年（1928）开始，永州区对工业产品出厂时课统税，全区各地以房屋和油糖榨捐为主。民国19年（1930），全区征收247610元（银圆），占财政收入的19.3%。民国20年（1931），开征营业税。民国33年（1944），全区以营业税为主的工商各税收入1428.21万元（法币），占财政总收入的22.3%，民国37年（1948）比重上升到27.1%。

新中国成立后，1950年，零陵地区全面开征货物税、工商业税、盐税、薪给报酬所得税、存款利息所得税、遗产税、交易税、印花税，正税缴中央财政，地方征收少量附加。1953年，执行第一个五年计划后，试行商品流通税，工商各税只保留商品流通税、货物税、工商业税和盐税。

1958年，全国实行税制改革，原实行的货物税、商品流通税、工商业税中的营业税和印花税合并为工商统一税。同时，工商业税中的所得税划为一个单独税种，称工商所得税。1959年，停征贷款利息所得税。1962年，开征集市交易税。1973年，将工商统一税及其附加和企业征收的城市房地产税、车船使用牌照税以及屠宰税、盐税合并为工商税，简化后对国营企业只征工商税，对集体企业只征收工商税和工商所得税。

1978年，中共十一届三中全会以后，全面推行经济调整和体制改革。1980年，开征个人所得税。1983年，开征烧油特别税和建筑税。是年，国营企业实行第一步利改税，对企业实现的利润征收国营企业所得税。1984年，国营企业实行第二步利改税，工商税按性质划分为产品税、增值税、营业税、盐税。国营企业上缴利润在第一步利改税的基础上，改为缴纳所得税和调节税。是年，开征国营企业奖金税。1985年，开征集体企业和事业单位奖金税及工商调节税，城市维护建设税。1986年10月1日，开征房产税和车船使用税。1988年，恢复印花税。随着工业生产商品经济的发展，全区工商税收占财政收入的比重由1950年的1.6%上升到1991年的73.4%。

一、营业税

道光元年（1821），永州府各属征牙杂税银100两9分8厘，当税10两。咸丰元年（1851），永州府牙行72户，税款66两。咸丰六年（1856），换领帖牙行87户，税额262两。光绪十一年（1885），永州府课牙税100两，当税5两。宣统三年（1911），永州府牙行87户，税额262两；当铺6间，每间年纳税银50两，收当税银300两；百货厘并加抽（钱）10.6万串。

民国20年（1931），撤厘金局。永州区各属执行湖南省订定征收营业税大纲，开征营业税，营业收入额全年不满1000元（银圆，下同）或资本500元者免征。课税标准及税率为：依营业总收入额为课税标准者征收0.2%~1%；依营业资本为课税标准者征0.4%~2%；依营业纯收益为课税标准者，其税率分别为：纯收益不含资本额15%者征2%~5%（不含5%，算后不算前，下同），纯收益不含资本额15%~25%者征5%~7.5%；纯收益不含资本额25%以上者征7.5%~10%。是年，全区实征21758元，占财政收入的1.5%。民国24年（1935），营业税课税标准和税率为：（一）按营业总收入额，税率从0.3%到1%，分8级。（二）按营业资本额，税率分0.5%、0.6%、1.5%、1.6%。（三）按报偿余额，税率分1.5%、2%。（四）依承包余额征税者，税率0.5%。民国25年（1936），将（一）、（三）、

（四）种合并按总收入额征税。翌年，永州区营业税收入（含屠宰税）29040元（法币，下同）。民国30年（1941），营业税税率改成按营业收入额课税者一律征收2%；按资本额课税者一律征收3%。全区征54.2万元，占财政收入的22.8%。民国31年（1942），营业税划为国税，地方县级财政征收附加。民国32年（1943），全区征收附加33.4万元。民国33年（1944）、34年（1945），全区分别征附加69.4万元和180万元，分别占财政总收入的1.3%、1.1%、2.7%。民国35年（1946），营业税复归地方财政，按营业额征收的税率是1.5%，按资本额征收的税率是4%。是年正值法币急剧贬值，全区征收营业税2878万元，民国36年（1947）增至2.31亿元，民国37年（1948）达53.5亿元，分别占是年财政收入比重的0.9%、2.7%、6.1%。

新中国成立后，1950年，营业税并入工商税，零陵地区对全区范围内的公营、私营、公私合营或合作事业，一律于营业行为所在地缴纳营业税。营业税税率按营业总收入额计算的工业部门分38个行业，税率从1%到3%分5级；商业部门37个行业，税率从1.5%到3%分4级；依营业总收益计算的公用事业、交通运输等24个行业，税率从1.5%到6%分7级；依佣金收益额计算的代理购销等6个行业，税率从6%到15%分5级；其他按性质相近的行业比照计征。国民经济恢复时期，全区征收营业税643.1万元入中央财政。1953年，印花税、营业税及其附加并成营业税，实行分级税率，具体为：工业1.5%到3.5%分5级，商业2%到3.5%分4级，收益2%到15%分9级。“一五”时期，全区年均征营业税354.8万元，比恢复时期增加65.5%。

1958年9月起，营业税并入工商统一税，商业零售行业税率为3%，交通运输行业税率为2.5%，服务性行业税率为3%、5%和7%。1959年6月，增加对粮食、油脂部门经营的植物油，按2.5%征收零售税，商业部门经营的植物油按3%征收。“二五”时期，零陵地区（未包括祁阳县）社会商品零售（含饮食服务业）总额年均1.1亿元，汽车运输量年均17.1万吨，比“一五”时期分别增长56.2%和5.5倍；全区年均征营业税383.1万元，比“一五”时期增长8%。

1963年，调低个体工商户的纳税起征点。1965年10月起，对国营、供销社、公私合营的饮食业，税率由5%降为3%。三年调整时期，零陵地区年均征营业税433.3万元，比“二五”时期增长13.1%。1970年，对国营工商业、供销社将原工商统一税及附加，车辆使用牌照税，城市房地产税，屠宰税等合并为一个综合税率计征。

1973年，工商统一税及其附加和城市房地产税、车船使用牌照税、屠宰税、盐税合并为工商税。简化后工商税中商业零售税率未变，交通运输提至3%，服务行业旅店和饮食、租赁、寄售、代理购销等恢复5%的税率，浴室及修理、缝纫、照相、理发、装卸等仍为3%，公用事业3%，临时经营10%。“三五”和“四五”时期，零陵地区年均征工商税分别为411.4万元、683.3万元。

1980年1月，饮食业的工商税税率一律为3%。是年8月1日，各机关、团体、部队、企事业所属的宾馆、饭店、招待所等的营业收入征收5%的工商税。1982年9月1日，对银行的营业收入开征5%的工商税。1983年9月，对个体商贩和部分集体商业企业的零售环节营业税直接按批发额乘3.4%，由商业批发部门扣缴；对批发给临时商贩的农产品、工业品，直接按批发额分别乘5.6%和9%扣缴营业税。1984年，营业税从工商税中分出成为独立税种。商业零售、陆河运输、建筑安装、邮政电讯、出版事业、公用事业、娱乐业（舞场除外）税率未变；金融保险税率为5%，商业批发和舞场税率为10%，铁路运输和管道运输税率为15%，服务业、代购代销、委托寄售等税率为10%，西餐及筵席、旅业、宾馆、招待所、租赁、广告、旅游、工业性加工等税率为5%，其他饮食业、修理、修配及浴池、理发、缝纫、照相等税率为3%，临时经营税率为5%~10%。是年，零陵地区征收营业税337.1万元。1985年以后，营业税税目、税率变动不大。“六五”和“七五”时期，全区社会商品零售总额年均分别为7.63亿元、14.97亿元，1991年达到20亿元。与“五五”末年相比，分别增长31.1%、1.6倍和2.4倍，全区平均年征营业税1747.6万元、4964.3万元，1991年达到6438.8万元。

1953—1991年，全区累计征收营业税5.59亿元，在财政收入中所占比重由“一五”时期的14.5%上升到“七五’时期的22.2%，1991年达到18.6%。

1950—1991 年零陵地区工商税收入统计表

表 1-11　　单位：万元

年度	合计	商品流通税	货物税	营业税	工商统一税	工商税	工商所得税	产品税	增值税	国营企业工资调节税	奖金税	城镇土地使用税	建筑税	个人调节税	盐税	其他
1950	4. 39	—	—	—	—	—	—	—	—	—	—	—	—	—	—	4. 39
1951	54. 75	—	—	—	—	—	—	—	—	—	—	—	—	—	—	54. 75
1952	53. 37	—	—	—	—	—	—	—	—	—	—	—	—	—	—	53. 37
1953	743. 8	164. 9	206. 4	305. 6	—	—	66. 9	—	—	—	—	—	—	—	—	—
1954	996. 4	182. 4	277. 7	397. 9	—	—	138. 4	—	—	—	—	—	—	—	—	—
1955	835. 1	97. 4	249. 9	375. 3	—	—	112. 5	—	—	—	—	—	—	—	—	—
1956	854. 7	107. 8	281. 4	364. 8	—	—	100. 7	—	—	—	—	—	—	—	—	—
1957	917. 6	130. 6	339. 2	330. 4	—	—	117. 4	—	—	—	—	—	—	—	—	—
1958	159. 5	—	—	—	147. 9	—	11. 6	—	—	—	—	—	—	—	—	—
1959	1786. 7	—	—	—	1691. 1	—	69. 9	—	—	—	—	—	—	—	25. 7	—
1960	1823. 5	—	—	—	1667. 9	—	117. 5	—	—	—	—	—	—	—	38. 1	—
1961	1092. 7	—	—	—	979. 0	—	107. 8	—	—	—	—	—	—	—	5. 9	—
1962	1133. 5	—	—	—	971. 2	—	159. 3	—	—	—	—	—	—	—	3. 0	—
1963	1285. 7	—	—	—	1087. 6	—	198. 0	—	—	—	—	—	—	—	0. 1	—
1964	1288. 1	—	—	—	1230. 8	—	56. 8	—	—	—	—	—	—	—	0. 5	—
1965	1448. 7	—	—	—	1291. 7	—	156. 1	—	—	—	—	—	—	—	0. 9	—
1966	1230. 8	—	—	—	1140. 6	—	57. 3	—	—	—	—	—	—	—	0. 1	32. 8
1967	1179. 7	—	—	—	1088. 6	—	59. 2	—	—	—	—	—	—	—	11. 0	20. 9

续表1-11

年度	合计	商品流通税	货物税	营业税	工商统一税	工商税	工商所得税	产品税	增值税	国营企业工资调节税	奖金税	城镇土地使用税	建筑税	个人调节税	盐税	其他
1968	932.7	—	—	—	894.8	—	23.9	—	—	—	—	—	—	—	14.0	—
1969	1289.2	—	—	—	1214.0	—	64.0	—	—	—	—	—	—	—	—	11.2
1970	1712.0	—	—	—	1543.7	—	113.1	—	—	—	—	—	—	—	—	55.2
1971	2213.7	—	—	—	1971.1	—	192.0	—	—	—	—	—	—	—	—	50.6
1972	2472.6	—	—	—	2234.1	—	228.6	—	—	—	—	—	—	—	—	9.9
1973	3082.0	—	—	—	—	2624.5	340.2	—	—	—	—	—	—	—	116.6	0.7
1974	3045.6	—	—	—	—	2648.6	343.3	—	—	—	—	—	—	—	53.6	0.1
1975	3797.5	—	—	—	—	3392.4	389.3	—	—	—	—	—	—	—	14.3	1.5
1976	3900.7	—	—	—	—	3546.0	354.2	—	—	—	—	—	—	—	—	0.5
1977	4702.0	—	—	—	—	4273.1	428.4	—	—	—	—	—	—	—	—	0.5
1978	5371.3	—	—	—	—	4774.0	595.8	—	—	—	—	—	—	—	—	1.5
1979	5903.7	—	—	—	—	5502.7	399.8	—	—	—	—	—	—	—	—	1.2
1980	7431.6	—	—	—	—	7031.6	387.0	—	—	—	—	—	—	—	12.7	0.3
1981	11529.0	—	—	—	—	11059.8	455.1	—	—	—	—	—	—	—	13.3	0.8
1982	10088.8	—	—	—	—	9581.5	457.3	—	—	—	—	—	—	—	48.4	1.6
1983	6556.4	—	—	—	—	5936.0	482.8	—	92.4	—	—	—	—	—	41.3	3.9
1984	7642.4	—	—	337.1	—	5851.9	423.2	825.9	141.6	—	—	—	—	—	59.7	3.0
1985	10349.3	—	—	2310.5	—	—	604.2	6795.1	205.2	3.0	86.0	—	304.7	—	11.8	28.8
1986	12382.2	—	—	3217.2	—	—	766.0	7300.2	541.4	—	32.4	—	375.0	—	115.3	34.7

续表1-11

年度	合计	商品流通税	货物税	营业税	工商统一税	工商税	工商所得税	产品税	增值税	国营企业工资调节税	奖金税	城镇土地使用税	建筑税	个人调节税	盐税	其他
1987	15174.6	—	—	4168.4	—	—	576.7	9026.9	874.4	—	24.8	—	473.7	—	4.6	25.1
1988	17485.8	—	—	4985.1	—	—	769.1	7855.3	3352.3	—	14.4	—	446.4	5.7	14.2	43.3
1989	19361.3	—	—	6163.5	—	—	771.8	6813.4	4535.9	—	31.3	297.1	459.0	121.3	38.1	129.9
1990	18970.0	—	—	6287.3	9.4	—	397.7	6588.5	4079.5	82.0	102.6	320.9	863.3	78.4	0.5	159.9
1991	22002.3	—	—	6438.8	—	—	392.9	8589.6	5089.8	166.3	91.2	371.7	683.5	47.2	0.8	130.5

说明：1. “工商所得税”栏包括集体企业所得税，城乡个体工商户所得税，个人所得税及私营企业所得税。

2. “奖金税”栏包括国营企业奖金税，集体企业奖金税和事业单位奖金税。

3. “其他”栏包括打击投机倒把补税，工商税收税款滞纳金补税罚款收入，1966—1967 年、1969—1972 年的企业工商税和 1991 年资源税 4.3 万元

1950—1991 年零陵地区地方税收入统计表

表 1-12 单位：万元

年度	合计	屠宰税	房地产税	车船使用税	印花税	利息所得税	文化娱乐税	牲畜交易税	集市交易税	城市维护建设税
1950	—	—	—	—	—	—	—	—	—	—
1951	—	—	—	—	—	—	—	—	—	—
1952	3. 37		3. 37	—	—	—	—	—	—	—
1953	267. 54	200. 6	5. 94	1. 4	5. 5	0. 3	1. 2	52. 6	—	—
1954	250. 2	205. 6	5. 8	0. 7	6. 6	0. 5	1. 6	29. 4	—	—
1955	224. 94	183. 4	5. 34	0. 5	15. 9	0. 6	1. 8	17. 4	—	—
1956	262. 25	225. 3	5. 65	0. 4	19. 6	0. 5	1. 2	9. 6	—	—
1957	214. 13	190. 7	5. 53	0. 9	15. 3	0. 4	1. 0	0. 3	—	—
1958	194. 62	167. 7	5. 52	1. 2	17. 2	0. 7	1. 0	1. 3	—	—
1959	170. 85	160. 0	5. 25	2. 0	—	—	2. 0	1. 6	—	—
1960	100. 9	89. 0	5. 7	2. 7	—	—	1. 9	1. 6	—	—
1961	42. 73	31. 4	5. 23	1. 8	—	—	1. 9	2. 4	—	—
1962	134. 75	84. 3	5. 55	1. 5	—	—	4. 6	2. 1	36. 7	—
1963	294. 4	207. 2	5. 5	3. 1	—	—	5. 4	—	73. 2	—
1964	434. 2	386. 0	7. 4	5. 4	—	—	4. 3	—	31. 1	—
1965	447. 4	430. 3	8. 3	5. 4	—	—	3. 2	—	0. 2	—
1966	332. 88	317. 9	7. 88	4. 7	—	—	2. 3	—	0. 1	
1967	227. 56	218. 7	5. 26	3. 6	—	—	—	—	—	—
1968	233. 05	222. 9	4. 95	5. 2	—	—	—	—	—	—
1969	251. 54	230. 7	13. 04	7. 8	—	—	—	—	—	—
1970	248. 24	229. 8	10. 74	7. 7	—	—	—	—	—	—
1971	260. 8	239. 7	13. 5	7. 6	—	—	—	—	—	—
1972	322. 94	297. 0	17. 84	8. 1	—	—	—	—	—	—
1973	167. 53	164. 3	1. 23	2. 0	—	—	—	—	—	—
1974	135. 39	132. 3	2. 89	0. 2	—	—	—	—	—	—
1975	131. 89	128. 1	3. 59	0. 2	—	—	—	—	—	—
1976	129. 64	124. 5	4. 94	0. 2	—	—	—	—	—	—
1977	136. 07	132. 8	3. 17	0. 1	—	—	—	—	—	—
1978	154. 1	150. 0	3. 9	0. 2	—	—	—	—	—	—
1979	196. 7	193. 7	2. 8	0. 2	—	—	—	—	—	—

续表1-12

年度	合计	屠宰税	房地产税	车船使用税	印花税	利息所得税	文化娱乐税	牲畜交易税	集市交易税	城市维护建设税
1980	179.1	174.0	4.9	0.2	—	—	—	—	—	—
1981	211.9	207.3	4.5	0.1	—	—	—	—	—	—
1982	248.4	182.2	5.9	—	—	—	—	—	60.3	—
1983	290.4	160.9	5.6	0.1	—	—	—	—	123.8	—
1984	280.3	215.4	5.2	—	—	—	—	16.4	43.3	—
1985	1008.3	230.4	8.9	—	—	—	—	6.6	—	762.4
1986	1671.7	219.3	30.3	6.7	—	—	—	3.3	—	1412.1
1987	2121.4	230.4	256.5	77.8	—	—	—	4.5	—	1552.2
1988	2290.9	165.0	269.9	84.8	77.6	—	—	3.6	—	1690.0
1989	2916.9	186.2	358.5	89.5	69.0	—	—	4.1	—	2209.6
1990	3145.8	363.8	431.1	87.5	75.0	—	—	3.0	—	2185.4
1991	3395.1	437.6	544.9	87.4	89.0	—	—	5.3	1.2	2229.7

二、产品税

清咸丰六年（1856），永州府属各县开征茶叶、竹木等厘金。光绪三十三年（1907），对矿产品征收井税、矿税年租；对烟酒产品按销售收入的2%征收烟酒税。宣统三年（1911），永州府征烟酒税320两（银）和银圆17033元，课茶叶正厘并加抽（钱）1309串648文。

民国3年（1914），永州区执行农矿部颁布的矿业条例，对开采金、银、铜、铁、锑、锡、锌、煤等征矿产税15%，另每亩年纳矿区税3角（银圆，下同）。石棉、石膏、石灰、磷酸、柏油、大理石等，征矿产税10%，每亩年纳矿区税1.5角。民国4年（1915），全区各县开征烟酒公卖费。民国10年（1921），实行卷烟统税，税率为依价征收50%。民国17年（1928），将卷烟、麦粉、棉纱、火柴、水泥等合称5项统税。民国18年（1929），对其他货物开征货物统税，税率分：日用必需品从价征1.5%～3%，半奢侈品及贵重物品征6%，奢侈品、消耗品征6%～15%。是年，全区征收统税18.2万元，烟酒公卖费5.63万元。民国21年（1932），探矿区每亩年纳税0.5分（银圆，下同），采矿区每亩纳税1分，矿产税按产品市价征2%。民国30年（1941），烟酒税依率从价计征，税率调整为：烟叶30%，烟丝15%，酒类40%。货物统税实行从价计征，税率调整为：卷烟80%，熏烟叶

25%，洋酒、啤酒 60%，饮料、火柴、大酒、普通酒精等 20%，糖类、水泥等 15%，棉纱 3.5%，麦粉 2.5%。民国 28—30 年（1939—1941），全区征烟酒公卖费 2.1 万元（法币），货物统税 41.1 万元。民国 35 年（1946）8 月，按货物产地市场批发价格征收货物税，税率为：卷烟 100%，熏烟叶 30%，糖类 25%，茶叶 10%，皮毛（包括毛制品）15%，锡箔及迷信用纸 60%，饮料品 20%，烟叶 50%，烟丝 30%，酒类 80%，煤类 3%，瓷土、火黏土、天然碱、铜、锡等均为 5%，其他矿产品 10%。

新中国成立后，1950 年，零陵地区执行政务院颁布的《货物税暂行条例》，应税货物分为 10 大类，195 个税目，1136 个品名，税率 3%至 20%不等。1950 年 12 月，货物税分类由 10 大类改为 8 大类。1949—1952 年，全区征收货物税 616.8 万元，交中央财政。1953 年 1 月，将货物税中部分品目改征商品流通税，将印花税、营业税及营业税附加并入货物税。是年，全区开征粮食货物税，征收种类有大米、小麦、大豆、花生、芝麻等，全年征粮食货物税 53.3 万元。1955 年，将粮食的货物税、营业税合并征收，税率 4%。1953—1957 年，全区征货物税 1354.6 万元，占同期财政收入的 11.1%。

1958 年 9 月，货物税、商品流通税、营业税和印花税合并为工商统一税。零陵地区征收的工商统一税工农产品部分有 53 个税率，最高是甲级卷烟 69%，最低为棉坯布 1.5%。1959 年 12 月，对农村社队企业生产的直接为生产服务的农药、化肥、兽药、小农具和肥田用的石灰，以及用于本公社小型农田水利建设，修桥、修路、修仓库的砖、瓦、砂、石、陶器涵管、水泥制品、石灰、原木、原竹等产品均暂不征税；对社办小型电站生产的电力纳税有困难的可予免税 3 年；对新办的社队企业，按规定征税有困难需要扶植的可减免税 1 年；对生产队所产的工业、手工业产品，除烟、酒、糖、鞭炮、焚化品和工业用植物油征税外，其余不征。1971 年起，对县、社、队办的新建投产的小钢铁、小化肥、小农机、小水泥、小电站免税 2 年。1958—1972 年，全区征收工农产品税 1.29 亿元，占同期财政收入的 28.7%。

1973 年 1 月 1 日，零陵地区执行《中华人民共和国工商税条例（草案）》，将工商统一税及附加、城市房地产税、车船使用牌照税、盐税、屠宰税合为工商税，其中工农产品分为：工业品 26 个税目，49 个税率；农、林、牧、水产品 8 个税目，6 个税率。税率最高为甲乙级卷烟 66%，最低是生产和修配各种农机、农具和农药、化肥，以及食用牲猪为 3%。农村社队企业生产经营的工业、手工业品，除化肥、农药、兽药、农机具、农用石灰以及电力，不论自用或出售暂不征税，其他产品照征。供本社、队（场）、范围内公用或出售给社员自用的土糖、烟、酒、鞭炮征税，其余产品不征。1975 年 12 月，对调出外县的原木、原竹，在产地县每立方米预交税款 3 元，楠竹和篙竹每 100 根预交 2 元。1979 年 7 月，对年产 20 万吨以下的县办水泥厂税率由 15%减为 7.5%，机制甘蔗糖由 40%减至 30%，土糖由 30%减至 20%。对道县糖厂、桃川糖厂 1981—1982 年生产的机制蔗糖按 25%征收，零陵、寿雁、宁远、江永县糖厂按 20%征收。1981 年，对供销、外贸部门收购超计划茶叶的税率减为 20%，火柴减为 3%，丁、戊级卷烟分别改按 55%、35%征收，工业用尿素由 3%调为 10%，议价薯酿酒由 40%减为 20%。1973—1984 年，全区征收工农产品的工商税 6.62 亿元，占同期财政收入的 58.6%。

1984 年 10 月，实行第二步利改税后，工商税分为产品税、增值税、营业税和盐税。零陵地区贯彻执行国务院颁布的《中华人民共和国产品税条例（草案）》，产品税适用税目税率 78 个，最高税率为 60%，最低为 3%。1985—1991 年，全区征收产品税 5.30 亿元，占同期财政收入的 33.1%。

（一）原木税

清咸丰时期（1851—1864），永州厘金局开征竹木正厘。光绪三十三年（1907），收竹木正厘并加抽（钱）106185 千文。民国 19 年（1930），祁阳县征房屋、竹木等捐 19528 元（银圆），江华县征森林公益捐 7600 元。民国 20 年（1931）后，原木税统在营业税中未单列。

新中国成立以后，1951—1956 年，零陵地区平均每年应税木材 22.3 万立方米，征税 76.3 万元。“二五”时期（1958—1962），全区年平均应税木材 30.4 万立方米，征税 115.2 万元，占财政收入的 0.7%。1974—1991 年，全区年均产木材 35.5 万立方米，征税 740.3 万元，占财政收入的 0.3%；其中 1988 年征税 1614.3 万元，居历年最高。

（二）烟叶税

清末宣统时期（1909—1911），永州府将烟酒税统在一起。民国初年烟税为省税，县财政征烟酒附加。民国 19 年（1930），蓝山县征烟酒税附加 240 元（银圆）。

新中国成立后，1951—1956 年，零陵地区每年应税土烟叶 5496 担，平均年征土烟税 12.1 万元。1962 年起全区种植烤烟。1978 年，全区烤烟种植面积达到 18.6 万亩，产烤烟 15 万担，征税 749.9 万元。1991 年，全区烤烟产量及税额分别为 97.8 万担和 3939.1 万元。1978—1991 年，全区产烤烟 834.69 万担，纳税 3.40 亿元，年均分别递增 15.5%、13.6%。烤烟税收入占同期财政收入的 14.7%，其中 1984 年烟税占财政收入的 20.32%，为历史最高。

（三）卷烟税

1979 年，零陵卷烟厂建成投产，创产值 779 万元，卷烟产量 1.5 万大箱，产品销售收入779万元，缴产品税484万元。1982年，零陵卷烟厂工业总产值4093万元，产量7万大箱，产品销售收入3539万元，产品税2055万元。1979—1982年，产品销售收入1.16亿元，缴产品税5983.8万元。零陵地区与省财政按调剂收入办法进行分成，即基数内留用97%，超基数留成70%。

1983年，卷烟产品税同酒税和电力税一起收缴中央。1983—1984年，零陵卷烟厂生产卷烟27.9万大箱，产值达到1.22亿元，实现销售收入1.23亿元，产品税5992万元。地区财政从产品税超计划部分按5%~10%分成162.1万元。

1985年，零陵卷烟厂上划湖南省烟草公司管理，1985—1987年，生产卷烟101万大箱，实现工业总产值6.74亿元，产品销售收入6.76亿元，缴产品税3.56亿元，零陵地区按10%分成1051.8万元。1988—1990年，卷烟产量110万大箱，工业总产值11.80亿元，产品销售收入12.29亿元，产品税6.40亿元，以1987年实际入库产品税1.30亿元为基数，增长部分地区财政按20%分成1661万元。

1990年，新田卷烟厂和江华卷烟厂的产品税纳入地方预算内，新田卷烟厂卷烟产品税基数1200万元内，定额上解省290万元，不递增；江华卷烟厂收入基数670万元。两厂的卷烟产品税超基数部分上解省60%。1991年，地、县对零陵卷烟厂卷烟产品税增收分成比例未变，分成收入847.7万元。新田、江华卷烟厂入库县财政的地方卷烟产品税1580万元，返还491.8万元。

（四）酒税

宣统三年（1911），永州府征烟酒税1400串（钱）、17033元（银圆）、320两（银）。民国初期，酒税归省。民国17年（1928），划归中央，县财政征附加。

新中国成立后，1951—1956年，零陵地区年均应税饮料酒6.1万担，征税46.9万元。1961—1963年，全区平均产量5.6万担，征税额80万元，占同期财政收入的3.3%。1976年，上升到3.6%。1983年，酒税划归中央财政。

三、增值税

1983年1月，零陵地区开始对机器机械、农业机具行业和生产销售自行车、缝纫机、电风扇的国营工业和集体工业统一试行增值税，税率为农业机具及零附配件6%，机器机械及零附配件10%，缝纫机12%，自行车16%，电风扇25%。采用扣额法或扣税法征收，是年全区征收增值税92.4万元。

1984年10月，零陵地区执行《中华人民共和国增值税条例（草案）》，甲类税目由2个改为5个，税率为机器机械及其零配件、汽车、轴承14%，机动船舶10%，农业机具及零配件6%；乙类税目由3个改为7个，税率为钢坯8%，钢材14%，自行车、电风扇16%，缝纫机、成剂药12%，印染绸缎及其他印染机织丝织品、西药的原料药10%。甲类产品采用扣额法，乙类产品采用扣税法定率征收，年终结算。单台（机）定期定率，由当地税务机构根据不同情况分别确定，一年不变。1986年，全区征收增值税541.4万元。

1988年6月，增值税征收范围由12类产品、6个税率扩大到30项产品、142个税目、13个税率，最高税率为化妆品45%，最低税率为钢坯8%。是年，零陵地区征收增值税3352.3万元。

1989年9月1日，零陵地区对13户纺织企业和省（含省）以上有色金属企业试行价税分流购进扣税法。1990年1月1日，扩大到建材、医药行业37户企业。1991年，全区征收增值税5089.8万元。1983—1991年，全区征收增值税1.89亿元，年均递增65.1%。

四、屠宰税

清光绪三十四年（1908），湖南开办屠捐，征捐范围为猪、羊。

民国6年（1917），改屠捐为屠宰税，为省税收入，县级地方财政可从中提成和征收屠宰税附加。民国19年（1930），永州区征屠税附加6916元（银圆）。民国24年（1935）屠宰税并入营业税，以收入的30%划归县级财政。民国26年（1937），湖南修订征收章程，改按原定税率提拨40%作为地方财政补助费，每头牛提4角、猪提1.6角、羊提6分，是年全区提拨29040元（法币）。民国27年（1938），屠宰税划归县级财政收入，税率每头牛征5元、猪3元、羊1元，全部税款5%解省充征收经费，15%解省作补助边远贫瘠县经费，80%入县库，由省财政厅规定用途，分别支付；取消屠税附加，是年全区实征28.6万元。民国28—30年（1939—1941），全区平均年征48.3万元。民国30年（1941），屠宰税率增加三分之一，各县征收的税款全部解缴省库。民国31年（1949），屠宰税由营业课征制改为消费课征制，屠宰牲畜无论自用或出售，均按屠宰牲畜的时价和平均重量计算课征，猪、羊按每头重量从价征收5%，牛征6%，平均重量：猪分50公斤、60公斤、70公斤，牛分100公斤、125公斤，羊分15公斤、25公斤。民国34年（1945）以后，屠宰税税率一律为8%，并征2%的附加。民国32—37年（1943—1948），全区平均年征31.42亿元（法币）。

新中国成立初期，零陵地区屠宰税征收暂用旧税制，每头猪征肉4公斤、牛12.5公斤、山羊0.75公斤、绵羊1.25公斤，均按市价折征人民币。对过年过节或婚、丧、喜庆自宰自用之牲畜免征。1950年4月，扩大征收范围，增加马、骡、驴，每头马、骡征肉7.5公斤，驴5公斤，均折征人民币。1951年1月，按宰杀牲畜实际重量从价计征，税率为10%。在代征地区按每头猪50公斤、牛125公斤、绵羊15公斤、山羊12.5公斤标准重量，由税务机关按上月市价核定下月纳税肉价。1952年，屠宰税、工商业税、印花税合并成混合税率，大中城市为14.5%，其余城镇3%。1953年起，在城镇加上屠商的所得税后税率为14%。1949—1952年，全区征收屠宰税3532元。

1954年5月，屠宰税税率改为农民、屠商、国营单位及其他机关、团体、学校、居民购猪宰食或出售，农村、城镇和自养、自宰出售的一律按13%计征，不再纳营业税。合作社宰售牲畜，纯系对社员营业者，按12.5%计征；屠商纳2%的所得税，与之合并成15%，一次征收。1955年1月，派购猪依13%税率按零售价计算，每头免税4公斤。次年1月，牛的屠宰税税率由10%提至18%，将标准重量调为：水牛150公斤，黄牛90公斤。1957年3月，猪、牛、羊、马、骡、驴屠宰税税率改为8%。1959年4月，将生猪屠宰税改在产地按头缴纳，定额征收，每头税额4元，后改为外调出省屠宰的牲畜，在起运时按收购价征收10%，自己屠宰的牲畜照畜肉售价征8%。

1965年8月，城乡居民宰杀生猪减征30%，春节减征50%。1967年4月，将收购环节的税率由10%减为5%，在屠宰环节征收的，税率由8%减为4%。1969年12月，农村社、队、社员以及企业、机关、学校伙食团和城镇居民屠宰牲畜，实行定额征收，每头猪征3.5元、羊0.3元、牛3元。因病“赶刀”的猪，50公斤以下且价格低于市价10%的和农村病、老、残耕牛，经兽医检验，公社批准屠宰的，一律免征屠宰税。

1973年，企业应纳的屠宰税并入工商税内征收。机关、团体、学校、企业、事业等集体伙食单位和个人宰杀的牲畜，实行定额征收，每头猪征3元、羊3角、牛和其他牲畜3元。外贸部门收购的生猪，收购环节征收屠宰税。

1985年，单位和个人收购的生猪、菜牛、羊等，改在收购地按3%缴纳产品税，个体屠商收购宰杀的牲畜，凭定税证明不征屠宰税，销售时征收营业税和所得税，其他单位和个人宰杀的牲畜仍征屠宰税。1987年9月，零陵地区屠宰税征收工作由税务机关移交财政部门。1953—1991年全区征收屠宰税8116.4万元，占同期财政收入的2.5%。

五、房地产税

光绪二十七年（1901），零陵等县开办房捐，对铺户、行店按租金征收，税率为10%，月租值在3000文（铜钱）或在3元（银圆）以下者和民房住屋一样免征。

民国2年（1913），永州区各县执行湖南省房捐征收章程，按照房租抽收6%，其中4%办警政，2%作慈善经费，由县知事公署经征。民国7年（1918），改抽

10%，以8%办警政，2%作慈善经费。民国8年（1919），对有房铺业者，按所得赁金征缴45%，业主与佃户同住的房铺，由房捐局估计赁金数额收捐。所有各户应缴捐款，每年分两期征收，如逾期不缴，按期加收息金2分。民国28年（1939）10月，执行湖南省各县征收房铺捐章程，房捐照租价征收8%，铺捐照租价征收16%，由房主、租户各半负担。民国31年（1942），房捐划为县地方捐，出租房屋按租价课征4%，自住房屋按房价课征4‰。民国32年（1942）7月，各县政府所在地及商务繁盛地，居民聚房在300户以上的，均征收房捐。捐率：营业用房屋，出租的为全年租金的20%，自用的为房屋现值的2%；住家用房屋，出租的为年租金的10%，自用的为房屋现值的1%。民国37年（1948），改为居民在150户以上的城镇，均征收房捐。民国时期，全区部分年度房捐征收数字为：民国28年（1949）征5331元（法币，下同），民国29年（1940）征25496元，民国30年（1941）征34955元。

新中国成立初，零陵地区执行华中房地产税征收暂行办法。1950年，零陵县、祁阳县、道县、宁远县开征房产税和地产税。房产税税率分营业用房屋和住家用房屋，按标准租价征收15%和8%。地产税按标准地价征15%，均以房地产所有权人或典权人为纳税义务人。是年，零陵县等四县征税1.64万元，折大米10.9万公斤。1951—1952年，零陵县、祁阳县征房地产税6.8万元。

1953年，零陵地区在1000工商业户以上和3万人以上的零陵县、祁阳县城开征房地产税，并将城市房地产税附加并入正税内征收，依标准房价按年税率1.2%或依标准地价按年税率1.8%计征，依标准房地价合并按年税率1.8%或依标准房地租价按年税率18%计征。是年，零陵县、祁阳县分别征收46000元、13000元。1956年2月，对国营企业按当年1月1日会计账薄所载剩余价值计征1.2%的房产税和账面价格1.8%计征地产税。供销社、公私合营企业和手工业生产合作社进行财产清理的，比照国营企业办理，一定三年不变。1960—1965年照旧。1973年，企业的城市房地产税并入工商税内缴纳，只对城市房地产管理部门私有房地产的个人继续征收。1953—1986年，零陵县（永州市）、祁阳县征城市房地产税237.7万元，其他县未开征。

1986年10月1日，零陵地区执行《中华人民共和国房产税暂行条例》和《湖南省房产税施行细则》，停止征收城市房地产税，在城市、县城、建制镇和工矿区开征房产税。计税额依照房屋原值一次扣除30%后的余值以1.2%计征；房屋出租的，按租金征收12%。学校、医院、敬老院、幼儿园、托儿所自用房屋，社会福利工厂安置盲、聋、哑、残人员占总人数50%的房屋，国家机关、人民团体、军队自用或由财政拨给事业费的单位及宗教寺庙、公园、名胜古迹自用的房屋，个人所有非营业性房屋免征；企业职工住宅减征50%；经营平价粮油的粮食商业企业免征。1988年1月10日，对房屋管理部门租给居民住房及其他非生产用房缓征房产税。1987—1991年，全区房产税收入1860.9万元，为同期工商税收的1.7%。

六、城市维护建设税

1985年1月，零陵地区执行国务院颁布的城市维护建设税暂行条例及湖南省城市维护建设税实施细则。对缴纳产品税、增值税、营业税的企业、事业单位和个人企业以及机关、团体、学校、部队等，开征城市维护建设税。按实际缴纳的产品税、增值税、营业税税额计征，税率为：纳税人所在地坐落在城市郊区的大、中型企业为7%；在县城、镇和农村的大、中型企业以及在城市郊区、县城的小型企业、个人企业为5%；其他纳税单位和个人企业所在地不在市区、县城、镇及其郊区的按1%计征，与产品税、增值税，营业税同时缴纳。

城市维护建设税收入作为市、县财政的固定收入，纳入地方财政预算管理。零陵地区的城市维护建设税，主要来源于大中型企业，其中，零陵卷烟厂1985—1990年缴纳6980万元，占全区的71.1%。1985—1991年，全区征收城市维护建设税1.2亿元，占同期财政收入的7.5%。

第二章　企业收入

清末民初，永州府的企业收入很少。新中国成立后，除企业上缴利润外，有些年份国营企业上缴了基本折旧基金、资金占用费、固定资产变价收入、多余的流动资金。1983年国营企业实行利改税后，改上缴利润为缴纳所得税和调节税。第七个五年计划时期（1986—1990），零陵地区国营企业实行承包经营责任制，企业按承包合同向财政缴纳所得税或承包费。

第一节　清代、民国时期官营企业收入

清道光到同治时期，永州府辖区内无官营企业。光绪三十三年（1907）12月，永州府设置官钱子局，隶属湘潭分局，经营存款、汇兑业务，所需资本由分局拨给，经费在余利项下支付，盈余上缴分局。宣统元年（1909），永州子局转属衡州分局。

民国3年（1914），省办江华上伍堡锡矿建成投产。民国20—22年（1931—1933），盈余11.8万元（银圆）；民国24—33年（1935—1944），盈余149.8万元（法币，下同。缺1942年数据）。民国26年（1937），祁阳观音滩煤矿收归省立官办，是年盈利19605元（法币）。民国27—32年（1938—1943），盈利208.2万元（缺31年）；其中民国30年（1941）亏61784元。民国26年（1937），永州区地方财政收入中始有工厂出品售价收入3385元，仅占财政总收入的0.3%。民国27—38年（1938—1949），全区企业收入最高年份是民国34年（1945）的181万元，占财政收入比重2.7%，其余年份的比重在1%左右。

第二节　新中国成立后企业收入

新中国成立后，零陵地区的工业、交通、农林、商业等国营企业不断发展，企业收入逐渐成为财政收入中的重要组成部分。第一个五年计划时期（1953—1957），企业收入占财政收入的比重为1.5%，1960年升至34.8%，三年调整时期（1963—1965）降至12.4%，“三五”、“四五”时期分别为9.20%、15.5%，“五五”时期最少为6.7%。1978年以后，企业利润分配发生较大变化，由全额上缴财政改为按比例上缴财政。1983年，实行第一步利改税，企业改上缴利润为上缴所得税和调节税，将财政对亏损企业的补贴和价差补贴，由支出改作企业收入退库，冲减企业收入；企业归还银行的技术改造贷款从实现利润中税前归还，相应减少所得税和调节税。“六五”时期，全区企业收入占同期财政收入的4.9%。1986年以后，国营企业实行承包经营责任制，企业按承包任务上缴所得税或承包费，财政的企业收入受到限制。“七五”时期（1986—1990），全区企业收入-3155万元，1991年全区企业收入-2412万元。

一、上缴利润、所得税

1949年10月，永州专区有湖南机械厂、永邵煤矿、观音滩煤矿等几家官办企业和中窑公司、永明纺织厂等私营企业。1950—1952年恢复时期，零陵地区新建扩建零陵造纸厂、零陵电厂、胜利卷烟厂等8个工厂。

1952年，零陵地区企业上缴利润92.6万元。1953年，地区财政处会同有关部门规定：企业完成上缴利润任务后可以提取企业奖励基金。是年，全区企业上缴利润7.2万元。1954年停止上缴。1955年和1956年分别上缴21.7万元、32.9万元。

1957年8月起，零陵地区各县公私合营商业企业净利润的30%上缴地区商业局统一支配，70%就地解缴金库。11月，规定基层企业按上级核定的每季度应缴利润数，第一个月上缴30%，后两个月各上缴35%，年度决算时办理结算手续。是年，全区企业上缴利润51.1万元，其中：地方国营工业企业上缴利润42.9万元，占84%。

1958年起，供销合作社由征收所得税改为向财政上缴利润；对国营企业实行利润留成制度。1959年，明确规定各企业单位利润留成比例为：工业企业中冶金、煤炭10%，机械、电力12%，建材9%，化学、石油、轻工、纺织6%；工业供销企业15%，商业、森林工业企业5%；交通企业7%，邮电、建筑包工企业12%，文教企业15%，农垦企业80%。是年，零陵地区企业上缴利润由1958年的172.1万元增至2557.1万元，增长13.9倍，占财政收入的41%。1960年下降到1697.5万元，1961年出现-118.3万元。

1962年，零陵地区工业决算汇编企业95户，其中关、停、并、转企业45户，亏损企业24户，全区工业企业亏损167.5万元。三年调整时期（1963—1965），全区企业上缴利润1306.6万元，占同期财政总收入的13%。同期，除商业企业（包括饮食服务业）实行利润留成5%外，其余企业改为提取企业奖励基金。“三五”时期（1966—1970），全区企业上缴利润2117.9万元，其中商业占98.9%。

1972年，零陵地区对县办“五小”企业实行利润四六分成，即留给县财政40%，上缴中央、省财政60%；亏损时实行二八分摊，即县负担20%，省弥补80%。“四五”期间（1971—1975），计划亏损的粮食企业下放到地方管理，全区企业上缴利润4250.8万元，比“三五”时期增长1.7倍。其中工业企业上缴利润1508.5万元，商业、粮食企业上缴3552.9万元，农林水企业退库670万元，其他企业退库140.7万元。

1978年，零陵地区的国营企业开始实行企业基金制度。1979年，县办工业企业实现的利润上缴中央财政50%，留给县级财政50%。同时，实行粮、油、肉、蛋等价差补贴，是年全区补贴961.1万元。“五五”时期（1976—1980），全区企业收入由1976年-427.2万元，上升到1980年的780.4万元。

1982年，零陵地区国营工业企业全面实行利润留成和盈亏包干，企业留成和抵缴利润数增加，棉花、煤炭价差补贴也增加。是年，全区商业、粮食企业上缴利润1000.3万元，文、教、卫、交通企业上缴利润18.7万元，工业、物资、农林企业亏损退库674.2万元；棉花、煤炭价差补贴退库379.3万元，财政企业净收入-34.6万元，比1981年入库672万元减少706.6万元。

1983年和1984年，对国营企业实行第一步利改税和第二步利改税，财政收入中企业收入由企业缴利润改为征收所得税和调节税，企业经济效益显著提高。1984年，零陵地区国营工业企业每百元产值提供积累22.8元，比1983年增加1.11元；资金利税率24.9%，增加4个百分点。地区卷烟厂实现利润443.9万元，比1983年增长17倍多。但全区商业企业库存商品削价落实库存损失1086万元，实现利润418万元，上缴-155.5万元。“六五”时期（1981—1985），全区企业年均上缴财政利润或所得税、调节税379.4万元，其中煤炭、棉花价差补贴退库282.9万元。

从1986年起，零陵地区国营盈利企业普遍实行承包经营责任制，企业按照承包合同向财政上缴所得税或承包费，财政从盈利企业获得的收入受到制约，而对亏损企业的补贴逐年增大。全区国营企业第一轮承包（1986—1990）上缴所得税

8170.5万元，调节税286.8万元，上缴利润-516万元，补贴计划为亏损退库11092.8万元，企业收入实际为-3155.0万元，其中1990年为-1474.9万元。

1991年，零陵地区对国营企业进行第二轮承包，纠正了企业承包中的问题，进一步完善经济责任承包制。对地直工交医药、物资等企业，分年度制定实现利润和承包上缴利润包干指标，其中工业交通运输企业实现利润3931万元，争取实现利润4182.2万元，承包上缴利润1241.3万元，前两年递增6%，后三年递增8%，对地属零陵、祁阳观音滩煤矿亏损补助240万元。是年，全区企业收入-2412.1万元，较1990年多退库937.2万元，如剔除江华、新田两卷烟厂退库1380万元的不可比因素，则少退库442.8万元。其中工交企业剔除两卷烟厂退库因素后，上缴利润959.8万元，较上年增加304.1万元，增长46.4%。

二、基本折旧基金

1953年，零陵地区工业企业开始上缴基本折旧基金。1957年起，文教卫企业和公私合营企业上缴折旧基金。“一五”时期（1953—1957），全区收缴折旧基金17.2万元。1959年，全区工业企业平均折旧率3.9%；1962年为4.8%，全区收缴基本折旧基金23.8万元。1965年，由单项折旧率改为分类折旧率。1965—1974年，全区工业企业平均折旧率3.6%~4.2%。1967年，国营企业提取的固定资产更新改造资金不再上缴财政，实行基本折旧基金抵留的办法，全部留给企业作为固定资产更新改造资金，而财政对企业更新和改造固定资产不再采取预算拨款和企业利润留成的办法。是年，全区企业上缴以前年度的基本折旧基金934元。

从1979年3月起，零陵地区境内省、地属工交企业和粮食、商业、物资、供销的工业企业，固定资产原值在100万元以下的，其计提的基本折旧基金全部留给企业使用；固定资产原值在100万元以上（含100万元）的企业所提取的基本折旧基金，50%上缴财政统一安排使用，50%留给企业。对新投产企业（包括新建、扩建大型生产车间和分厂）三年内计提的折旧基金，由全部上缴财政改为80%上缴财政，20%留给企业。对免缴企业，同级财政和主管部门适当集中一部分折旧基金在企业之间调剂使用，但最高不超过提取数的30%。是年，全区企业上缴折旧基金139.8万元。1980年，经批准扩大企业自主权的试点企业，固定资产基本折旧率提高0.5个百分点，企业按提高后折旧率提取的基本折旧基金上缴财政30%，企业留用70%；1981年改为上缴财政40%，企业留用60%。1985年，商业系统所属企业折旧率由4.1%提到5.1%。所有企业实行分类折旧，提取的折旧基金30%缴企业主管部门，70%留给企业，财政不再集中。1980—1984年，全区企业上缴给财政的基本折旧基金为746.6万元。

三、企业其他上缴款项

企业其他上缴款项包括固定资产变价收入、交回多余流动资金和资金占用费。

（一）固定资产变价收入

从1955年起，国营企业处理不需用或陈旧残损报废的固定资产所变卖的价款，全部上缴财政。1955—1957年，零陵地区企业固定资产变价收入8550元，为同期财政企业收入的0.5%。1964年，企业报损的固定资产其残值变价收入不再上缴财政，留给企业作购置固定资产资金，对企业不使用、不需要的固定资产，经批准在全民所有制单位之间进行转账调拨，不收取现金；调拨给集体所有制单位的实行有偿调拨，收回现款上缴财政。1967年，实行基本折旧基金全部留给企业作为更新改造资金后，财政没有固定资产变价收入。1961—1967年全区固定资产变价收入30.2万元，占同期企业收入的1.7%。

（二）回缴多余流动资金

1952—1953年，地方国营企业所需流动资金除银行贷款外，财政以经济建设支出拨给定额流动资金。企业超过定额的流动资金一律缴回财政。1957年和1958年，零陵地区企业回缴多余的流动资金5114元和4315元。从1959年起，企业流动资金的余缺由主管部门掌握调剂，工商企业不再将多余的流动资金回缴财政。

（三）资金占用费

从1980年起，工交企业按其隶属关系向同级财政缴纳流动资金占用费。1981年，物资、供销及其他应缴资金占用费的企业，每月按占用资金额的0.21%向同级财政缴纳占用费，逾期每日加收0.1%的滞纳金。从1982年起，零陵地区部分国营工交企业缴纳固定资金占用费月费率分别为：冷水滩造纸厂、地区道县棉纺厂为0.6%，冷水滩耐火材料厂、零陵耐火材料厂、地区水电设备厂、无线电厂为0.3%，零陵造纸厂、轻机厂、地区制药厂、制革厂、印刷厂、卷烟厂为0.5%，地区机械厂等12个厂、矿为0.2%。1980—1982年，全区企业缴纳资金占用费424.1万元。1983年，国营企业实行利改税后停缴。

1950—1984年零陵地区企业收入分项统计表

表1-13　　单位：万元

年度	合计	上缴利润	折旧基金	企业其他收入
1950	—	—	—	—
1951	—	—	—	—
1952	95.7	92.6	—	3.1

续表1-13

年度	合计	上缴利润	折旧基金	企业其他收入
1953	11.1	7.2	1.2	2.7
1954	—	—	—	—
1955	28.5	21.7	2.6	4.2
1956	58.4	32.9	3.4	22.1
1957	85.4	51.1	10.0	24.3
1958	225.8	172.1	11.1	42.6
1959	2629.8	2557.1	51.6	21.1
1960	1814.8	1697.5	85.6	31.7
1961	-52.0	-118.3	48.3	18.0
1962	-43.2	-73.6	23.8	6.6
1963	167.5	209.2	50.4	-92.1
1964	519.0	534.0	44.8	-59.8
1965	558.0	563.4	47.1	-52.5
1966	394.2	617.1	49.5	-272.4
1967	258.2	583.9	0.1	-325.8
1968	-226.2	-226.2	—	—
1969	411.2	411.2	—	—
1970	731.9	731.9	—	—
1971	1029.0	1029.0	—	—
1972	1501.9	1501.9	—	—
1973	1151.3	1151.3	—	—
1974	-103.0	-103.0	—	—
1975	671.6	671.6	—	—
1976	-427.2	-427.2	—	—
1977	702.8	702.8	—	—
1978	1192.9	1192.9	—	—
1979	134.3	-5.5	139.8	—
1980	932.0	780.4	137.4	14.2
1981	950.8	671.7	136.0	143.1
1982	379.6	-34.6	147.4	266.8
1983	1131.0	967.1	163.9	—
1984	273.5	111.6	161.9	—

续表 1-13

年度	合计	国营企业所得税	国营企业调节税	国营企业上缴利润	国营企业计划亏损
1985	181.0	1732.9	175.9	19.2	-1747.0
1986	-152.3	1595.0	19.6	-292.6	-1474.3
1987	306.2	1560.5	85.4	-151.1	-1188.6
1988	-1152.1	1528.7	115.8	2.2	-2798.8
1989	-681.9	1877.2	51.0	-80.4	-2529.7
1990	-1474.9	1609.1	15.0	5.9	-3104.9
1991	-2412.1	1449.2	—	509.0	-4370.3

第三章　其他收入

财政其他收入零星分散，名目繁杂，内容多变。清道光时期（1821—1850），永州府各县摊捐有奏摊、详摊和役食内抽解。道光八年（1828），《永州府志》载道光元年（1821）额定解款3628两（银），占全府财政额定收入的2.8%。宣统时期（1909—1911），有非税项杂收入9项。民国时期（1912—1949），其他收入包括公产收入、规费收入、财产收入、行政收入、事业收入、罚款与赔偿收入和其他杂项收入。新中国成立后，零陵地区其他收入主要是公产收入、规费收入、罚没收入、追赃收入和以前年度的支出收回，这些项目年发生数额少。1950—1991年，全区其他收入总计7726.5万元，占同期财政收入的2.3%。

第一节　公产收入

清宣统三年（1911），永州府征官田租50两（银）。

民国时期（1911—1949），境内的公产收入系各县教育会和救济院的公田租金、山地租金、房租、公产收入存款利息和财产售价收入。民国19年（1930）收8357元（银圆），民国20年（1931）为26968元，占财政收入的1.99%。民国24—31年（1935—1942），年均收入11.7万元（法币，下同）。民国32年（1943），称地方财产孳息收入。民国32—35年（1943—1946），全区收入1390万元，占同期财政收入的0.4%。民国36年（1947）和37年（1948）上半年，地方财产孳息、财产售价收入为119.1万元和262.8万元。

新中国成立后，零陵地区公产收入主要来源有：清理没收房地产和原城乡公有房产、公有田地山林，清理县仓和乡仓积谷、学谷、社会慈善机构的田地租谷。1950年和1951年，全区公产收入72862元和39668元。1952年，进行房地产登记，凡是公有房产，不论是接管、没收、新建或购买，也不论是何单位作何种用途，均属于国家财产，收取租金。对逃亡、放弃、绝户、无合法代理人等房产，由各级人民政府代管。“文化大革命”后，落实宗教政策，对占用宗教团体的房屋，采取退赔、折价付款、结算租费等办法解决。各宗教团体被冻结上缴财政的存款，由当地财政部门予以退还。1950—1991 年，全区公产收入 457.3 万元，占其他收入总数的 5.9%。

第二节　规费收入

民国时期（1912—1949），永州区内的规费收入有工商、行政、事业规费。民国 31—37 年（1942—1948）上半年，全区规费收入 1.96 亿元（法币），占同期财政收入的 0.2%。民国 38 年（1949），全区收入 15427 元（金圆券）。

新中国成立后，零陵地区的规费有民政、公安、工商、建筑、房地、卫生、司法 7 大类 54 个项目。1982 年后，公安规费增加轻便摩托车牌照费、驾驶证费、行驶证费、公民出境护照费、往来港澳通行证费，外国人一年有效多次出入过境证费、机动车驾驶员考核证费；工商规费增加外国企业常驻代表机构登记费、华侨港澳企业常驻代表机构登记费、国营集体企业变更登记费。1950—1991 年，全区规费收入 56.4 万元，占其他收入的 0.7%。

第三节　罚没和杂项收入

清道光八年（1828），《永州府志》载：奏摊捐款有上谕誊黄条例告示银、报资银、时宪书不敷工本银、正科经费银、思科经费银、兵（部科）饭食银、预筹直隶剥船不敷工料银、通省公费银、义助银共 2540 两。详摊款项有臬司书识月米银，省城四禁帮费银，守道号炮火药银，首郡发审修余银、积案经费共 480.0 两。役食内抽解项有：司禁刑具银、守道夜役执事工食、督抚两院廪工银、巡抚后拥工食银、军牢银等共 607.2 两。宣统三年（1911），永州府有奏捐通省公费 3081.1 两（银，下同），闰年加 41.7 两，扣捐钦天监饭食 120 两，扣捐廪工后拥 452.6 两，以上属摊派款项，还有各项减支提缴 2218.9 两，闰年减缴 43.4 两（包括提缴均派祭祀 4 两，提缴裁铺工食 169.2 两，提缴停支廪膳 700.5 两，提缴孤贫余利 28 两，提缴科场经费 295 两，提缴岁科考试经费 1022 两）。两次共收 5872.6 两，占财政收入的2.5%。

民国时期（1912—1949），永州区内的罚款和杂项收入包括行政罚款、违警罚款、财务罚款、赔偿金、没收财物。民国19—24年（1930—1935），全区罚款和杂项收入占财政收入的9.5%。民国26—30年（1937—1941），全区年均收入9.9万元（法币，下同），占财政收入的6.9%。民国31—37年（1942—1948），全区惩罚和杂项收入占同期财政收入的4.9%。

新中国成立后，罚没收入主要包括公安与司法、工商、外汇、森林、交通、物价、城建、城市管理、卫生、水产、文化、房地产、税务13项罚没收入。杂项收入主要包括清理捐献收入、清理存款收入、上年度收入尾欠、以前年度支出收回、追回赃款赃物。1950—1991年，零陵地区征收罚没款4326.3万元，杂项收入2886.4万元，合计占同期财政收入的2.2%。

1950—1991年零陵地区其他收入统计表

表1-14 单位：万元

年份＼项目	合计	公产收入	规费收入	罚没收入	杂项收入
1950	7.29	7.29	—	—	—
1951	42.34	4.0	—	—	38.34
1952	423.43	38.1	1.1	—	384.23
1953	112.69	33.7	2.9	12.6	63.49
1954	74.32	13.7	3.8	10.9	45.92
1955	87.69	38.4	3.1	13.2	32.99
1956	58.57	19.7	1.4	2.9	34.57
1957	65.75	25.2	1.3	3.2	36.05
1958	138.06	78.8	0.4	11.3	47.56
1959	92.0	1.7	0.3	1.8	88.2
1960	180.1	64.7	1.3	2.9	111.2
1961	77.8	1.2	0.3	6.7	69.6
1962	33.68	0.3	0.8	13.6	18.98
1963	84.3	9.4	2.2	18.9	53.8
1964	76.1	27.6	1.2	10.1	37.2
1965	90.1	30.2	0.6	11.8	47.5
1966	31.47	0.1	0.3	5.9	25.17
1967	25.9	0.1	9.4	1.9	14.5

续表1-14

年份＼项目	合计	公产收入	规费收入	罚没收入	杂项收入
1968	30. 1	0. 6	9. 3	3. 4	16. 8
1969	62. 2	26. 3	1. 2	6. 3	28. 4
1970	89. 9	28. 4	2. 1	10. 6	48. 8
1971	39. 3	0. 3	0. 4	6. 4	32. 2
1972	24. 09	2. 0	0. 5	15. 1	6. 49
1973	31. 8	1. 6	0. 1	12. 4	17. 7
1974	25. 9	—	-0. 3	12. 4	13. 8
1975	28. 0	—	0. 5	16. 3	11. 2
1976	28. 4	—	0. 1	19. 6	8. 7
1977	26. 95	—	0. 2	23. 8	2. 95
1978	27. 7	—	0. 1	25. 3	2. 3
1979	-27. 3	0. 4	—	-25. 9	-1. 8
1980	38. 8	—	0. 2	26. 2	12. 4
1981	52. 7	—	—	45. 6	7. 1
1982	123. 6	—	0. 3	114. 9	8. 4
1983	85. 3	0. 1	0. 6	80. 0	4. 6
1984	121. 5	0. 5	1. 8	82. 8	36. 4
1985	258. 1	0. 7	1. 6	130. 3	125. 5
1986	452. 4	0. 1	2. 0	316. 5	133. 8
1987	344. 5	1. 2	0. 3	266. 7	76. 3
1988	284. 3	0. 4	2. 0	235. 0	46. 9
1989	618. 4	—	1. 3	545. 3	71. 8
1990	1614. 6	0. 5	—	969. 7	644. 4
1991	1643. 7	—	1. 7	1259. 9	382. 1

第四章 预算调拨收入

清末民初，永州府及所属不是一级财政，亦无预算调拨收入。民国 24 年(1935) 后，永州区有补助收入。新中国成立后，零陵地区预算调拨收入主要是上级补助收入和调入资金，均列在财政收入合计线以下。

第一节 上级补助收入

民国 24 年（1935）起，湖南省财政给永州区各县补助。民国 26—32 年(1937—1943)，全区补助收入占财政总收入的 15.9%。民国 33—34 年（1944—1945）停止。民国 35—37 年（1946—1948），比重降至 4.1%。新中国成立后，上级财政补助包括财政体制补助、地方财政收入分成、价差补贴和专项补助收入。1958—1990 年，零陵地区财政获上级补助收入 15.23 亿元。

一、财政体制定额补助

民国 24 年（1935），零陵县财政收不抵支，由湖南省财政补助 1440 元（法币，下同)。民国 26—31 年（1937—1942），永州区内各县年均得省财政补助收入 75.3 万元。民国 32 年（1943），东安县、宁远县、江华县、蓝山县、新田县获补助款 160.5 万元。民国 35 年（1946），省财政补助蓝山县 5 万元。民国 36 年（1947），除零陵县、祁阳县外，其余县补助收入 67.9 万元。民国 37 年（1948）上半年，省财政对永州区内各县补助 33.3 亿元，占同期财政收入的 3.8%。

新中国成立后，1950—1952 年，地、县不是一级财政，无财政体制补助。1953 年，地区财政附属于省，各县建立了一级财政，实行“以支定收，收入分类分成”的财政体制，县级财政收不敷支时省拨补。1959 年，县级财政实行“总额分成，一年一变”的财政体制，收不敷支由省定额补助。1953—1962 年，湖南省对零陵地区各县预算补助 8039.1 万元，年均 803.9 万元。1962 年 10 月，零陵地区建立一级财政，实行“总额分成，一年一变”的财政体制，所属各县财政由地区财政统一平衡。1963—1979 年，全区定额补贴收入 5.03 亿元，年均 2958.3 万元。1980—1982 年，实行“划分收支，分级包干”的财政体制，全区固定收入小于支出，省给零陵地区定额补助 1454.4 万元。1983 年，地区一级财政被取消，各县（市）财政实行“总额分成，超收分成”的财政体制，东安县、江永县、江华县、蓝山县、双牌县加地本级为补贴单位，省给予定额补贴 1301.3 万元。1984 年，恢复零陵地区一级财政，实行“总额分成，超收分成”的财政体制，全区定额补助收入 338.6 万元。1985 年起，县级财政“分灶吃饭”，冷水滩市、永州市和祁阳县、新田县为定额递增上缴县（市），其余为定额补助，江华县为定额递增补助。1985—1991 年，各县加地本级补助收入 2.46 亿元。1953—1991 年，全区财政体制补助收入 7.88 亿元。

二、专项补助和拨款

新中国成立后，1953—1972 年专项补助收入未单列，统计在上级补助收入之内。1973—1974 年，中央财政增拨零陵地区企业流动资金 848.8 万元，拨入待核销财产损失专用基金和增拨处理病人欠费专款 101.9 万元，弥补决算赤字补助 92 万元。1982 年，为平衡零陵地区财政，湖南省财政给予决算补助 891 万元。1983—1991 年，省财政对零陵地区财政专项补助和拨款，包括追加减收补助、支出专项拨款、下放支出补助、地本级支出基数补助和决算补助等共计 7.24 亿元，年均 8039.3 万元。

三、超收或增收分成及其他补助收入

1959 年，零陵地区县级财政按收入计划包干，超收留 20%给县。1963 年，地区一级财政实行“收支下放，计划包干，按比例坐支，超收分成”的办法。1973 年以前，地、县级财政的超收分成未单独列项。1974 年，省定零陵地区固定留成比例 6%作为地方机动财力，超收分成比例未定。1976—1977 年，全区收大于支，省核定总额上解 10%，超收部分按 50%分成。1974—1977 年，全区固定留成收入（机动财力）1496.7 万元，超收分成收入 217.6 万元。1978 年，省对零陵地区取消固定比例留成，增加增收分成，比例为 55%，是年全区增收分成收入 593.9 万元，另商业部门处理 1961 年以前三项欠款 606.8 万元，其他工商税收入 154.3 万元，国家集中冻结存款 386.9 万元。1979 年，增收分成比例未变，全区收入 782.1 万元。1980 年起，实行调剂收入分成，基数内 97%留成，超基数留成 70%，上解省 30%。1983 年起，全区的卷烟税、饮料酒税、交通能源基金被确定为单项收入增收和超收分成。1983—1991 年，全区增收和超收分成收入 4421 万元。

第二节 调入资金

新中国成立后，1957 年以前，零陵地区有上年结余资金。1958 年，全区调入自筹资金 277. 5 万元。从 1961 年起，调入资金单独列项，全区调入资金 70. 8 万元，其中清理存款收入 35. 4 万元。1962 年，全区调入财政自筹资金 65. 6 万元，清理存款收入 8. 2 万元，中小学学杂费收入 7. 6 万元。1963—1966 年，全区调入其他单位资金 332. 2 万元。1968—1971 年，全区调入财政自筹资金 152. 4 万元。

1972 年，零陵地区调入预算外资金 334. 5 万元，调入其他单位资金 28. 2 万元。1973—1983 年，全区调入资金 2694. 1 万元，其中属于财政自筹资金 2413. 2 万元，其他单位资金 280. 9 万元。

1984—1987 年，零陵地区调入财政自筹资金 269. 8 万元。1988—1991 年，全区调入资金 2139. 5 万元，其中属于财政自筹资金 1263 万元。1986—1991 年，地方政府兑付国库券本息收入 55. 8 万元。

1961—1991 年，零陵地区调入资金 6571. 5 万元，其中：调入财政自筹资金 4544. 2 万元，其他单位资金 482. 9 万元，财政集中冻结存款收入 1032. 5 万元，清理“小钱柜”资金 384. 4 万元，地方政府兑付国库券本息收入 55. 8 万元，其他资金 71. 8 万元。

第五章　专款收入

零陵地区的专款收入有国家能源交通重点建设基金、国家预算调节基金、排污费收入及教育费附加收入。

第一节　国家能源交通重点建设基金

1983年1月1日，零陵地区执行国务院发布的《国家能源交通重点建设基金征集办法》，对国营企业、事业单位、机关、团体、部队和地方政府的各项预算外资金，以及这些单位所管的城镇集体企业缴纳所得税后的利润，按当年各项资金收入的10%征集国家能源交通重点建设基金，由税务机关征集，就地入中央金库。地方财政收入中的农（牧）业税附加，中、小学校的学杂费及勤工俭学收入，国营企业的大修理基金，国营石油企业的油田维修费，林业部门的育林基金，民政部门所管的社会福利企事业收入，行政事业单位的经费包干结余，免征国家能源交通重点建设基金。

1983年7月1日起，征集比例由10%提到15%，并对县属镇（不含镇）以下的基层供销社，免征国家能源交通重点建设基金。湖南省财政厅同时规定，各地区征集的国家能源交通重点建设基金较任务超收时，超收部分地级分成10%，县市分成20%，年终通过财政决算作专项补助；短收时，相应按上述比例由地、县分担，年终通过财政决算将承担数上解省。是年，零陵地区征集国家能源交通重点建设基金533.8万元，较任务477.1万元超收56.7万元，地级分成5.67万元，零陵县、祁阳县、东安县、道县、宁远县、江永县、江华县、蓝山县、永州市超收分成11.3万元，新田县和双牌县减收应承担2.1万元，决算时省未扣承担数。

1984年，零陵地区征集国家能源交通重点建设基金629.1万元，比任务532万元超收97.1万元。

1985年起，湖南省对国家能源交通重点建设基金超收部分取消地级分成10%，县市分成比例减至15%。1986年，对单位认购的国库券所得利息，航管站收取的航道维护费、船舶检验费、过渡费，以及地方修建的或联建的小型电站、电网和湖南省双牌水电站免征国家能源重点建设基金。是年，零陵地区征收999.3万元，较计划480万元超收519.3万元，比上年增加153.5万元；11个县市超收分成77.9万元，比上年增加23.1万元。

1987年5月起，对尚未开征国家能源交通重点建设基金的城镇合作商店、运输合作社、街道企业、知青办企业和乡镇集体企业、农村信用社、以及工商管理部门批准从事工业、商业、交通、服务、建筑安装等其他城乡集体企业和个体工商户，缴纳所得税后的利润按7%的比例征集国家能源交通重点建设基金，但对缴纳所得税后年利润不足5000元的免予征收。是年起取消超额分成，各县市按实际入库数扣除中央单位缴纳的能源交通重点建设基金后，以7%的比例实行总额分成。是年，零陵地区征收1213.1万元，各县市分成84.9万元。

1988—1991年，零陵地区入库国家能源交通重点建设基金分别为1139.0万元、1119.1万元、871.4万元和982.8万元，各县市总额分成收入共287.9万元。

第二节　国家预算调节基金

1989年1月1日起，零陵地区执行国务院发布的国家预算调节基金征集办法和财政部颁发的实施细则，在全区开征国家预算调节基金。对国营企业单位、机关团体、部队和地方政府的各项预算外资金，以及集体企业、私营企业、个体工商户缴纳所得税后的利润，按所列项目年收入的10%征收。但对地方财政收入中的的农（牧）业税附加、中小学校的学杂费和勤工俭学收入、高等院校和中专技校的学校基金、企业大修理基金、煤矿维简费和油田维护费、林业部门的育材基金、民政部门所办的残疾人社会福利企业事业收入、新菜地开发基金、原由中央财政集中后下放给企业的30%折旧基金、国务院贫困地区经济开发领导小组确认的贫困县江华县境内属于1987年扩大征集能源交通重点建设基金范围的城乡集体企业、私营企业、个体工商户缴纳所得税后的利润，免征国家预算调节基金。对当年预算外资金收入和集体企事业、预算外企业的税后利润不足5000元的单位以及个体工商户税后利润不足2000元的酌情减免。因遭受严重自然灾害或者重大意外事故的单位、个体工商户给予减免照顾。

国家预算调节基金中属于中央单位缴纳的，全部归中央财政；属于地方单位缴纳的，50%缴中央财政，25%缴省财政，25%留归市、县财政。从养路费收入中缴纳的，中央财政和省财政各50%。属于缴省财政部分作为市、县财政收入入库，年终单独结算。1989—1991年，零陵地区征集国家预算调节基金2493万元，其中入中央财政1286.8万元，入县市财政1206.2万元。由县市上解省财政603.1万元。

第三节　教育费附加

1986年1月1日，零陵地区开始在县以下乡镇征收农村教育事业费附加，是年7月1日起，在全区城镇开征教育费附加。

农村教育事业费附加　对县以下乡（镇）、村办企业和个体工商户，按各单位实际缴纳产品税、增值税、营业税1%征收；农户按纯收入的1%～1.5%征收，其他经营收入者按其收入总额的1.5%征收。按产品税、增值税、营业税征收的教育事业费附加，由当地税务部门随税代征；按纯收入和其他经营收入征收的教育事业费附加，由乡（镇）人民政府负责征收。农村教育事业费附加收入取之于乡（镇），用之于乡（镇），列为预算外资金管理，不缴纳能源交通重点建设基金，用于乡（镇）、村办中小学民办教育工资福利、学校公务费、业务费、设备购置费、正常修缮费等公用经费开支。1989年起，零陵地区由地区财政和教委按各县市1988年农民纯收入的1.5%核定征收任务，实行一定三年。农村教育事业费附加的减免，由乡（镇）报县（市）人民政府审批，再由乡（镇）落实到户。减征、免征的对象是烈军属、五保户、困难户和发生人力不可抗拒的天灾人祸的农户。减免数额控制在应征额的10%以内。1987—1991年，全区征收农村教育事业费附加9448万元。其中：1987年1210万元，1988年1654万元，1989年1889万元，1990年2327万元，1991年2368万元。

城市教育费附加　1986年7月1日，零陵地区在城镇开征教育费附加。附加率为产品税、增值税、营业税应纳税额的1%。对海关进口产品已征产品税、增值税的，不征收教育费附加。因减免产品税、增值税、营业税而发生退税的，同时退还已征的教育费附加。但对出口产品退还的产品税、增值税已附征的教育附加费不予退还。对从事生产卷烟和经营烟叶缴纳的产品税则减半征收。个体商贩或个人在集市上出售商品所缴纳的临时经营营业税或产品税时，暂不征收教育费附加。征收教育费附加的环节和地点与征收产品税、增值税、营业税一致。国营和集体批发企业以及其他批发单位，在批发环节代扣代缴零售环节或临时经营的营业税时，只对本省的纳税人代扣代缴教育费附加。1988 年 10 月 1 日，教育费附加率由 1%提到 2%，教育费附加按专项资金管理。1990 年起，纳入地方财政预算内管理。1986—1989 年，全区共征收城市教育费附加 951.4 万元。1990—1991 年，征收 877 万元。

第四节　排污费收入

1983 年 1 月 1 日，零陵地区执行国务院发布的征收排污费暂行办法和湖南省征收排污费和污染环境罚款实施办法，对超过国家颁发的工业“三废”排放试行标准、放射防护规定、城市区域环境噪声标准等国家和地方有关标准排放污染物的企业、事业单位和其他排污单位，征收排污费和污染环境罚款。排污单位如实向当地环境保护部门申报排放污染物的种类、数量和浓度，经环境保护部门核定后，确定征收排污费的标准。是年，全区征收排污费 45.1 万元，1984 年为 18.6 万元。从开征后第三年起，对仍未达到排放标准的排污单位，每年提高征收标准的 5%。1985 年，全区征收 23.6 万元，翌年达到 66.1 万元。对《中华人民共和国环境保护法（试行）》公布以后，新建、扩建、改建和挖潜、革新、改造的工程项目，排放污染物超过标准和有污染物处理设施而不运用或擅自拆除，排放污染物超过标准的单位限期治理或搬迁项目，逾期仍达不到国家排放标准或未搬迁者采用渗坑、废井、防空洞、裂隙或用稀释方法降低有害物质浓度后排污者；伪造、隐瞒排污数量和监测数据者以及位于水源、自然保护、名胜古迹、温泉、疗养、旅游等各种保护区，超标排污的单位、项目和污染源加倍收费，排污费按单位隶属关系由各级环境部门收取。中央和省属排污单位的排污费入省财政，地、县市单位的排污费，分别缴地、县市财政。征收的排污费纳入预算，作为环境保护补助资金，按专项资金管理，不参与体制分成。对违反环境保护法和环保条例，造成严重污染和破坏环境的单位同时处以罚款。1988 年，全区征收排污费 106.1 万元，比 1987 年增加 37.4 万元。1989—1991 年，全区排污费收入分别为 102.4 万元、134.2 万元、140.0 万元。

第二篇

财政支出

财政支出科目按照财政部规定分经济建设支出、文教科学卫生事业支出、抚恤和社会福利救济支出、行政管理支出、其他支出和预算调拨支出六大类，类以下科目随需要常有增减，名称时有更改。

清末，永州府的财政支出有行政费、民政费、典礼费、财政费、教育费、司法费、实业费、交通费，以行政费支出比重为大，每年由朝廷定额控制，在地丁存留款目中坐支。光绪三十三年（1907）起，湖南用重兵驻扎永州，并在境内组建巡防队，军政费由藩库和永州厘金局支付，数额巨大。宣统三年（1911），裁撤驻军，保留巡防队，军政费略减，岁支金额次于行政费。

民国时期（1912—1949），永州区财政支出科目较清末变化不大，但战事频发，军费开支有增无减，教育、卫生支出一减再减，经济建设支出微乎其微，预算安排的抚恤和社会福利救济支出也被挪作军用。

新中国成立后，零陵地区的财政支出遵循统筹兼顾、合理安排和量入为出的原则，以满足全区人民不断增长的物质和文化生活需要为目的，重生产、轻消费，重社会福利事业投入、轻行政机关经费支出。新中国成立42年来，全区财政支出中，用于发展生产和人民福利事业以及社会救助的支出比重逐年增加。国民经济恢复时期（1950—1952）为70.5%，“一五”“二五”时期为66.7%、80.2%，调整时期（1963—1965）为76.4%，“文化大革命”时期为80.8%，“五五”时期为83.8%。

1978年，党的十一届三中全会以后，国家进行经济体制改革，企业进行技术改造和技术革新的投资由财政拨款改为银行贷款，财政支出中经济建设支出有所减少。“六五”和“七五”时期，零陵地区用于支援生产和社会公益福利事业支出所占比重为73.7%和65.8%；行政管理支出所占比重由“一五”时期的32.6%递减到“五五”时期的14.3%，“六五”“七五”时期回升到19.9%、18.6%。1950—1991年，全区行政管理支出8亿元，占同期财政支出的18.0%。

清代、民国时期部分年份永州区财政支出分类统计表

表2-1

项目 年份	金额单位	地方财政支出						上解支出
		合计	经济建设支出	公益事业支出	社会福利支出	行政管理支出	其他支出	
道光元年（1821）	两	24278.00	2644.00	3234.00	433.00	15549.00	2418.00	104876
光绪十一年（1885）	两	117498.00	6523.00	937.00	365.00	109624.00	49.00	119321
宣统三年（1911）	两	25043.00	—	—	—	—	—	102108
民国19年（1930）	万元	128.29	1.90	22.67	3.12	91.99	8.61	—
民国20年（1931）	万元	140.55	2.32	25.82	3.64	96.03	12.74	—
民国24年（1935）	万元	106.14	1.71	21.18	1.68	75.41	6.16	—

续表2-1

年份＼项目	金额单位	地方财政支出						上解支出
		合计	经济建设支出	公益事业支出	社会福利支出	行政管理支出	其他支出	
民国 26 年（1937）	万元	100. 99	2. 81	30. 24	0. 47	57. 12	10. 35	—
民国 27 年（1938）	万元	73. 19	2. 84	18. 49	1. 36	35. 47	15. 03	—
民国 28 年（1939）	万元	143. 96	4. 46	29. 08	2. 54	79. 44	28. 44	—
民国 29 年（1940）	万元	157. 78	3. 04	44. 53	4. 35	81. 97	23. 89	—
民国 30 年（1941）	万元	233. 61	10. 76	62. 25	5. 19	132. 41	23. 00	—
民国 31 年（1942）	万元	660. 61	23. 96	206. 54	6. 16	311. 89	112. 06	—
民国 32 年（1943）	万元	2489. 37	86. 35	521. 14	40. 72	1243. 67	597. 49	—
民国 33 年（1944）	万元	6389. 51	102. 24	738. 98	122. 79	2730. 57	2694. 93	—
民国 34 年（1945）	万元	6684. 16	118. 48	983. 15	193. 24	2933. 43	2455. 86	—
民国 35 年（1946）	亿元	27. 02	0. 09	1. 93	0. 42	2. 23	22. 35	—
民国 36 年（1947）	亿元	86. 80	0. 63	8. 35	1. 59	19. 14	57. 09	—
民国 37 年（1948）	亿元	881. 13	2. 73	49. 93	8. 43	78. 30	741. 74	—
民国 38 年（1949）	万元	1023. 65	9. 72	66. 35	7. 96	565. 27	374. 35	—

说明：1. 本表币制名称：清末时期为银，民国 19—20 年（1930—1931）为银圆；民国 24—37 年（1935—1948）为“法币”，民国 38 年（1949）为“金圆券”。

2. 清末及民国时期部分年份资料中无上解支出数

1950—1991 年零陵地区财政支出分年分类统计表

表 2-2

年份＼项目	金额单位	地方财政支出						上缴款项
		合计	经济建设支出	公益事业支出	社会福利支出	行政管理支出	其他支出	
1950	万元	243. 14	103. 57	68. 81	2. 44	32. 67	35. 65	—
1951	万元	367. 31	126. 81	82. 61	8. 25	60. 19	89. 45	—
1952	万元	864. 25	262. 03	357. 72	28. 09	109. 24	107. 17	13. 50
1953	万元	942. 24	34. 89	501. 54	74. 32	325. 59	5. 90	—
1954	万元	969. 48	25. 75	498. 13	105. 54	337. 31	2. 75	5. 54
1955	万元	1148. 23	62. 52	512. 48	148. 14	413. 86	11. 23	1. 23
1956	万元	1799. 91	364. 87	655. 68	184. 43	577. 39	17. 54	—
1957	万元	1774. 24	310. 25	724. 15	224. 45	506. 13	9. 26	—
1958	万元	2663. 43	1247. 91	716. 78	125. 42	559. 66	13. 66	—
1959	万元	3328. 59	1592. 75	929. 92	87. 64	677. 95	40. 33	4201. 04
1960	万元	4568. 10	2507. 40	1231. 60	161. 00	621. 70	46. 40	3293. 20

续表2-2

项目 年份	金额单位	地方财政支出						上缴款项
		合计	经济建设支出	公益事业支出	社会福利支出	行政管理支出	其他支出	
1961	万元	3618. 63	1524. 05	912. 23	527. 98	601. 71	52. 66	517. 78
1962	万元	2152. 27	434. 91	891. 76	203. 75	562. 56	59. 29	800. 00
1963	万元	2593. 90	654. 20	877. 23	320. 40	654. 00	88. 07	1046. 20
1964	万元	3912. 20	1595. 21	1045. 34	492. 40	721. 00	58. 23	1371. 00
1965	万元	3451. 40	1309. 59	1116. 58	196. 20	710. 90	118. 13	1617. 80
1966	万元	4309. 65	1838. 84	1249. 88	171. 24	813. 66	236. 03	1306. 66
1967	万元	4495. 37	2024. 07	1383. 53	192. 74	655. 73	239. 30	1058. 54
1968	万元	3653. 31	1405. 09	1230. 27	129. 67	660. 47	227. 81	855. 86
1969	万元	4888. 32	2215. 21	1181. 63	122. 01	708. 66	660. 81	791. 80
1970	万元	5443. 26	2962. 23	1253. 75	117. 32	853. 13	256. 83	745. 55
1971	万元	6428. 87	3512. 36	1623. 02	110. 76	1033. 08	149. 65	1069. 54
1972	万元	6721. 96	3580. 55	1833. 70	172. 27	1046. 21	89. 23	1399. 54
1973	万元	7537. 11	4110. 02	1990. 55	195. 37	1103. 07	138. 10	1694. 04
1974	万元	7600. 87	3781. 41	2324. 64	192. 05	1122. 30	180. 47	1125. 47
1975	万元	7974. 99	4200. 35	2399. 43	211. 87	1073. 10	90. 24	1754. 88
1976	万元	8567. 88	4375. 78	2614. 96	320. 36	1140. 41	116. 37	2057. 40
1977	万元	8430. 39	4230. 80	2692. 27	238. 57	1186. 10	82. 65	1043. 70
1978	万元	11620. 10	6505. 90	3256. 80	312. 90	1416. 70	127. 80	1139. 70
1979	万元	12432. 71	6378. 49	3565. 70	448. 98	1848. 99	190. 55	434. 20
1980	万元	12385. 10	4317. 30	4927. 76	588. 90	2051. 70	499. 44	395. 50
1981	万元	13918. 00	4449. 20	5170. 49	718. 20	3029. 80	550. 31	3159. 70
1982	万元	13698. 20	4193. 61	5916. 54	502. 80	2360. 30	724. 95	3466. 20
1983	万元	13270. 10	3177. 24	6197. 48	639. 30	2567. 20	688. 88	2057. 20
1984	万元	15563. 00	3537. 21	6716. 98	829. 80	3652. 60	826. 41	743. 10
1985	万元	21218. 30	5748. 50	8373. 70	1102. 70	3871. 60	2121. 80	1278. 40
1986	万元	24950. 90	6430. 20	9826. 70	1257. 40	4658. 00	2778. 60	1148. 60
1987	万元	26738. 10	6328. 40	10789. 90	1114. 00	5095. 20	3410. 60	2603. 50
1988	万元	32398. 50	6294. 60	13074. 10	1246. 80	6457. 70	5325. 30	2696. 70
1989	万元	38166. 20	8426. 70	14853. 00	1489. 60	7152. 20	6244. 70	2781. 20
1990	万元	46774. 40	10663. 10	16922. 70	2496. 20	8135. 90	8556. 50	3208. 90
1991	万元	51424. 10	10729. 20	17979. 50	1892. 20	8860. 00	11963. 20	4556. 60

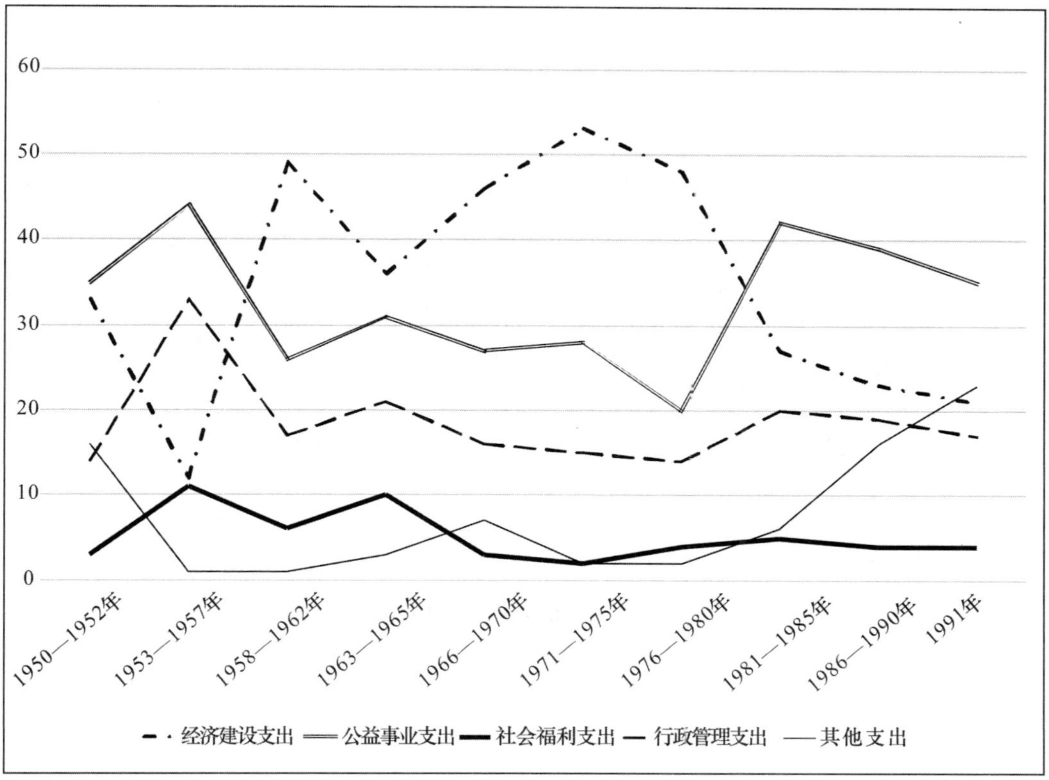

图 2-1　1950—1991 年零陵地区五项支出占地方财政支出比重变化示意图

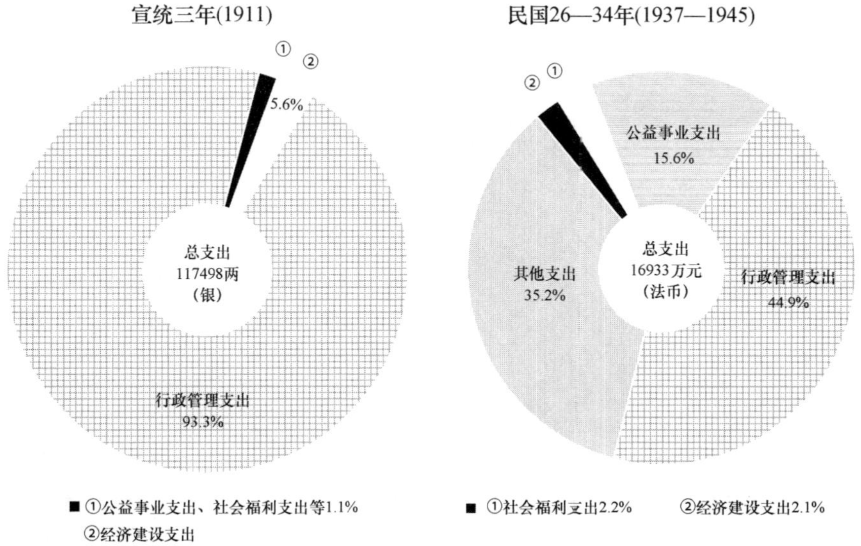

图 2-2　清代、民国时期永州境内部分年份地方财政支出结构示意图

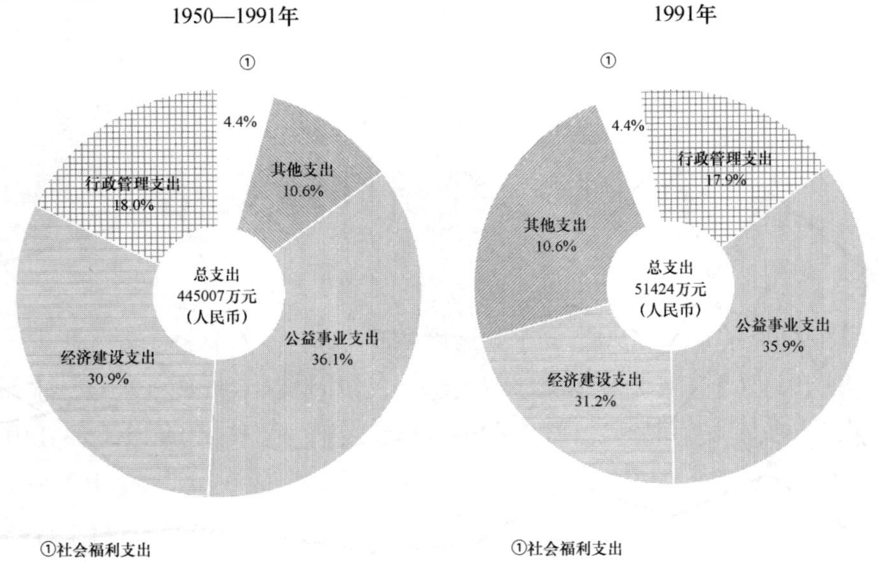

图 2-3　新中国成立后零陵地区财政支出结构示意图

第一章　经济建设支出

清光绪年间（1875—1908），永州府财政支出中，经济建设支出甚少。宣统年间（1909—1911），有实业费和交通费支出。民国时期（1912—1949），永州区工商经济较清代有所发展，但经济建设支出占财政支出的比重在4%以下，其中民国36年（1947），有交通经费和农村经费支出，占财政支出的0.7%。新中国成立后，零陵地区的经济建设支出逐年增加。国民经济恢复时期（1950—1952），经济建设支出占财政支出的33.4%。1953—1991年，全区支出13.76亿元，加上1981—1990年企业用新增利润或超额利润税前归还技术革新和技术改造贷款的方式，间接投资7145.1万元，实际支出14.47亿元，占同期财政支出的32.6%。

第一节　基本建设投资

零陵地区基本建设投资包括基本建设拨款、简易建筑费和企业用新增利润税前还贷。使用对象是企业新建、改造、扩建固定资产、农林、水利、电力工程建设和其他生产性建设。

一、基本建设拨款

清代末期，永州府的农副产品加工业、手工业、工商牙行和采矿业，属民间私办，官府衙门照章征税，无拨银支助。

民国时期（1912—1949），永州区内的民营企业有：新田道塘锑矿、有耀电灯公司、新祁阳第一机织凉席厂、岳道制革厂、观音滩煤矿、易家桥煤矿、东安锑矿、永明锑矿、零陵织布厂，官办企业很少。民国元年（1912），湖南省矿务局在江华上伍堡设分局，雇佣工人，采炼锡矿，是全区最早一家官办工矿企业。民国18年（1929）前，基本建设拨款数无考。民国19年（1930）有办厂支出18969元（银圆），民国20年（1931）和24年（1935），基本建设费统称建设费，主要是交通经费和农林经费，分别支出23197元（银圆）、17078元（法币，下同）。民国26年（1937），抗日战争开始，中国窑业公司、湖南机械厂、国民党军政部第三被服厂和军械修建厂先后从上海、长沙迁入零陵、祁阳；是年湖南省又将观音滩煤矿收归官办，扩建成年产煤10余万吨的矿井，其基本建设费均未在永州区地方财政中列支。民国时期（1912—1949），属于企业基本建设拨款的只有民国32—37年（1943—1948）的电讯维修费，全区开支2.71亿元。

新中国成立初期，零陵地区安排相当的财力用于恢复生产和新建、改造、扩建生产性固定资产。1950—1952年，概算中安排工矿企业投资492.4万元。1951年4月，财政拨款70万元筹建零陵造纸厂，同时改造扩建零陵印刷厂、零陵电厂、零陵精糖厂、胜利染织厂、湘江锯木厂、新生面灰厂、胜利烟厂。从1953年起，国家开始实行有计划的经济建设，第一个五年计划时期（1953—1957），全区基本建设拨款381.5万元，其中对工业拨款109.7万元，购置机床42台，新建发电设备880千瓦。年增生产能力：造纸1800吨、原煤33600吨、耐火材料8600吨；对农林水拨款241.5万元，新建水库201座，山塘13747口，增加蓄水量1.55亿立方米，扩大稻田灌溉面积37.3万亩，新购抽水机30台（735马力），水田旱涝保收面积增加13.3万亩，造林172.3万亩；对交通邮电拨款27.1万元，修筑公路392公里。

1958年大跃进中，零陵地区基本建设拨款比1957年增加6.5倍，1960年又比1958年增加65.2%，大大超过地方财力、物力的承受能力。1958年全区大办钢铁亏损555.6万元（不含新田县、蓝山县），财政补亏150.9万元（不含新田县、蓝山县）。1959年，江华水口造纸厂仓促上马，湖南省和衡阳专区财政先后拨款252.4万元，因长期不能投产，1961年停建。1961年，零陵地区基本建设拨款由1960年的1820万元压缩到476.9万元，减少73.8%。第二个五年计划时期（1958—1962），全区基本建设拨款4390.3万元，占同期财政支出的26.9%，比“一五”时期增长10.5倍；其中工业拨款占51.8%，农林水利占38.5%，文教科学卫生占8.1%。这一时期，冷水滩水泥厂，冷水滩造纸厂相继建成投产。全区形成年生产能力：造纸3650吨、原煤5.1万吨、发电机组3636千瓦、炼铁小洋炉17座计87.6立方米。湖南省重点水利工程双牌水库破土动工，至1963年7月，第一台发电机组发电，财政共拨款3265万元。

1963年，贯彻执行国民经济调整方针，零陵地区财政未安排基本建设拨款。1963—1965年，全区基本建设拨款1554.6万元，比“二五”时期年均减少35.4%，占同期财政支出的15.6%。其中：对农业拨款比例上升到61.0%，新修水库蓄水量5680万立方米，增加灌溉面积16.8万亩；零陵地区重点水利工程——涔天河水库开工，至1973年财政共拨款3475万元。对工业拨款比重下降到22.6%，重点发展化肥工业，年产5000吨碳氨的零陵地区化肥厂开始筹建。

1966—1970年，零陵地区基本建设拨款6675万元，占同期财政支出的29.3%，其中，农业拨款占45.3%，小水电装机容量45000千瓦。工业拨款占25.2%，主要用于轻纺工业，道县纺织厂（现零陵地区纺织厂）1966年11月动工，1971年2月建成投产，共拨款785万元，增加织布机528台，纱锭1.8万个；黎家坪水泥厂于1965年筹建，1970年投产，年生产能力17.6万吨；零陵地区塑料厂于1970年5月建厂；同年零陵地区火柴厂批准建厂，财政对上述三厂共拨款410万元。文教、卫生、科学拨款占1.2%，新增校舍9164平方米，医院用房5421平方米。

第四个五年计划时期（1971—1975），零陵地区基本建设拨款9718.1万元，比“三五”时期增加45.6%。其中工业占80.6%，农林水利占11.7%，文教卫生科学占2.5%，商业粮食占2.4%，交通邮电占1.4%，其他占1.3%。这一时期，新建小型糖厂4个，日处理甘蔗能力800吨；卷烟厂1个，年产卷烟5.1万箱；零陵地区水电设备厂建成新厂；冷水滩造纸厂扩建碱回收车间，总投资238万元，扩建一台日产10吨的1760毫米长网多缸造纸机，国家投资443.7万元；涔天河水库建成，总蓄水量1.05亿立方米，发电装机容量22500千瓦。“三五”和“四五”时期处于“文化大革命”中，工业生产经济效益差，每百元固定资产利润率由“文化大革命”前1965年的13.5%降至1975年的1.1%，百元工业产值占用流动资金由23.59元升至40.01元，定额流动资金周转天数由97天增至135天。

1976—1980年，零陵地区财政预算内基本建设拨款8068.7万元，占同期财政支出的15.1%。其中工业、农林水、交通邮电、商业粮食物资所占比重分别为73.2%、16.4%、0.9%、1.6%，文教科学卫生拨款比重上升到6.3%。这一时期工业方面重点建设项目有：零陵卷烟厂，冷水滩造纸厂扩建热电站（发电量1300~1500千瓦），零陵造纸厂，江永县桃川糖厂，道县寿雁糖厂，祁阳内下电站（总装机容量32550千瓦，1991年底建成装机容量11759千瓦），宁远九嶷电站（装机容量12000千瓦），东安湘江电站（装机容量19950千瓦），以及生产能力为500吨的零陵地区冷冻厂。文教科学卫生方面，零陵地区人民医院新址建成，共拨款380万元。1980年，压缩基本建设项目，全区基本建设拨款200.4万元，比1979年下降90.2%，一些在建项目停建或缓建。是年，国营企业的固定资产改造和技术革新由财政拨款改为银行贷款。

1981—1991年，实行“拨改贷”以后，零陵地区经济建设费中基本建设拨款为2834.7万元，这一时期的基本建设拨款倾向行政事业项目。

二、简易建筑费

该项支出包括商业、县以上供销合作社、农机公司、国营农场的简易仓库、简易货棚、货物建设和利用旧料修建警卫用房、室外厕所、土围墙、栅栏、排水沟等以及购置国家分配的运输车辆和小油罐等费用开支。清末、民国时期永州财政无此项开支。

新中国成立以后，1962—1977 年，简易建筑费并入基本建设拨款。1978 年，单独设立科目，零陵地区共支出 211.2 万元。1979 年，商业系统实行利润留成办法，简易建筑费改由企业在利润留成中开支，除此外，全区安排其他企业简易建筑费支出 67.2 万元，比 1978 年减少 144 万元。1980 年，对县以上供销社实行利润留成制度，企业的简易建筑费从利润留成中列支，考虑到商业和县以上的供销社企业实现的利润额不大，企业利润留成不多，还不能全部承担企业简易建筑费和技术改造措施费等开支，对商业、供销企业仍由财政继续拨款补助。1980—1985 年，全区共拨款 645.9 万元，占同期财政支出的 0.7%。

1986 年，供销社改为集体企业，与财政脱钩，自此财政不再拨给简易建筑费。是年，国营企业实行经营承包责任制，简易建筑费原则上由企业留利中的生产发展基金开支，财政不作预算安排。但每年根据实际情况从机动财力中对少数微利企业安排了临时性的简易建筑费拨款。1986—1991 年，零陵地区拨款 680.9 万元，占同期财政支出的 0.3%。

三、企业用新增利润税前还贷

新中国成立后，从 1980 年起，国营企业的生产设备更新改造和新建，以及技术革新所需资金由财政拨款改为企业向银行借款，允许企业用贷款改造、兴建的项目投产以后新增的利润，在上缴所得税之前还贷款（简称税前还贷）。1980—1985 年，零陵地区国营企业税前还贷 2286.75 万元，相当于财政基本建设拨款 1257 万元。1984 年和 1985 年，地区卷烟厂向银行贷款 557 万元购置卷烟机 40 台，滤嘴装接机 8 台，条包机 6 台，小包机 6 台，扩大改建配电房。

1986—1990 年，零陵地区国营企业实行厂长（经理）经营承包责任制，财政同意企业在按照承包合同完成上缴财政任务的前提下，用超额利润还贷。这一时期全区税前还贷 1.07 亿元，相当于财政拨款 5887.4 万元。这 5 年里，零陵地区冷水滩纺织大厦、春陵百货大楼、地区物资大厦、轻机大厦等 10 层以上的建筑物建成；零陵地区纺织厂冷水滩分厂，零陵耐火材料厂冷水滩分厂建成投产；冷水滩造纸厂铜版纸生产线、冷水滩耐火材料厂二号隧道窑生产线、黎家坪水泥厂日产 700 吨熟料生产线、零陵造纸厂水松纸生产线和 1760 长网造纸机、地区轻机厂圆网纸机生产线等相继扩建改造完毕；地区冷库扩建增容至 5000 吨，桃川糖厂、江永县糖厂各扩建的日处理甘蔗 1000 吨的大中型生产项目均告落成；全区商业企业建成营业面积 18.7 万平方米；工业新增年生产能力：水泥 11.5 万吨，耐火材料 5 万吨，机制纸 900 吨，水利发电机组 15900 千瓦，纺织纱锭 22000 个，织布机 200 台，合成氨 11000 吨。

第二节 技术革新设备改造资金

清末、民国时期，永州无此项支出。新中国成立以后，零陵地区在财政支出中有企业挖潜改造资金和科学技术三项费用。

一、企业挖潜改造资金

1950—1965 年，财政拨给企业的更新改造资金没有单独设置预算支出科目，列在基本建设拨款之内。国营企业主管部门在编造年度基本建设计划时，将本部门所属企业的更新改造项目编列在内，财政部门根据国家计委审核批准基本建设计划拨款，由银行监督使用，财政不反映更新改造支出的情况。

1966 年，在地方财政预算支出科目中设置设备更新资金，湖南省每年分配零陵地区的固定资产更新资金，由财政部门直接划交各主管部门在银行开立的固定资产更新户存储。各企业使用固定资产更新资金时，必须向银行报送经批准的固定资产更新项目，作为拨款依据，财政则以设备更新资金支出列报。是年，全区支付设备更新资金 33.1 万元。1967 年 1 月，国家规定将技术组织措施费、零星固定资产购置费、劳动安全保护措施费（简称三项费用），固定资产更新和基本建设中属于简单再生产性质的投资，合并为一个渠道，统称为固定资产更新和技术改造资金。其资金来源实行基本折旧基金抵留的办法，不再采取由预算拨款和在利润留成中列支的办法。自此企业的基本折旧基金不上缴国家财政，财政预算也不拨付设备更新资金。

1971 年起，对县办小水电站、小煤矿、小化肥厂、小水泥厂、小冶铁厂（统称“五小”企业）给予投资性补助，以“五小”企业投资列报。1972 年，改为县办“五小”企业补助，1973 年改称“五小”企业技术改造资金。1971—1975 年，零陵地区加祁阳县支出 1083.1 万元，占同期财政支出的 3.0%。

1976 年，财政预算支出科目设企业挖潜改造资金，取消“五小”企业技术改造资金科目，改设县办“五小”企业技术改造补助；同时对地辖工业、交通企业所提取的更新改造资金（即固定资产基本折旧基金）由省集中 45%，地区集中 15%，企业留用40%，实行统一计划，分级管理。是年，零陵地区列支企业挖潜改造资金63.9万元，县办“五小”企业技术改造补助218.0万元。1977年，仍按上年的办法执行，全区企业挖潜改造资金支出比上年增加56.7%，县办“五小”企业技术改造补助减少8.2%。1978年，全区企业挖潜改造资金支出和县办“五小”企业技术改造补助分别增至764.0万元、366.6万元，两项合计占财政支出的9.7%。

1979年，零陵地区工业企业、储运企业以及建筑安装企业所提供的基本折旧基金全部留给企业使用。地级新投产的工业、交通企业，从投产之日起3年内所提基本折旧基金的20%留给企业，80%上缴财政。对于向国家财政免缴折旧基金的企业，地区财政集中30%。是年，全区企业挖潜改造资金支出780.4万元，占财政总支出的6.3%；预算内集中的基本折旧基金收入139.8万元。

1980年，经省经委和省财政厅批准，对扩大企业自主权，实行利润留成试点的部分地直工交企业，是年起，其固定资产基本折旧率提高0.5%。企业按提高后的折旧率提取的基本折旧基金上缴财政30%，留用70%。1984年，改为上缴财政40%，留用60%。“五五”时期（1976—1980），零陵地区企业挖潜改造资金年均拨款664万元，比“四五”时期增加2.1倍。

自1981年起，贯彻责、权、利三结合的原则，财政压缩预算拨款，对企业急需的挖潜革新改造的不足资金改为向银行申请专项贷款，投产后从企业增加的利润或减少的计划亏损中归还。没有达到预期经济效益的，用企业自有的更新改造资金、企业基金或利润留成归还。是年，零陵地区企业挖潜改造资金支出1234.2万元，比1980年增加50.6%。“六五”时期（1981—1985），全区基本折旧基金上缴留成比例和新建企业在投产3年内留用比例未变，全区拨付企业挖潜改造资金3654万元，比“五五”时期增加10.1%，占同期财政支出的4.7%。

自1986年起，零陵地区逐步减少企业挖潜改造资金拨款，企业用自有资金进行技术改造和技术革新，不足部分向银行提出专项资金申请，由银行贷款解决。是年8月，工业、交通企业固定资产折旧率和大修理基金提取比例分别由4.6%、2.5%提到6%、4%。自此，全区企业用于挖潜改造的自有资金每年增加291万元。是年停止对县办“五小”企业技术改造补助。1986—1991年，全区挖潜改造资金支出2523.2万元，占同期财政支出的1.1%，年均420.5万元，比“六五”时期减少42.5%。

二、科学技术三项费用

科学技术三项费用包括新产品试制费、中间试验费和重要科学研究补助费。

1953年1月，国营企业开始列支技术组织措施费。10月，改为技术组织措施费、新产品试制费、零星基本建设支出。1957 年 1 月，增设安全技术劳动保护措施费，连同原有的三项费用构成四项费用。上述费用安排总的原则是，其支出构成固定资产或增加固定资产价值部分由财政预算拨款，其他由企业自行解决。1953—1957 年，财政预算均列入基本建设支出。

从 1958 年起，国营企业实行利润留成，四项费用由企业从利润留成中开支，财政停止拨款。

1962 年 1 月，除商业部门外，其他部门的企业不再实行利润留成办法，财政恢复四项费用拨款，财政预算收支科目中设置四项费用科目。企业所需的四项费用，由地区计委和财政局在省分配的控制数内具体分配到各主管部门，再由主管部门按计划项目拨给企业，在中国人民银行开立专户储存，专款专用，结余留用，接受中国人民银行监督。是年，零陵地区支出四项费用 7.9 万元。

1965—1966 年，零陵地区将四项费用优先用于化学肥料、农业机械，共支出 116.8 万元。零陵造纸厂用四项费用 5000 元添置除尘器，使产品二等书写纸的质量提高到出口纸质量。

1967 年 1 月，四项费用除新产品试制费仍由财政预算拨款外，其余三项费用从企业的更新改造资金中开支，不再实行预算拨款。预算科目仍沿用四项费用科目。是年，零陵地区支出 19.5 万元。1968 年 1 月，四项费用改称更新改造和四项费用，全区无拨款数。1969—1972 年，全区新产品研制费支出 199.5 万元。

1973 年，零陵地区在科学技术三项费用下设新产品试制费、中间试验费、重要科学研究补助费三个款级科目，沿用到 1975 年。全区以新产品试制费为主，1975 年列支 151.2 万元。其中 1974 年拨给地区农业机械厂新产品试制费 1.35 万元，试制成功微型水泵、40 型水轮机，并成批生产。

1976 年，新产品试制费按工、交、商等部门设款设项，至 1978 年零陵地区列支 311.6 万元。

1979 年，恢复科学技术三项费用科目，沿用到 1991 年，零陵地区平均年支 58.6 万元，比以前年度略有减少。

第三节　支援生产支出

清末、民国时期无此项支出。新中国成立后，零陵地区财政支出中安排了短期的生产性支出，包括流动资金、扶持农村生产支出、支援老少边穷地区发展资金，科目变化大，数额因时因事而定。1953—1991年，全区共列支2.64亿元，占同期财政支出的6.0%。

一、流动资金

零陵地区国营企业定额流动资金的供应来源有财政拨款和银行信用贷款。1950—1951年，区内国营企业增加流动资金，在超计划利润中抵拨或主管部门在各企业之间调剂解决，财政预算内无流动资金拨款支出。1952年，县办的地方国营企业所需流动资金除向银行贷款外，不足部分由财政拨款解决，企业多余的流动资金上缴财政。

1953—1954年，地方国营企业应增加的流动资金，除20%~30%由银行贷款解决外，一般均以主管部门为单位，从超计划利润、应缴的多余流动资金中抵拨，财政拨款对象是新办的企业和个别不能抵拨的企业。两年间，零陵地区拨款14.2万元。

1955年，取消定额信贷，地方国营工业的流动资金定额由地方财政预算拨款。但对季节性超定额储备资金，季节性生产企业超过最低季度需要的资金，采购、销售过程中的结算资金，个别部门、个别定额大于第四季度定额的差额，以及供销社企业流动资金实有额不足其商品资金最低定额50%的由财政预算拨足；超过50%的，其不足部分由银行贷款解决。是年，零陵地区流动资金拨款2384元，1956年无拨款，1957年拨款12.2万元。

1958年，恢复定额流动资金由财政、银行分别供应的制度，国营商业企业由商业部垂直管理改为省以下国营商业由地方管理。是年，零陵地区拨给企业流动资金17.8万元。

从1959年1月起，国营工业、交通企业所需的流动资金，不论定额流动资金和超定额流动资金都由银行供应，其中定额流动资金由财政部门统一拨给银行，再由银行安排分别拨给企业。并将1958年12月31日以前财政拨给国营企业的自有流动资金，全部转化为当地人民银行的贷款，统一计算利息。这一办法执行到1961年6月底。

1961年7月，工业、交通企业所需的定额流动资金80%由财政拨款，20%由财政拨给银行，由银行向企业发放定额贷款。1962年1月1日，凡实行由银行参与20%定额贷款的企业，一律按1961年12月31日定额借款账面数额的20%转作企业自有资金。定额流动资金不足的企业，由财政拨足；企业多余的定额流动资金则回缴财政。同时，商业系统停止全额信贷的办法，其流动资金一部分由财政核拨自有资金，另一部分由银行贷款。财政部门核拨自有资金的比例为：零售企业按照商品资金定额的60%核给，三级批发企业按照商品资金的20%核给，其余企业一般由财政核拨30%的定额流动资金。地方其他商业供销企业，如木材公司、新华书店、水产公司、盐业公司、种子公司等，通过清产核资后也取消了全额信贷，比照商业系统流动资金的供应办法办理。1962年，零陵地区无拨款数。1963—1965年，全区拨给企业流动资金81.3万元。

1966年起，零陵地区对国营工业企业实行在核定流动资金占用总额计划的范围内，由财政和银行分别供应的办法。是年，全区拨付15.9万元，1967年为16.6万元，1968年停拨，1969年拨款15000元。1970—1971年，受“文化大革命”影响，经济管理工作松懈，流动资金占有额大，这两年全区分别拨款450.6万元、373.4万元。

1972年6月，零陵地区对国营企业全面开展清产核资，核定流动资金定额，企业除现有的自有流动资金外，其不足部分由财政拨给。对物资、商业零售企业经营煤炭、石油、化肥、农药等商品及二级批发站等实行资金计划供应的企业，其流动资金也由财政拨给。是年，全区拨款186.6万元，比1971年减少50.0%，1973—1978年，全区平均年拨款295.2万元。

1979年，零陵地区对国营工业、交通、商业企业进行核资，财政增拨流动资金的对象和办法同1972年。是年，全区支付流动资金243万元，比1978年减少46.7%。

1980年11月起，零陵地区对国营工交企业实行缴纳流动资金有偿占用费的办法，由企业向财政缴纳流动资金占用费。1981年，物资、供销企业也缴纳流动资金占用费，占用费率为流动资金的0.21%。新投产企业定额内的流动资金，由财政在预算中进行安排拨给，银行不给定额贷款。1980—1982年，零陵地区流动资金拨款373.2万元。

1983年7月1日，国营企业流动资金改由中国人民银行统一管理，企业需增加的流动资金由银行按信贷政策供应，财政不再增拨流动资金。过去财政已经拨给企业主管部门和企业的流动资金，仍然留给企业作自有流动资金，不予收回。1983年上半年，零陵地区尚有流动资金拨款30万元。

二、扶持农村生产支出

（一）支援农村人民公社投资

该项支出主要用于两个方面：扶持社队（乡、村）企业投资，扶持生产队生产补助费。1959—1961年，零陵地区对农村人民公社投资1891.4万元，平均年支出630.5万元；其中，1961年支出最高，达到799.6万元，1962年困难时期支出压缩至0。

1963年，零陵地区加强对农村人民公社投资管理，规定支援穷队的投资重点为资金特别短缺又无偿还能力的生产队，发放面控制在生产队总数的5%左右，最多不超过生产队总数的10%。支援穷队的投资只用于购买耕畜、添置水车、排灌机等生产设备，不准用于非生产性开支。是年，全区支援农村人民公社投资82.3万元，支援814个穷困生产队购买耕畜1100头，农船2只，排灌机械494马力，添置中小农具24899件。1964年，全区支出88.2万元，支援穷队846个，占穷队总数的22.6%，购置耕畜671头，车辆158辆，中小农具913件。1965年压缩为0。

第三个五年计划时期（1966—1970），零陵地区支援人民公社投资年均84.4万元，占同期财政支出的1.9%。

1971年，湖南省安排江永县源口水库经费50万元，1973年贯彻“以粮为纲，全面发展”的方针，零陵地区在新田县、江永县建立烤烟、食糖生产基地，拨给新田县20万元、江永县40万元，用于购买拖拉机及其配件、油料及修建库房等开支。“四五”时期（1971—1975），全区支援农村人民公社投资1410.3万元，占同期财政支出的3.9%，比“三五”时期增加2.3倍。

1976年，零陵地区先后两次遭受历史上罕见的洪涝灾害，1978年又遇严重旱灾。1979年6月，地区将支援农村人民公社投资中的支援社队小水电补助资金、机械化养鸡补助资金和扶持独立核算的知青场队生产资金、以及其他指定的经费改为周转金，有偿投放。是年，全区支援农村人民公社投资343.2万元，比1978年减少14.5%。1976—1980年，全区共支出1957.5万元，占同期财政支出的3.7%。

1983年，农业生产经营方式由社队集体经营改为分户包干经营，财政对支援农村人民公社投资作了相应改革，由过去单纯扶贫改为扶持开发性生产。是年起，社队维护植保补助、社队草场禽畜保护补助、社队造林、林木保护补助单独列支。1984年，又将支援农村人民公社投资改成支援农村合作生产组织金。1981—1985年，零陵地区支出1268.5万元，年平均支出253.7万元。“七五”时期（1986—1990），零陵地区在1988年被湖南省确定为改革开放试验区，全区财政配合国家综合开发湘南农业，增加支援农村合作生产组织金支出。“七五”时期前两年，全区平均支出282万元，后三年平均支出676.8万元，比前两年增加1.4倍。

（二）小型农田水利补助费和水土保持补助费

1960年设目级科目。1963年，零陵地区财政开始列支，主要包括小型农田水利补助费、水土保持补助费、抗旱经费。1981年以后改为款级科目。1963—1990年，全区支出3456.5万元，平均年支123.4万元，重点用于农村灌溉渠道配套、小型电排灌站、涵洞管道等。

（三）退赔公社平调支出

1958—1960年“大跃进”时期，政府无偿调用公社、大队或个人的粮食、木材以及其他生产资料和拆毁或占用集体、个人的房屋。1961年，政府对此进行清理，采取退赔措施，在财政预算中安排一笔资金分期退赔给公社集体和社员。1961—1962年，该项支出称作退赔公社平调支出，零陵地区共退赔679.7万元。从1963年起，改称农村退赔期票支出，发出的农村人民公社退赔期票自1965年开始兑付。1965—1974年，全区共兑付1106.7万元。

（四）水库移民建房支出

1962年以前，未单独列项，统在水利事业费中。1963年，设水库移民建房支出款级科目，零陵地区支出30.6万元。涔天河水库自1965年7月开工至1973年年底建成，全区支付移民经费298万元。1963—1970年，全区水库移民建房支出411.2万元，占同期财政支出的1.3%。1971年后，水库移民建房支出未单独列支。

（五）社队造林补助费和森林保护经费

1977年，在林业事业费内设社队造林补助费和森林保护经费两科目。1980年，造林补助费中又分用材林基地补助费和油茶林基地补助费，前者每亩造林补助最多为7元，分四年发放，当年零陵地区补助27.4万元，每亩3~4元，其余在以后三年付清；后者新造林补助最多每亩不超过4元，发放办法同上，当年全区支出31.6万元。1983年设置社队造林和林木保护补助费款级科目。1985年改为农村造林和森林保护经费，主要用于造林、护林防火、防治森林病虫害、业务经费和购置设备以及林区粮食补贴。1977—1982年，全区支出519万元。1983—1990年，全区支出1012.8万元，平均年支出126.6万元，比前6年增长46.4%。

（六）社队农技推广费和植物保护费

1977年，在农业事业费中设技术推广费和植物保护费两科目。1983年，设置社队农技推广和植物保护费科目。1985年，改称农村技术推广和植保补助费。1977—1990年，零陵地区支出1106.9万元，占同期财政支出的0.4%。

（七）社队草场禽畜保护补助费

1976年以前，未单独列支。1971—1978年，零陵地区无发生数。1979年，设禽畜保护费。1983年，从畜牧事业费中析出，单独设社队草场禽畜保护补助费款级科目。1985年，将“社队”改称“乡村”。1979—1990年，全区支出193.1万元。

（八）农业发展专项资金支出

农业发展专项资金支出是用耕地占用税安排的开垦宜耕土地和整理、改良现有耕地的专款支出。1988 年，设此款级科目，零陵地区支出 32.8 万元。1989 年，全区支出 1053.6 万元，比 1988 年增加 31 倍。1990 年，全区支出增至 1300.7 万元，占同期财政支出的 2.8%。

三、支援老少边穷地区发展资金

（一）少数民族地区补助费

零陵地区这项支出主要是对零陵县、祁阳县、东安县、道县、江永县、蓝山县、新田县少数民族乡的补助，江华县未在此列。重点解决少数民族中缺乏生产工具、耕畜、种子的困难户所需生产资金和少数民族地区中、小学校添置必要的教学设备、修建简易校舍的补助以及特别困难户购置口粮、被服、生活用具，修建简易住宅的补助。根据重点安排、照顾一般、困难大的多补、困难少的少补的原则，专款分配，专款专用。1957 年，设少数民族地区补助费款级科目，全区支出 18195 元。1961 年，全区支出增加到 61764 元。1962 年，停列支出。1963 年、1964 年和 1965 年，全区分别支出 29.9 万元、19 万元和 16.2 万元。1966—1970 年，未单独列支。1971—1980 年，全区平均年支出 17.9 万元。从 1981 年起，少数民族地区补助费全部补贴到户。1981—1991 年，全区支出 809.3 万元，年均支出 73.6 万元，比前 10 年增长 3.1 倍。

（二）支援不发达地区发展资金

由湖南省财政拨付革命老根据地、少数民族地区、边远山区、穷困山区发展农林牧副生产，对农业、水电、社队企业的补助，由省确定支援对象和项目，不定期将指标分配到县财政掌握使用。1981—1990 年，零陵地区共支出 587.2 万元，其中 1984 年支出 111.5 万元。

第四节　其他经济建设支出

其他经济建设支出主要包括经济部门事业费、城镇人口下乡经费、城市维护费类。清末、民国时期，永州有少量的经济部门事业费支出，占财政支出的比重很少。新中国成立以后，零陵地区其他经济建设支出在财政支出中占有一定比重。1953—1957 年，占比为 5.9%。1958—1962 年，占比为 5.0%。1963—1965 年，由于增加城镇人口下乡经费和城市维护费，比重上升到 15.1%。1966—1970 年，占比下降到10.5%。1971—1975年，掀起城镇人口下放高潮，城镇人口下乡经费增加，比重回升到13.7%。1976—1980年，全区工农业迅速发展，企业主管部门经费成倍增加，其他经济建设支出比重上升到18.8%。1985年，开征城市维护建设税，用于城市公用事业和公共设施的维护建设，城市维护费相应增加。1981—1985年，其他经济建设支出比重保持在16.6%。1986—1990年，零陵卷烟厂平均每年上缴城市维护建设税1266.2万元，超过全区1953—1984年城市维护费支出的总和，这一时期全区其他经济建设支出比重为14.9%。1991年，占比为9.4%。

一、经济部门事业费

（一）农林水利气象等部门事业费

这项支出主要用于从事农业、水利、林业等部门工作的经费，分三个内容：一是个人经费，包括上述事业单位人员的工资、补助工资、福利费；二是公用经费，包括公务费、设备购置费、修缮费等；三是专项经费，包括业务费、专项补助费、科研实验示范场所的差额补助。清代，永州府财政支出中无此项经费开支。民国初期，永州区有农、矿、工商费支出。民国27年（1938）、民国28年（1939），全区农林经费支出7372元和3678元（法币，下同）。民国32—37年（1943—1948），全区支出3265.6万元。民国38年（1949），全区支出1067万元（金圆券）。

新中国成立以后，1950年，零陵地区概算安排林业支出大米10.2万公斤。1951年，农林水利事业费未单独列支。1952年以后，农林、水利、气象等部门事业费内容逐年增加。

1953年，零陵地区财政支出有农业事业费和林业事业费支出。1954年，增列水利事业费。第一个五年计划时期（1953—1957），全区支出388.2万元。1958年，增设气象事业费和水产事业费。1960年，增列农垦事业费。“二五”时期（1958—1962年），全区支出804.2万元，比“一五”时期增加1.1倍。三年调整时期（1963—1965），全区平均年支出277.6万元，比“二五”时期增加72.6%。

“文化大革命”时期（1966—1976），零陵地区平均每年支出334.4万元，占财政支出的5.4%。1977—1980年，全区平均年支出1171.5万元，比重上升到10.4%。

“六五”时期（1981—1985），增设农委事业费，零陵地区农林、水、气象事业费支出6843万元，比“五五”时期增加27.7%，占财政支出的比重降至8.8%。“七五”时期，设土地管理事业费，市场物价上涨，全区农林、水利、气象事业费金额年均支出增至1807.4万元，所占比重降至5.3%。

（二）工交商等部门事业费

该项支出主要是工业、交通、商业（包括供销、粮食）等部门的工作经费。清代，永州府该项事业岁支内容有6项：一是光绪三十二年（1906），设置官钱子局，配有稽核、管账、银柜、工役、学徒共6人，其经费在收入中坐支。宣统三年（1911），实际支薪水、辛资、工资银1052两。二是道光元年（1821），零陵县、祁阳县设驿站3处，其中零陵县枣木岭腰站备马23匹、马夫12名，兽医1名、排夫43名，地丁内坐支草料、工食、医药银812两，藩司请领154两；祁阳县三吾县站及排山腰站备马34匹、马夫17名、兽医2名，每年两驿站坐支草料、工食、医药银1388两，藩司请领225两，共支2579两。宣统年间（1909—1911），岁支草料、药饵、马夫、排夫、兽医工食银等2175两，闰年另加6两，驿站闰月马夫工料177两，马棚经费251两。三是光绪年间（1875—1908），各县设铺司递送公文。光绪三十年（1904），因各属铺司递送公文任意疲滞，通饷改设步拨，除东安县照旧，永桂通判健夫工食保持不变外，其余各县铺司健夫一律改设步拨，即将铺司健夫原支工食改为步拨工食，有余提扣，不敷补给。铺司健夫工食银原额2394两，改拨后岁支工食2197两，闰年加141两，宣统年间（1909—1911）无异。四是江蓝理摇同知衙门历由自募健夫专送往来公文，年额定工食库平银552两。光绪三十年（1904），改设岁拨减为319两，闰年加27两，宣统年间（1909—1911）照旧。五是永桂理摇通判衙门亦历由自募健夫专送往来公文，岁支健夫工食180两，在司库驿站项下动支。光绪三十年（1904），各处改设步拨，该衙门仍因照旧，宣统年间（1909—1911）同。六是永州府属祁阳县白沙渡口、东安县渌步渡口、道州各河渡口，永明县渡口、江华县石桥湾渡口，均设官渡。官渡夫工食和锦田大坝船夫由地丁项下坐支。道光元年（1921），额支65两。宣统年间（1909—1911），加上蓝山县官渡夫工食年额支52两，另补荒1两。

民国19年（1930），祁阳县、永明县、江华县、新田县有贫民工厂经费18963元（银圆）。民国32—37年（1943—1948），永州区交通费和工商经费支出3.15亿元（法币）。民国38年（1949），全区支出96173元（金圆券）。

新中国成立后，1950—1953年，零陵地区财政未单独列支工交商业等部门费用，统在经济建设费中。1954—1984年，全区支出1171.8万元。从1985年起，地直工交、商企业主管局及部分县市工交商企业主管局的经费从企业收入中退库解决。1985—1990年，全区工交商部门事业费支出1971.8万元。

二、城镇人口下乡经费

1963年，贯彻国民经济调整方针，压缩城市人口，将一部分待业青年和闲散劳动力下放农村，财政预算设城镇人口下乡安置费科目。是年，零陵地区列支4.2万元。1964年，支出增至118.1万元。1965—1968年，全区平均年支出87.7万元。1969年，全区有12588名城镇青年和居民下放到农村，列支安置费188.6万元，比1968年增加3.3倍。1970—1973年，全区安置费平均年支50.4万元。1974年，将城市人口下乡安置费改为城镇人口下乡经费，全区支出171.9万元。1975年，全区支出305.3万元，为下乡安置费支出最多的一年。1976年，城镇知识青年停止下放，全区城镇人口下乡经费支出136.1万元，比1975年减少55.4%。1977年，全区支出238.6万元。1978年后，下乡知识青年陆续安排就业，城镇人口下乡安置专款逐步转移为城镇青年就业的安置费。1980年开始，在城市建立劳动服务公司，组织生产服务和进行职业培训，解决城镇待业人口的就业问题；是年起，财政支出增设劳动服务公司补助费。1982年，将城镇人口下乡经费改为城镇青年就业经费。1978—1984年，全区平均每年支出106.6万元。1985年，城镇青年就业增多，财政拨款安排就业经费相应减少。1985—1991年，全区平均每年支出74.1万元，比前7年平均减少30.5%。

三、城市维护费

城市维护费包括市政工程、公用事业、园林绿化、公共卫生、城市房屋等维护经费和规划、勘测等费用，由城市建设部门掌握使用。新中国成立后，1953年，零陵地区开始有城市公用事业支出，列支12535元，统在基本建设支出内。1959—1962年，全区无统计数字。1963年，增设其他城市维护费支出科目，全区支出3648元。1964—1967年，全区平均支出8.1万元。1968—1972年期间，取消经济建设费类，单设城市维护费类，全区年平均支出7.3万元。1973—1975年，与人民防空费类合并改为城市维护费和人民防空经费，全区年平均支出39.2万元。1976年起，又单独设城市维护费科目。城市维护费资金来源由财政拨款外，还有公用事业费附加（对电费水费征收的附加）和工商税附加，包括从工商税收中提出1%的附加和按工商所得额征收1%的附加，以及城市房地产管理部门收入和园林收入等。1976—1984年，全区平均年支出127万元。1985年，开征城市建设维护税，城建资金来源大量增加，全区支出1362万元，比1984年增长7.4倍。1986—1990年，零陵卷烟厂共上缴城市维护建设税6831万元，平均每年缴1366.2万元，超过全区1957—1985年城市维护费总和。“七五”时期，全区平均年支1929.2万元，占同期财政支出的5.7%。

1821—1949 年永州境内经济建设支出明细表

表 2-3

项目 / 年份	币制		金额	项目 / 年份	币制		金额
	名称	单位			名称	单位	
道光元年（1821）	银	两	2644	1941	法币	元	107620
宣统三年（1911）	银	两	6523	1942	法币	元	239594
民国 19 年（1930）	银圆	元	18963	1943	法币	元	863458
民国 20 年（1931）	银圆	元	23197	1944	法币	元	1022421
民国 24 年（1935）	法币	元	17078	1945	法币	元	1184836
民国 26 年（1937）	法币	元	28078	1946	法币	千元	8882
民国 27 年（1938）	法币	元	28351	1947	法币	千元	62832
民国 28 年（1939）	法币	元	44601	1948	法币	千元	272947
民国 29 年（1940）	法币	元	30420	1949	金圆券	元	97220

1950—1991 年零陵地区经济建设支出明细表

表 2-4

单位：万元

项目 / 年份	合计	基本建设投资		技改资金		支援生产支出			其他经济建设费支出			
		基本建设拨款	简易建筑费	企业挖潜改造资金	科学技术三项费用	流动资金	扶持农村生产支出	支援不发达地区资金	经济门部经费	城镇人口下乡经费	城市维护费	其他经济支出
1950	103.57	103.57	—	—	—	—	—	—	—	—	—	—
1951	126.81	126.81	—	—	—	—	—	—	—	—	—	—
1952	262.03	262.03	—	—	—	—	—	—	—	—	—	—
1953	34.89	13.76	—	—	—	13.42	—	—	7.71	—	—	—
1954	25.75	8.46	—	—	—	0.78	—	—	16.51	—	—	—
1955	62.52	16.85	—	—	—	0.24	—	—	45.43	—	—	—
1956	364.87	196.30	—	—	—	—	—	—	168.57	—	—	—
1957	310.25	146.16	—	—	—	12.19	—	1.82	149.97	—	0.11	—
1958	1247.91	1101.84	—	—	—	17.75	—	—	122.35	—	5.48	0.49
1959	1592.75	942.84	—	—	—	0.15	529.45	—	118.23	—	—	2.08
1960	2507.40	1820.00	—	—	—	—	562.40	—	124.80	—	—	0.20
1961	1524.05	476.93	—	—	—	—	799.55	6.18	241.39	—	—	—
1962	434.91	48.73	13.65	—	—	—	175.00	—	197.41	—	—	0.12
1963	654.20	—	5.11	—	—	29.40	112.89	29.93	472.32	4.19	0.36	—
1964	1595.21	858.74	1.65	—	—	23.97	156.41	18.96	408.16	118.09	6.90	2.33
1965	1309.59	695.83	1.54	—	—	27.95	73.05	16.15	395.29	85.72	13.17	0.89
1966	1838.84	1091.09	—	33.07	—	15.87	73.36	—	443.08	175.67	5.85	0.85
1967	2024.07	1425.73	—	—	—	16.62	99.98	0.15	431.06	43.39	6.33	0.81
1968	1405.09	891.62	—	39.44	—	—	85.14	—	336.82	43.97	6.00	2.10
1969	2215.21	1492.26	—	—	9.55	1.50	206.06	—	309.84	188.60	7.40	—

续表2-4

项目 / 年份	合计	基本建设投资		技改资金		支援生产支出			其他经济建设费支出			
		基本建设拨款	简易建筑费	企业挖潜改造资金	科学技术三项费用	流动资金	扶持农村生产支出	支援不发达地区资金	经济门部经费	城镇人口下乡经费	城市维护费	其他经济支出
1970	2962.23	1774.33	—	—	36.57	450.62	302.76	—	362.20	29.55	6.20	—
1971	3512.36	2082.26	—	230.25	35.55	373.45	195.43	1.00	581.00	5.35	8.07	—
1972	3580.55	1888.20	—	276.94	117.82	186.55	243.34	6.25	782.69	69.94	8.82	—
1973	4110.02	2240.21	—	216.01	120.23	293.75	276.68	10.30	831.90	96.66	24.28	—
1974	3781.41	1689.74	—	180.07	183.01	244.54	358.22	23.42	893.01	171.89	37.51	—
1975	4200.35	1817.67	—	179.82	151.22	181.50	397.35	26.11	1085.42	305.32	55.94	—
1976	4375.78	1834.90	—	281.90	146.07	300.00	427.00	14.26	1195.84	136.08	39.73	—
1977	4230.80	1795.68	—	307.60	118.62	296.00	226.32	27.52	1178.54	238.60	41.92	—
1978	6505.90	2199.74	211.20	1130.56	46.95	455.50	452.72	21.78	1886.26	43.26	57.93	—
1979	6378.49	2037.97	67.20	780.41	69.65	243.00	343.17	22.83	2711.85	63.20	39.21	—
1980	4317.30	200.40	180.30	819.31	17.99	177.50	508.29	25.93	2230.78	47.24	109.56	—
1981	4449.20	34.60	118.35	1234.20	18.04	128.70	294.83	46.15	2067.76	108.70	397.87	—
1982	4193.61	307.70	173.80	852.04	61.93	67.00	327.37	43.12	2040.11	178.11	142.43	—
1983	3177.24	22.00	26.28	524.07	26.60	30.00	316.45	102.96	1835.49	141.35	152.04	—
1984	3537.21	25.00	38.00	616.88	36.81	—	368.11	179.53	1946.24	164.50	162.14	—
1985	5748.50	906.20	109.20	426.80	36.60	—	592.80	133.80	2120.00	61.10	1362.00	—
1986	6430.20	783.70	221.10	514.80	38.80	—	385.60	163.20	2747.40	52.10	1523.50	—
1987	6328.40	465.60	105.90	455.90	34.30	—	574.90	136.00	2918.40	64.40	1573.00	—
1988	6294.60	61.00	277.30	263.80	52.50	—	910.90	127.10	3042.50	86.40	1473.10	—
1989	8426.70	46.00	47.20	253.30	79.40	—	2099.20	152.90	3087.80	82.50	2578.40	—
1990	10663.10	50.00	10.30	491.10	113.30	—	3883.20	146.60	3390.20	80.20	2498.20	—
1991	10729.20	132.90	19.10	544.30	175.90	—	4833.20	166.20	2773.70	92.00	1991.90	—

第二章 社会公益事业支出

清末，永州府的财政支出中，属社会公益事业的有学馆经费、祭祀经费和少量为边远山区举办义学的师资经费。民国时期（1912—1949），永州区社会公益事业支出主要是教育文化费，占财政支出的比重不断下降。民国19年（1930），占比为17.7%。民国24—34年（1935—1945），占比降为15.6%。民国35—37年（1946—1948），占比仅为6.1%。新中国成立后，零陵地区财政支出中的社会公益费项目逐年扩大，经费逐年增加，1950—1952年，占同期财政支出的34.5%。1953年，财政支出中设文化、教育、卫生、体育、干部训练费科目。“一五”时期（1953—1957），重点安排文化、教育、科学、卫生事业的基本建设，全区支出2892万元，年均支出578.4万元，占同期财政支出的43.6%。1958年起，全区注重工业、农业等经济建设，财政支出中社会公益事业费所占比重相应减少。“二五”时期（1958—1962），全区支出4682.3万元，年均支出936.5万元，比“一五”时期增长61.9%，但占财政支出的比重降至28.7%。三年调整期（1963—1965），全区支出3039.2万元，年均支出1013.1万元，比“二五”时期增长8.2%，比重升至30.5%。“三五”时期（1966—1970），受“文化大革命”冲击，学校停课，教育事业停滞不前，全区公益事业费支出6299.1万元，年均支出1259.8万元，比调整时期增长24.4%，比重降至27.6%。“四五”时期（1971—1975），全区支出为1.02亿元，年均支出2034.3万元，占同期财政支出的28%，比“三五”期增长61.5%。“五五”时期（1976—1980），全区支出1.71亿元，年均支出3411.5万元，占同期财政支出的31.9%，比“四五”时期增长67.7%。“六五”时期（1981—1985），全区文化、教育、卫生事业迅速发展，公益事业费支出3.24亿元，年均6475.4万元，占同期财政支出的41.7%，比“五五”时期增长89.8%。“七五”时期（1986—1990），全区支出6.55亿元，年均支出1.31亿元，占同期财政支出的38.7%，比“六五”时期增加1.02倍。1991年，此类支出项目扩大到文化、出版、文物、教育、党政群干部训练、卫生、中医、公费医疗、体育、档案、地震、广播、电影电视、计划生育、其他文教、自然科学、科协事业和社会科学事业费，是年全区支出1.80亿元，剔除物价上涨因素比1953年增长34.8倍。1950—

1991年，全区社会公益事业支出16.05亿元，占同期财政支出的36.1%，年均递增14.5%。

1950—1991年零陵地区社会公益事业支出分类表

表2-5 单位：万元

年份\金额\项目	本类合计	文化事业费	教育事业费	卫生事业费	体育事业费	科学事业费	其他公益事业费
1950	68.81	—	62.36	6.45	—	—	—
1951	82.61	—	65.84	16.77	—	—	—
1952	357.72	3.22	318.27	36.23	—	—	—
1953	501.54	4.79	431.00	65.71	0.04	—	—
1954	498.13	4.90	441.26	51.97	—	—	—
1955	512.48	5.54	449.64	57.04	0.26	—	—
1956	655.68	16.21	569.54	69.24	0.69	—	—
1957	724.15	15.86	632.05	74.76	1.48	—	—
1958	716.78	27.53	621.49	66.28	1.48	—	—
1959	929.92	15.57	806.41	104.07	2.57	1.30	—
1960	1231.60	16.40	1068.60	144.40	2.10	0.10	—
1961	912.23	7.65	737.06	166.77	0.75	—	—
1962	891.76	8.92	712.70	168.86	0.72	0.56	—
1963	877.23	11.97	680.29	182.61	1.78	0.58	—
1964	1045.34	15.68	799.20	219.70	5.86	4.90	—
1965	1116.58	33.23	863.00	207.80	3.80	8.75	—
1966	1249.88	50.77	918.76	266.86	5.85	7.64	—
1967	1383.53	42.74	1015.30	314.66	6.88	3.95	—
1968	1230.27	45.97	926.92	247.10	6.10	4.18	—
1969	1181.63	77.07	867.83	229.83	3.00	3.90	—
1970	1253.75	60.64	923.80	263.21	2.52	3.58	—
1971	1623.02	68.39	1168.32	378.38	2.94	4.99	—
1972	1833.70	86.89	1228.26	503.83	8.79	5.93	—
1973	1990.55	98.25	1350.13	518.28	13.65	10.24	—
1974	2324.64	115.07	1561.18	616.45	17.76	14.18	—
1975	2399.43	107.16	1612.84	650.74	13.03	15.66	—
1976	2614.96	113.36	1710.97	755.32	21.11	14.20	—
1977	2692.27	122.51	1802.59	738.79	14.83	13.55	—
1978	3256.80	186.50	2119.70	893.80	25.20	31.60	—
1979	3565.70	198.12	2350.91	971.00	24.01	21.66	—
1980	4927.76	226.38	3408.37	1233.52	36.54	22.95	—
1981	5170.49	320.75	3462.78	1306.32	51.20	29.44	—

续表2-5

项目 金额 年份	本类合计	文化事业费	教育事业费	卫生事业费	体育事业费	科学事业费	其他公益事业费
1982	5916.54	290.31	3983.22	1560.81	46.29	35.91	—
1983	6197.48	345.50	4075.90	1700.60	38.67	36.81	—
1984	6716.98	343.91	4499.54	1739.98	59.76	73.79	—
1985	8373.70	452.70	5726.50	2048.00	79.20	57.00	10.30
1986	9826.70	526.90	6731.60	2373.80	111.80	63.90	18.70
1987	10789.90	559.10	7340.20	2514.80	127.20	131.40	117.20
1988	13074.10	539.10	9416.40	2788.10	117.00	168.70	44.80
1989	14853.00	661.50	10680.70	3136.20	123.00	184.30	67.30
1990	16922.70	689.90	12338.00	3424.50	188.90	206.20	75.20
1991	17979.50	806.30	12633.80	3797.80	424.10	253.80	63.70

说明：1. 各分类支出数均不包括列入行政编制的人员经费；

2. 从1982年起，教育事业费包括党校事业费；

3. 科学事业费全称：科协事业和社会科学事业类

第一节　文化事业费

零陵地区的文化事业费包括文化艺术单位经费、文物事业费、广播电视事业费和其他文化事业费。清代有祭祀经费。民国时期有社会教育费、民报社经费和民众图书馆经费，每年支出数额甚微。新中国成立以后，陆续增加出版事业费、文物事业费和广播电视事业费。1951年，零陵地区未单独列项，统在文教费支出内。1952年，预算安排占财政支出的0.4%。1953—1990年，全区支出6513.7万元，占同期财政支出的1.7%，年均递增14.4%。1991年，全区支出806.3万元，占财政支出的1.6%，比1953年增长167倍。

一、文化艺术单位经费

艺术表演团体经费　包括歌舞团、剧团、影剧院补助费、文艺机构经费和艺术表演场所经费。新中国成立前，零陵地区无此项经费支出。1956年，全区对剧团、剧场补助19300元。1962年，全区支付文艺机构经费11100元。1966—1976年，各艺术表演团体先是“停演闹革命”，以后又专演“样板戏”，收入锐减，经费不足，全区财政每年补贴 26 万～38 万元。1977 年起，恢复各艺术、表演团体，被下放或改行的名老艺人相继归队，是年全区经费支出 39.8 万元。1978 年和 1979 年，全区支出分别为 43.7 万元、56.2 万元。1980 年，全区支出达 70.9 万元。1981 年，全区支出增至 81.6 万元。1984 年，全区有专业剧团 12 个，戏剧工作室和祁剧科各一个，文艺工作者 615 人，是零陵地区戏剧鼎盛时期，艺术表演团体演出收入增加，财政拨经费减少。1982—1984 年，全区艺术表演团体经费平均年支 65.2 万元。1986 年，电视录像兴起，电视进入城乡千家万户，区内戏剧事业随之衰退，艺术表演团体经费由 1985 年的 62.9 万元增至 1986 年的 69.3 万元，1987 年增至 72 万元。1988 年，一部分专业剧团转行解体，全区剩专业剧团 8 个，戏剧工作者 368 人，所需经费大部分由财政拨款解决。1988—1990 年，全区平均年支经费 71.4 万元。

群众文化经费 包括群众艺术馆、文化馆、文化站、文化流动服务队的经费支出。清末，永州府无此项经费支出。民国 19 年（1930），永州区民众教育馆经费未单列，统在地方税项下，以教育局及各学校经费列支，是年蓝山县支出民众图书馆经费 592 元（银圆）。民国 27—28 年（1938—1939），全区民众教育馆经费分别支出 7912 元、8594 元（法币，下同）。民国 32—37 年（1943—1948），平均年支 1905.7 万元。新中国成立后，1950 年，零陵地区在接收改造旧民众教育馆的基础上，建立 9 个人民文化（教育）馆、17 个文化站，是年民教馆经费开支概算大米 38224 公斤。1952 年，全区预算支出文化馆站事业费大米 15.9 万公斤。1953—1967 年，全区平均年支 78243 元。1968—1974 年，全区此类支出统在文化事业费内，未单列。1978 年，全区有县以上文化馆 11 个，公社文化站 399 个。1975—1981 年，全区文化馆站经费平均年支 38.5 万元。1982 年，改称群众文化经费。1984 年，全区有群众艺术馆 1 个，文化馆 11 个，国家工作人员 146 名，集体乡镇文化站 242 个。1988 年，全区文化机构 320 个，工作人员 456 人。1990 年，全区群众文化经费由 1982 年的 40 万元增至 107.5 万元。1982—1990 年，全区平均年支 78.6 万元。

图书馆经费 清代，永州府无图书馆。民国 19 年（1930），蓝山县列支民众图书馆经费 592 元（银圆）。新中国成立后，零陵地区各地相继建立文化馆、图书馆或阅览室。“文化大革命”期间，文化馆、图书馆、阅览室被关闭。1978 年起，全区恢复和新建一批图书馆。1990 年，全区有图书馆 11 个。1955 年以前，图书馆经费在文化馆站经费内。1956—1967 年，全区图书馆经费支出 71028 元。1968—1979 年，全区图书馆经费统在文化事业经费中。1980—1990 年，全区图书馆经费开支 372.4 万元，其中 1985 年列支 55 万元，居历年之冠。

二、文物事业费

文物事业费主要用于文物管理所、文物保护所等单位经费和古建筑物、古文物的修缮、维护费。清道光元年（1821），额定永州府坐支濂溪、潇湘、柳子祠及各县文庙、崇圣祠等祭祀银1110两，向藩司请领310两。宣统年间（1909—1911），宁远虞陵年额支银21两，道州周子祠额支银28两，各县文庙等祭祀经费无明细数。民国19年（1930），宁远县有祀典经费支出316元（银圆）。民国32—37年（1943—1948），全区祠庙看守费和各种纪念经费支出275万元~2085万元（法币）。新中国成立以后，1963年，零陵地区设立文物工作队，全区文物事业费未单独列支，统在文化事业费内，直至1975年。1976年，全区文物事业费支出33700元。1982年，编写零陵地区文物志，文物事业费支出17.3万元。1983年，湖南省重新公布零陵地区有省级重点文物保护单位13处，县市级文物保护单位130处。此后，对永州市柳子庙和零陵文庙、祁阳县浯溪碑林、宁远县文庙等珍贵文物拨款重点维修。1987年，省、地、县拨款在祁阳县浯溪建成陶铸纪念馆和陶铸铜像，是年全区文物事业费支出77万元，居历年之首。1976—1990年，全区文物事业费支出232.2万元，平均年支15.4万元。

三、广播电视事业费

清代，永州府内无广播电视事业，民国时期亦甚少。新中国成立后，1950年，零陵地区部分县建立收音站，接收、记录中央和省广播电台的新闻节目，经油印后向人民宣传。1952年，全区财政预算中安排广播事业费（大米）42505公斤。1956年，祁阳县、宁远县、江华县等县建立广播站。1953—1957年，全区广播事业费未单独列支，统在文化事业费内。1958年，全区列支广播事业费65691元。1959—1968年，各县广播事业费由县财政自筹解决。1969年起，各县列入财政预算。1974年，地区建立广播事业局。1978年，各县建立广播局，至此全区有县广播站10个、乡镇广播放大站321个，是年拨付经费54.9万元。1977年，地区建成小型电视差转台，1979年，开办无线电广播中波转播台。截至1984年，全区已建成中、小型电视转播台和差转台43座，小调频台1座，10千瓦无线电中波转播台1座。1989年零陵电视台建立。1959—1969年，广播电视事业费科目取弃频繁，全区支出数额不齐。1970年全区广播事业费支出23.9万元。1971—1990年，全区广播事业费支出2580.9万元，占同期财政支出的0.8%，平均年支129万元；其中1990年全区广播电视事业费支出361.1万元，为这一时期支出最高年份。

四、其他文化事业费

其他文化事业费主要用于文化部门行政机关单位经费，地方文化团体补助费，地方编辑、出版发行报纸补助费。1956—1967年，零陵地区列支其他文化事业费44.5万元。1968—1971年，全区未单列其他文化事业费支出，统在文化事业费内。

1975—1990 年，全区列支 674.4 万元，年均支出 42.2 万元。

第二节 教育事业费

清代，永州府的教育经费，主要靠学田产租及私人募捐维持，财政仅坐支府学、县学门斗工食和廪生的廪饩银。道光元年（1821），学馆经费支出占财政支出的 6.8%。宣统三年（1911），学馆经费支出降至 0.5%。民国时期（1912—1949），永州区的教育事业较清末有所发展，自民国初期实施国民教育后，中央和省政府下拨一部分经费，地方以田赋附加为主筹措一部分。其教育事业费包括教育行政机关经费，各县立中学、简易师范学校经费，县乡公立小学及私立小学补助费。民国 19 年（1930），全区教育事业费支出 12.7 万元（银圆），占财政支出的 9.9%。民国 26—37 年（1937—1948），占财政支出的 5.4%。

新中国成立后，零陵地区教育事业费逐年大幅度增加，按类分为学校经费、中国共产党党训事业费和其他教育事业费，主要用于高等教育、中等专业学校、中学、小学、幼儿教育、普通业余教育、教师进修及干部培训、党校、民办教师补助和其他教育等事业经费。1950—1952 年，全区教育事业费预算占财政支出的 30.3%。1953—1991 年，全区教育事业费支出 11.27 亿元，占同期财政支出的 25.4%，年均递增 9.3%。其中："一五"时期（1953—1957）全区支出 2523.5 万元，年均支出 504.7 万元，占同期财政支出的 38%。"二五"时期（1958—1962）全区支出 3946.3 万元，年均支出 789.3 万元，占同期财政支出的 24.2%，比"一五"时期增加 56.4%。三年调整时期（1963—1965）全区支出 2342.5 万元，年均支出 780.8 万元，占同期财政支出的 23.5%，比"二五"时期略有减少；"三五"时期（1966—1970）全区支出 4652.6 万元，年均支出 930.5 万元，占同期财政支出的 20.4%，比调整时期年均增加 19.2%。"四五"时期（1971—1975）支出 6920.7 万元，年均支出 1384.1 万元，占同期财政支出的 19.1%，比"三五"时期增加 48.7%；"五五"时期（1976—1980）全区支出 1.14 亿元，年均支出 2278.5 万元，占同期财政支出的 21.3%，比"四五"时期增加 64.6%；"六五"时期（1981—1985）全区支出 2.17 亿元，年均支出 4349.6 万元，占同期财政支出的 28%，比"五五"时期增加 90.9%；"七五"时期（1986—1990）全区支出 4.65 亿元，年均支出 9301.4 万元，占同期财政支出的 27.5%，比"六五"时期增加 1.1 倍。1991 年，全区支出 1.26 亿元，占财政支出的 24.6%。各事业主管部门主办的中等专业学校、技术学校、干部训练学校的经费，从主管部门的事业费内开支，未包括在本科目经费内。

一、各类学校经费

（一）中、小学校经费

清道光元年（1821），永州府有府社学1所，州、县社学14所，府、州、县社学门斗17名、廪生211名、膳夫21人，年定额坐支门斗工食银135两、廪饩银506两、膳夫工食银137两，赴藩司年请领义馆廪饩银32两，共675两。光绪二十九年（1903），永州府改荣州书院为永州府官立中学堂。宣统三年（1911），道州和零陵县、祁阳县、新田县、江华县、宁远县、永明县、东安县、蓝山县有官立高等小学堂22所，中等小学堂3所，初等小学堂118所，是年坐支官立小学廪饩银数无考，藩司拨支道州、永明县边远山区义馆廪饩银各16两，江华县32两。从民国元年（1912）起，各级小学堂先后改称国民学校，同时在零陵县、祁阳县、蓝山县创办县立初级中学。民国19年（1930），永州区内有中学4所、学生665人，小学2116所、学生68463人，年支中、小学经费22.4万元（银圆）。民国20—27年（1931—1938），全区学校经费未单独列项，统在教育文化费支出中；民国27—28年（1938—1939），年均支出13.6万元（法币，下同）；民国35—37年（1946—1948），支出14.98亿元，年均支出4.99亿元。民国38年（1949），全区有县立中学8所，共设14班，学生860人；小学2136所，其中民族小学22所。是年，全区财政预算安排中等教育费和公费学生膳食费26.7万元（金圆券）。

新中国成立后，零陵地区的中、小学校得到恢复与发展。1950年，全区设小学2560所，教职员工5194人，在校学生143875人；中学19所，教职工499人，学生7567人。是年，公立中学经费由湖南省财政下拨，其余学校的经费和公办小学教师工资从地方粮内开支，全区教育经费（含文化事业费）支出62.4万元（缺蓝山数）。1951年，全区有公办小学4252所，在校学生25.72万人，其中民族小学43所，学生1927人；中学20所，学生8795人；教师月工资为中学（大米）210公斤，小学125公斤。是年公立中学经费支出（含文化事业费）65.8万元（缺蓝山县），全区对4所公费民族小学学生实行全部免费，对其他学校中的少数民族学生减免学费，发给寒衣、寒裤、鞋袜等物品，学生的衣、食、住、行、学习用品、用具等费用由县人民政府从地方粮内支付。1952年实行工分制，教师每人月工资80~120分，是年全区财政预算安排中小学经费（包括私立学校补助）大米1945万公斤，占财政支出的36.8%。

1953年起，零陵地区各县将中、小学经费全部纳入县级财政预算，对在校中学生实行人民助学金制度。1956年8月，各县在完全小学里附设初中班，江华县于水口镇建立全区第一所民族中学；是年8—10月，全区教职工实行工资改革，人平月工资为49.45元。1957年，全区有中学37所，小学4270所，中、小学教职员工10725人，财政支出中小学经费585.9万元，比1953年增长55.2%。“一五”时期（1953—1957），全区支出中、小学经费2275.7万元。

1958年起，在“大跃进”中，零陵地区盲目发展中、小学教育。1959年秋，全区有小学5428所，比1957年增加27%。1960年，有中学173所（其中完全中学17所），比1957年增加3.7倍。1961年，调整中、小学规模，精简机构、裁减人员；1962年，全区小学中有2023个班转为民办，因学校合并减少中学8所。“二五”时期（1958—1962），全区中、小学校经费支出3302.3万元，年均支出660.5万元，比“一五”时期增加45.1%。

三年调整时期（1963—1965），零陵地区中、小学校经费支出2048.8万元，年均支出682.9万元，比“二五”时期增加3.4%。1963年，全区8275名中小学教师增加工资，调资升级81.7%。是年，全区有小学5064所，在校学生21.2万人；中学165所，在校学生24998人。1965年，全区小学发展到6814所，学生40万人；中学178所，学生26968人。

1966年下半年，“文化大革命”开始，零陵地区中学连续3年未招生，原有在校学生“停课闹革命”，所有中、小学校的教学工作处于瘫痪状态，财政照常支付学校经费。1967年，兴起“公社办中学，大队办小学”高潮，全区中学由1966年的178所增至1972年的573所，中学教职员工由2515人增加到25048人，中学师资力量不足，由小学老师递补；大部分小学聘用民办老师，其报酬由学校所在生产队支付，国家适当给予补助。“三五”时期（1966—1970），全区学校经费支出2342.5万元，经费比三年调整时期增加19.2%。1970年，全区中学经费支出435.1万元，超过小学经费。

“四五”时期（1971—1975），零陵地区学校经费支出5524.5万元，年均支出1104.9万元，比“三五”时期增长1.4倍。在持续10年的“文化大革命”时期，小学由大队、街道办，实行五年制。在“读小学不出大队，读初中不出公社”的指导思想影响下，全区中小学盲目发展，1975年小学达7801所，比1965年增加987所，增长14.5%；民办老师补助费开支254.1万元，为1965年的16.8倍。1972年，公社、区增办初中、高中学校，各县兴办“五七”中学、“五七”学校。1975年，全区中学经费支出703.1万元，比1971年增加27.8%。1976年，全区有中学404所，其中完全中学365所，在校学生24.4万人，为1965年的14倍。1979年起，全区财政专项安排中、小学危房修缮费和课桌、凳椅添置费。1980年元月起，中、小学实行班主任津贴，中学每人每月5～7元、小学4～6元，并增加民办教师补助费，拨发增收节支奖金，是年全区中、小学经费支出2386.2万元，比1978年增加60.6%。“五五”时期（1976—1980），全区学校经费支出8116.3万元，年均1623.26万元，比“四五”时期增加46.9%。

1981年起，零陵地区撤销区办高中和“五七”高中，中学恢复“三·三”学制，翌年全部改完。1983年，全区有完全中学58所、初中440所，在校高中学生23900人、初中学生15.5万人。是年，调整小学布局，每个乡镇办1所中心小学，村或几个村联办小学，年底全区有乡镇中心小学371所、村小（或片小）611所，群众集资和国家补助新建中心小学教室1307间，新建、改建老师宿舍2021间，维修校舍7.05万平方米，添置课桌、凳椅3万套，添置教具、用具6759件。发给中小学教职工年终奖金人平分别为：1982年60元，1984年100元，1985年120元。1985年，进行工资改革，实行基础工资、职务工资，每人每月增加教龄津贴3~10元；全区中小学经费支出4176.6万元，比1984年增加28%。是年起，全区小学经费超过中学经费。“六五”时期（1981—1985），全区中小学校经费支出1.57亿元，年均支出3148.1万元，比“五五”时期增加93.9%。

“七五”时期（1986—1990），零陵地区中、小学校设置稳定。从1988年起，全区增发教职员工山区津贴年人平180元；1989年人平300元，是年元月起，对老师按基础工资与职务工资之和增加10%的工资，对山区教师发特殊津贴，每人每月5~10元不等。1987年，全区发年终节约奖金人平200元；1988年、1989年均为210元；1990年发240元。1991年，全区有完全中学48所、职业中学29所、初中413所；在校高中学生31959人，职中学生8885人，初中学生16.9万人，其中民族中学1所，在校学生950人；中心小学399所，片小（联村完小）210所，在校学生66.9万人，其中：民族小学167所，民族小学生75242人。是年，全区中小学经费支出9899.9万元，比1985年增加1.4倍。

1953—1991年，零陵地区共开支中、小学经费8.73亿元，占同期教育事业费总额的77.5%，占同期财政支出总额的19.7%，年均递增9.2%。1980—1989年，全区中、小学校改造一级危房16.5平方米，一般危房4万平方米，新建实验大楼15栋，3.1万平方米，226所学校有实验室，其中省、地13所重点中学都有理、化、生实验室，县属38所中学，有图书46.1万册，价值54.4万元。

（二）高、中等专业学校经费

清光绪二十八年（1902），永明县开办官立师范馆。翌年，永州府官立中学堂招旧制师范班一个。光绪三十三年（1907），宁远县创办岭南师范学堂，招2个班90人，其经费列支无考。

民国2年（1913），湖南驻永州区公立第二法政学校创立。民国8年（1919），第二法政学校有职员14人，教员19人，学生214人。民国18年（1929），新田县建立乡村师范。民国19年（1930），东安县、祁阳县、新田县各建师范学校1所，学生121人，经费列支无考；是年，宁远县立乡村师范学校列支经费7319元（银圆，下同），蓝山县财政列支蓝山、临武、嘉禾三县联立乡村师范学校经费2860元。民国21年（1932）和27年（1938），永明县、江华县各建立简易乡村师范学校。民国29年（1940），永州区在道县创办湖南省第七师范学校，翌年春秋两季各招生1次，每次招中等师范和简易师范各1班。民国32年（1943），零陵县建立简易乡村师范学校，翌年湖南省立湘南联合师范学校迁入蓝山县。民国35年（1946），各县简易乡村师范学校更名为县立简易师范学校，翌年蓝山县建立简易师范学校。民国32—37年（1943—1948），全区中等专业学校经费支出3.32亿元（法币），占同期财政支出的0.3%；民国38年（1949）预算安排35441元（金圆券）。

新中国成立初期，零陵地区有中等师范学校1所和一些县立简易师范学校，1951年3月，湖南省卫生学校在零陵地区人民医院附设助产士班，是年9月建立零陵卫生技术学校。1952年，更名为湖南省立第六卫生学校。1953年，省立第七师范学校从道县迁至零陵更名为零陵师范学校，是年全区中等专业学校经费支出28.3万元。1958年秋，零陵地区在道县建立道县师范学校，祁阳县、宁远县也创办县立师范学校各1所，江华县创办县立民族师范学校1所，江华县二中附设师范班，是年全区招中师班学生208人、初师班学生934人、幼师班学生60人。是年，恢复湖南省零陵卫生学校，祁阳县、宁远县、蓝山县、江华县、江永县各建立卫生学校，全区中专教育经费支出16.1万元。1959年，对中等专业学校实行归口管理，学校经费在主管部门的事业费中列支，财政列入教育事业费，是年全区中专教育经费支出47200元。1960年9月，湖南零陵农业学校开办农业学和农业化学2个大专班，全区高、中等专业学校经费支出38.2万元。1961年，各县卫生学校停办，是年全区高、中等专业学校经费开支24.8万元，比上年减少35.1%。1962—1965年，中等专业学校机构稳定，年均经费支出13.5万元。1966—1970年，无分项数，统在教育事业费中。1971年，建立零陵地区师资培训班，开设大专课程，是年全区高等学校经费支出为32.1万元，为中等专业学校经费的2.5倍。1975年，零陵地区先后创办湘潭大学零陵分校、衡阳医学专科学校零陵分校。1976年，将零陵地区师资培训班改为湖南师范学院零陵分院，招收首届学员701人，全区高等学校经费支出37.5万元，比1971年增加16.8%。1981年，建立零陵师范专科学校，校舍1.47万平方米，在校学生4090人。1953—1983年，全区高、中等专业学校经费支出1815.90万元，年均递增4.1%，占同期教育事业费支出的4.2%。1983年起，高等院校经费由中央财政直拨。1984 年，全区有高等院校 1 所，中等专业学校 7 所，教职员工 1054 人。1984—1990 年，全区中等专业学校经费支出 1739.3 万元，年均支出 248.5 万元，比 1980 年支出增加 1.1 倍，年均递增 11.2%。

（三）幼儿教育经费

清光绪末年（1908），宁远县设蒙养院 10 余所。民国 19 年（1930），宁远县有幼稚园 1 所，学生 16 人，幼儿教育经费统在教育经费内。民国 24 年（1935），永州区内 8 县有幼稚园 1626 所。民国 29 年（1940），祁阳县民众教育馆创办一所幼稚园，其教育经费开支无考。

新中国成立初年，宁远县、蓝山县、祁阳县分别接管宁远双溪小学附设幼稚园、蓝山私立豫章幼稚园和祁阳县民众教育馆幼稚园。1950 年，零陵地区建立地委、行署机关托儿所和蓝山县直属机关幼儿园；祁阳县幼稚园扩大规模，招收幼儿 110 名。1952 年，祁阳县幼稚园改为县属幼儿园，宁远双溪小学附设幼稚园停办，全区财政预算安排幼儿教育事业费 6240 元。1953—1957 年，全区幼儿教育事业费平均年支出 13160 元。1958 年全区有县办幼儿园 9 所。1962 年，永州镇机关幼儿园建立。1965 年，全区共有幼儿园 12 所，入园幼儿 747 名。1968 年，地、县机关幼儿园相继停办，保教人员改行。1971 年年底，恢复地直机关幼儿园，翌年春招收幼儿，实行“日托”和“全托”；此后各县相继恢复县直机关幼儿园。从 1978 年起，区内城乡兴办幼儿园，到 1980 年，全区有常年幼儿园 63 所，学前班 295 班，入园 10063 人。1984 年，全区有幼儿园 98 所，学前班和幼儿班共 3336 个。1968—1979 年，全区未单列幼儿教育经费，统在教育事业费中。1980—1990 年，全区幼儿教育经费支出 231.7 万元，年均支出 21.1 万元，其中 1986 年支出 74.9 万元，为这一时期最高年份。

二、党政群干部训练及教师进修费

党政群干部训练费　包括地、县、区乡政府机关干部和民主党派、人民团体兴办的各类干部训练经费，以及中国共产党地、县级党校经费、“五七”干校经费等。1950 年 1—2 月，零陵地区对 500 名旧职员培训，经费概算大米 5.25 万公斤；从地方粮内开支村干部短期训练费大米 30 万公斤。1950—1951 年，地、县成立干部业余文化学校和干部业余文化补习学校，未达到高小或初中文化水平的在职干部均参加学习，是年经费支出无分列数。1952 年，全区财政安排干部训练费支出大米 60.8 万公斤。1953 年，湘南行署开办区干部业余文化学校，全区设学校 22 所，主要培训未达到高小文化程度的区干部，吸收部分乡干部参加。1955 年，中共零陵地委决定，初中以下文化程度的干部学习文化知识。据此，全区在 1956 年开办干部速成识字班或干部文化扫盲短期训练班。1953—1956 年，全区支出培训费 8334 元。1958 年，成立红专学校或红专大学。1962 年，专署直属机关干部业余文化学校从衡阳迁入零陵，继续培训地区直属机关、厂矿干部职工，是年全区支出训练费 42.2 万元。“文化大革命”期间，干部业余文化学习停办。1963—1981 年，党政干部培训经费在行政经费中列支。1982 年起，单列党校事业费科目，全区共有党校 12 所。1982—1985 年，全区党校经费支出 240.4 万元。1986 年起，增加干部训练支出科目。1986—1990 年，全区党政群干部训练费支出 946.3 万元，其中党校事业费 665.2 万元。1953—1990 年，全区党政群干部训练费支出 1222.8 万元，年均递增 24.9%，占教育事业费支出的 1.2%。

教师进修及培训费 包括教育部门兴办的教育行政学院（干校）、教师进修学校（院）、师资培训班、以及其他附设的函授教育经费和利用假期集中举办的师资训练班等经费。民国时期（1912—1949），永州区无常设教师培训机构。民国 27 年（1938），师资培训由省、区、县分级主办。区一级由设在专区的省立师范学校或省立中学主办。是年，永州区师资培训由省立七中主办，名为湖南省教育厅第七区（零陵）国民教育师资短训班，其经费列在教育文化费内。新中国成立后，1952 年，零陵地区各县建立小学教师业余进修学校。1954 年前，未单列教师进修费。1957 年 10 月，全区开办高师函授教育。1963 年，零陵地区设高师函授教学辅导站，各县设中师函授学校。1971 年 5 月，零陵地区师资培训班成立，培训中学教师。1980 年，全区建成县（市）教师进修学校 11 所，配备专职教师 182 人。1955—1980 年，全区支出教师进修费 139.2 万元，占同期教育事业费支出的 0.5%。1980 年起，建立专职培训班、高师函授站、业余电大，是年全区教师培训费支出 54.7 万元，比上年增加 1.3 倍；1981 年支出 112.5 万元，比 1980 年增加 1.1 倍。1982—1990 年，全区教师进修及培训费支出 1084.6 万元，年均支出 120.5 万元，占同期教育事业费支出的 1.7%，其中，1986 年支出 162.3 万元，居这一时期历年之冠，1990 年全区教师进修及培训支出降至 128.6 万元。

三、其他教育事业费

业余教育经费 清代，永州府无此项支出。民国 14 年（1925），零陵县、祁阳县建立民众学校（平民学校）8 所，招收失学的农民、市民子女入学，不收学费，学生所用书籍、课本、纸、笔、墨、砚费在民众教育经费项下列支。民国 18 年（1929）以后，各县设“民众教育委员会”，推行社会教育。翌年，蓝山县列支民众教育经费 2800 元（银圆）。民国 20 年（1931），东安县、零陵县、祁阳县、宁远县、道县、永明县、新田县开办民众学校 484 所，是年结业 8358 人。

民国28年（1939），全区民众教育经费支出2.18万元（法币、下同）。民国31年（1942），各乡镇中心国民学校附设妇女识字班，每班学员30~60人。民国32—37年（1943—1948），永州区业余教育费支出7.56亿元，占同期教育事业费支出的0.8%。新中国成立后，1950年零陵地区各地兴办职工业余学校或工人夜校，学员以识字和学习政治时事为主，由县总工会或人民教育馆负责。1951年，全区第一期重点县零陵县、道县、祁阳县、宁远县、东安县有职工业余文化学校47所，入学职工4087人。是年，各县成立扫除文盲（简称扫盲）工作委员会，在农村开展扫盲活动，全区办冬学2853所，入学农民12.8万人。1951年春，全区1900所冬学转为常年农民业余夜校。1952年，全区财政预算安排工农业余教育事业费（大米）37.6万公斤。1953年，各县（市）的扫盲工作委员会配备扫盲5~8人。1954年，全区43万人参加冬学学习，较1953年增加23万人。1958年“大跃进”时，全区办业余学校78141所，入学129.9万人。1953—1958年，全区开支业余教育费53.2万元。三年调整时期（1960—1962），全区扫盲业余教育停顿。1963年，零陵地委成立业余教育委员会，是年全区办业余学校4318所，入学7万人，培训群师4561人。1960—1967年，全区开支业余教育经费74.5万元。“文化大革命”开始后，全区扫盲业余教育停止。1968—1975年，无此项经费支出。1975年，全区恢复业余教育机构，业余教育采取集中对象、集中地点、集中时间、集中辅导、集中突击的办法开展扫盲，在农村普遍建立文化技术夜校。1976—1980年，全区业余教育经费支出169.2万元。1981年，各县成立职工教育办公室，自1981年起在职工中开展“双补”（对青壮年职工进行初中文化补课、初级技术补课）教育，全区有2.8万名老年职工参加扫盲学习。1983年，全区有县办农民文化技术学校3所11个班，439名学员；社办农民文化技术学校181所，学员6722人；业余初中63所，学员1495人。1984年，祁阳县、东安县、新田县建立农民中等专业学校各1所，每年各招收两个班。是年，全区办农技学校2933所（班），在校学生10.3万人；其中县办农技学校4所，学员456人。1987年8月，零陵地区在道县培训农民教育师资专干30人。1989年，全区乡镇办农技校364所，学员10.9万人。1981—1990年，全区支出业余教育经费881.3万元，年均支出88.1万元，比1976—1980年增加1.6倍。1953—1990年，全区业余教育经费累计支出1178.2万元，年均递增6.3%，占同期教育事业费支出的1.2%。

职业教育经费 清末，永州府无此项经费支出。民国元年（1912），在零陵县建立湖南省第二联合甲种工业学校，招收本科、别科，培育工业人才；祁阳县兴办县立乙科商业学堂，招甲、乙两班。民国19年（1930），祁阳县、宁远县、蓝山县各有职业学校1所；新田县在高级小学附设1个职业班，共有在校学生260人；是年蓝山县列支女子职业学校经费2856元（银圆）。民国25年（1936），筹办船山高级农业职业学校。民国34年（1945）秋，建立普爱医院零陵地区高级护士职业学校，建房7栋，面积1917平方米。民国32—34年（1943—1945年），蓝山县列支职业教育经费11.6万元（法币）。新中国成立后，1951年，零陵地区将船山高级农业职业学校改为湖南省零陵农业学校。1958年，江华县办林业大学1所，祁阳县办林业专科学校和农业专科学校各1所，全区办林业中学9所。1965年，全区有农业中学214所，教职员工604人，是年开支经费36400元。1966—1974年，全区职业教育停办，1975年复起，开办“五七”大学14所，招收初中以上文化程度的社会青年，实行社来社去、半工半读，是年经费未单列。1976年，全区有“五七”大学46所（缺祁阳县，下同），在校学生共计3226人，教师262人，当年支付补助费27.2万元。1983—1984年，各县（市）兴建或改办职业中学10所，在校学生1591人，1984年全区职业教育经费支出79.4万元，比1976年增加1.9倍。1988年，全区有职业学校21所，教职工646人，在校学生8073人，职业教育经费支出147.9万元，比1984年增长86.2%。1990年，经费支出327.9万元，居这一时期历年之首。1976—1990年，全区开支1407.1万元，占同期教育事业费支出的1.8%。

民办教师补助费 清末，永州府无此项支出。民国31—37年（1942—1948），永州区有私立小学补助费和联立学校协助费支出5835.6万元（法币）。新中国成立后，将私立学校接收转为公办学校或自行关闭。民办教师补助费包括1975年以前的民办学校补助费，但不包括乡村统筹支付民办教师的补助费。1958年“大跃进”时，零陵地区实行全民办学校，中、小学校由1957年的4307所增至5860所，教职员工由10725人增至14195人，分别增长36.1%、32.4%，公办教师极缺。1961年，全区聘用民办教师9664人，国家给予每人每月5元生活补贴费，是年全区支出民办教师补助费9.3万元。1962—1967年，全区支出225.2万元，占同期教育事业费支出的4.5%。“文化大革命”后期兴起社办高中、队办初中，中学教师不足由小学教师递补，小学民办教师增加。对民办教师补贴由月补改年补，每人120元。全区民办教师由1971年8697人增至1976年的18827人，补助费支出由129.4万元增至277.4万元，增长1.1倍。1978年全区支出394.9万元，比1976年增加42.4%。1979年起，民办教师经过培训考试，逐步转为国家教师，是年全区民办教师补助费减至309.5万元。1980年，民办教师的报酬除种本人责任田外，采取国家补助和集体筹措的方式解决。1985年工资改革时，全区给中、小学民办教师每人每月增加补助11元。1988年民办教师评定职称后，职称补贴每人每月80~120元，同时享受略低于公办教师的有关津贴和补助。1990年全区民办教师补助费支出

613.6万元，居新中国成立以来历年之首。1961—1990年，全区民办教师补助费支出7561.7万元，占同期教育事业费支出的8%。

教育行政机关经费　包括教育主管部门行政机关经费和其他各种业务费。清代，永州府设教授、训导，州设学正，县设训导、教谕等学官。道光年间（1821—1850），额定年请领学官俸银591.4两，斋夫银249两。宣统年间（1909—1911）永州府有教授1人、学正1人，训导7人，教谕3人，额定教授年俸银63两，学正、训导、教谕俸银各58两，岁支学官经费701两。民国19年（1930），道州及永明县、蓝山县、新田县地方税收入中列支教育局经费和教育委员会津贴（银圆）55173元。各县教育局局长年薪俸720元及补助费从省税收收入中支付。民国28（1939）年，永州区各县教育局和教育委员会经费支出（法币）17157元。新中国成立后，教育行政机关按定编人员的经费列入行政管理费，属事业费编制的人员及机关业务经费列入其他教育事业费，主要用于人员经费、教学业务费、教材编审费、业务资料印刷费以及特殊教育经费、广播电视教育经费、精简人员经费。1953—1990年，零陵地区教育行政机关经费支出6093.2万元，占同期教育事业费支出的6.1%，年均递增11.3%，其中1965年以前平均年支出16.1万元。“文化大革命”时期（1966—1976），全区平均年支出46.5万元；1980—1990年平均年支出375.7万元；1990年支出631.8万元，为新中国成立以来历年之最。

其他教育事业费　指不属于教育部门列支的成人中专、大专学校经费。主要是1980年开办零陵地区财政干部学校，1985年升格为零陵地区财税职工中等专业学校，1987年起地区建立中华会计函授学校零陵分校及各县市函授站，修建教学楼和购买电教设备开支的经费。1985—1990年，全区其他教育事业费支出333.7万元，年均支出54.2万元。

第三节　卫生事业费

民国27年（1938），永州区县级地方财政设卫生费支出科目。民国27—37年（1938—1948），全区卫生费支出占同期财政支出的0.3%。民国38年（1949），全区卫生费预算安排占0.3%。新中国成立后，1950—1952年，零陵地区财政预算安排卫生费支出59.5万元，占同期财政预算支出的4%。1953—1991年，全区支出3.66亿元，平均年支938.5万元，年均递增11.3%，占同期财政支出的8.2%，主要支出项目分为医疗防治经费、计划生育事业费、公费医疗和其他卫生事业费。

一、医疗防治部门经费

医院经费 包括全民所有制医院经费、麻风病人住院生活费以及城市集体所有制医疗机构的补助费。清末，永州府无此项经费支出。民国 32—37 年（1943—1948），永州区医院经费支出 1.6 亿元（法币），年平均支出 2666.7 万元。新中国成立后，1950 年，零陵地区有省立医院 1 所，县卫生院 8 所，医务人员 509 人，经费支出（大米）69.2 万公斤。1951—1952 年，医院经费统在卫生院（所）事业费内。1953 年，对医院实行定额补助，全区医院经费支出 29.8 万元。1954 年，对全民医疗机构实行“全额管理、差额补助、核实报销”的办法，全区医院经费支出 22.1 万元，比 1952 年减少 25.9%。1956 年，按特种资金管理的医疗机构的药材基金改用药材周转金，全额纳入预算管理，1956—1959 年，全区补助医院经费年均 15.7 万元。1960 年起，对医院实行“全额管理、定额补贴、预算包干”的办法，医院工作人员的工资，全部由财政负担，是年全区医院经费补贴支出 30.1 万元，比 1959 年增长 2.8 倍。1966 年，增加药品降价补贴 15.3 万元，全区医院经费补贴支出 67.4 万元，比 1965 年增长 22.7%。1974 年，零陵地区人民医院新址奠基（1980 年 10 月建成，财政共拨款 380 万元），是年，对医务人员实行卫生津贴制度，城市集体所有制医院的职工退休退职经费也由财政拨付，全区医院经费补贴支出 227.6 万元，比 1973 年增加 41.7%。1983 年，对全民所有制医疗单位的职工工资，按 70%包干给单位使用，全区医院经费补贴支出 277.3 万元，比 1982 年下降 17.8%。1985 年，进行工资改革，对护士加发护龄补贴，全区医院经费支出 367.4 万元，比 1984 年增长 12.4%。1988 年，全区有县以上综合医院 28 所，专科医院 1 所，其他医院 2 所，病床 4061 张，医务人员 4127 名，医院经费补贴支出 454.9 万元。对医院经费实行“定额补助，按比例包干”管理办法，沿用至 1991 年。新中国成立 42 年来，全区医院经费补贴平均年支 162.2 万元，支出年均递增 7.7%。

卫生院补助费 包括合作医疗补助费、城市卫生院、全民所有制区（镇）医院、乡卫生院和集体所有制乡卫生院的补助费。民国 32—37 年（1943—1948），永州区支出 5028.8 万元（法币）。新中国成立以后，1950 年，零陵地区有农村区、乡卫生院 19 所。1963 年前，卫生院补助费统在其他卫生事业费内。1964 年，设民办医疗诊所补助费，至 1967 年全区补助 42.9 万元。1968—1971 年，缺分项数字。1972 年，设区、公社卫生院经费，对集体医院和公社卫生院实行社办公助，财政补助职工工资 50%~60%，是年全区支出 140.6 万元。1973 年，农村大队实行合作医疗制度，国家通过药材救济费给予支助，是年全区支出 151.3 万元。1974 年支出为

189.7万元，1975年支出增至206.7万元。1976年，增加合作医疗补助费56.3万元，是年全区卫生院补助费支出269.2万元，比1975年增长30.2%。1977—1979年，对合作医疗补助逐年减少，由21.7万元减至1979年的6.1万元，同期全区卫生院补助费支出年均274.9万元。1980年调整工资时，对农村区、公社卫生院增加调资补助，当年全区卫生院补助费支出345.9万元，比1979年增加14.9%；1981年支出增至373万元；1982年支出为356.6万元。农村实行承包责任制以后，经济发展较快，对农村合作医疗补助逐年减少，1981年全区支出为5.6万元，1982年支出为3.1万元，1983年支出减至1.4万元，是年农村卫生院补助费由县、市卫生局核定管理，全区支出402.4万元。1984年，全区有农村中心卫生院63所，乡卫生院359所，独立门诊所345个，是年，全区卫生院补助费支出371.8万元。1985—1987年，全区平均年支出397.8万元。1988年，全区有区、乡卫生院391所，独立门诊所325个，医务工作人员5675名，病床3697张，卫生院补助费支出404.8万元。1989年，全区支出477.8万元。1990年，全区支出516.6万元，为新中国成立以来历年之最。

防治防疫事业费 包括卫生部门所属防疫站、专科防治所（站、组）、医疗防疫队、食品检验站、检疫所等机构的经费，防疫药品器械和生物制品的购置费，寄生虫病，急性传染病、地方病防治费，预防注射和急救费，卫生宣传教育经费，卫生部门的监督业务费等。民国32—37年（1943—1948），永州区防治防疫事业费支出4184万元（法币），民国38年（1949）预算支出4010元（金圆券）。新中国成立后，1952年，设防疫事业费科目，1953—1967年，零陵地区支出213.8万元。1968—1978年，支出528.9万元。1979年，支出180.2万元，比上年增加45.1%。1980年，对卫生防疫工作人员增加防疫津贴，全区防治防疫事业费支出81.1万元。1981年起，全区防疫防治事业发展较快，1983年增至121.5万元。1984年，全区有卫生防疫站12个，专科防治所2个，是年，事业费支出127.8万元，比1983年增加5.2%。1988年，全区卫生防疫站12个，专科防治站所3个，药品检查所、室12个，工作人员671人，支出防治防疫事业费207.1万元。1985—1900年，全区支出1098.4万元，平均年支183.1万元，其中1990年支出195.4万元。1953—1990年，全区支出年均递增10.4%。

妇幼保健经费 民国32—37年（1943—1948），永州区评选健康儿童经费支出878.1万元（法币）。民国38年（1949）全区预算支出11500元（金圆券）。新中国成立后，1950年，零陵地区概算安排妇卫费、生育费和幼儿保育费（大米）44899公斤。1952年，区、县设妇幼保健站，推行新法接生，是年预算安排（大米）22924公斤。1953—1967年，全区支出230.2万元。1968—1978年，无此项数。1979—1983 年，全区支出 138.4 万元。1984 年，全区有妇幼保健机构 12 个，工作人员 141 人，全年支出妇幼保健经费 34.6 万元，1985 年增至 69.1 万元。1988 年，全区有妇幼保健站、所 12 个，床位 35 张，工作人员 252 名，全年支付妇幼保健费 91.7 万元。1986—1990 年，全区平均年支 97.5 万元，1951—1990 年，年均递增 11.4%。

中医事业费 民国时期无此项事业费支出。新中国成立起至 1978 年，在医院经费中列支。1978 年设中医院经费，1979 年零陵地区支出 45.6 万元。1984 年，全区有中医院 11 所，病床 892 张，中医卫生技术人员 2492 人，是年中医医院经费支出 95.4 万元。1988 年，全区有中医医院 11 所，病床 1121 张，医院工作人员 1183 人，全年中医事业费支出 178.3 万元。1980—1990 年，全区支出 1263.3 万元，平均年支 114.9 万元，年递增 14.8%；其中，1990 年支出 180.6 万元，比 1980 年增长 3 倍。

二、公费医疗经费

民国时期（1912—1949），永州区财政无此项经费支出。新中国成立后，1950 年，零陵地区机关工作人员医药费由部门代管，全区概算列支（大米）23.7 万公斤。1952 年改为每人每月 1.50 元，由财政拨给主管医疗部门掌握使用，并扩大享受公费医疗人员的范围。1953 年，公费医疗开支项目包括：诊疗费、手术费、住院费、药品费，女职工住院生育所需药品费、手术费、住院费，是年全区支出 26.7 万元。1954—1956 年，全区平均年支 27.6 万元。1957 年人平定额 18 元；1962 年提到 21.6 元，全区公费医疗经费支出由 41.9 万元增至 93.8 万元，1957—1962 年，平均年支 58.1 万元。1963 年，开支项目增加治病材料费、透视照片费、化验费、输血费、健康检查费、经组织批准报考学校按规定项目进行健康检查的体检费，以及补牙费、接生费、产前检查费等。1963—1967 年，全区平均年支 74.1 万元。1968—1970 年，全区无分项数。1978 年，人平支出定额 30 元，实际开支人平 48.73 元。1980 年，享受公费医疗患者在县以上医院就诊的医疗费用均在公费医疗中报销；是年起对公费医疗经费按部门、分单位实行定额包干使用的办法，除癌症等特重病外，超支部分患者和单位按比例负担，由单位负担的部分从经费结余中解决。1971—1980 年，全区支出 1562.5 万元，年均支出 156.3 万元。1981—1985 年，全区年均支出 319.2 万元。1986 年，药品价格和手续费及住院费标准提高，全区公费医疗经费支出 514.0 万元，比 1985 年增加 24.1%。1987 年全区支出 577.6 万元，1988 年支出 702.3 万元，1989 年支出 861.6 万元，1990 年支出达到 973.1 万元。1986—1990 年，全区支出平均递增 17.3%。

三、计划生育事业费

从1964年起，零陵地区单独列支计划生育事业费，包括避孕药品、药具经费、基层计划生育专职干部经费、独生子女保健费及其他费用，是年全区支出3.9万元。1965—1967年，全区分别支出6.1万元、15.1万元、14万元。1968—1970年未分列。1979年起，全区各县、公社配备计划生育专职干部，是年经费支出93.7万元，比1971年增长20.4%。1971—1981年，全区平均年支67.5万元。1982年起，对全民和集体所有制单位职工的独生子女，14周岁前每年发给保健费30~40元，在本单位福利费项下列支；城镇待业人员的独生子女保健费从计划生育事业费中补助；对人平年收入不足50元的农村特困地区，财政补助50%的独生子女保健费。是年，全区计划生育事业费支出220.8万元，比1981年增长95.8%。1983年全区支出239.6万元，1984年支出237万元。1985年独生子女保健费标准提到60元，全区计划生育事业费支出258.5万元。1986—1990年，全区年均支出308.0万元，其中1990年支出391万元，为这一时期最多年份。

四、其他卫生事业费

中等专业学校经费 主要是用于卫生部门举办的中等专业学校开支的费用。清代、民国时期，永州府（区）财政无此项支出。新中国成立后，1951年，湖南省卫生学校在零陵地区人民医院附设助产士班，同年建立零陵卫生技术学校，1955年7月停办。1958年秋，重建零陵卫生学校，是年，各县建立卫生学校，归教育部门管理，经费支出列入教育事业费。1959年起，中等卫生学校归卫生部门管理后，列入其他卫生事业费内。1960年，单设支出科目，全区支出6.5万元。1961—1967年，全区开支45.1万元，年均6.5万元。1968—1975年，地区和各县卫生学校停办；1976年恢复，是年全区有卫生学校12所，开支经费39万元。1977—1985年，全区平均支出43.6万元。1986年，全区有中等卫生专业学校1所，教职员工206人，全年经费支出66.5万元，比1976年增加70.5%。1991年，全市中等卫生专业学校有教职员工226人，在校学生796人；县卫生职工学校11所，教职员工340人，在校学生2671人，全年共支出96.8万元，比1986年增加45.6%。1960—1991年，支出平均递增9.4%。

药品检验经费 清代、民国时期，永州府（区）无此项经费。新中国成立至1978年，零陵地区药品检验经费统在其他卫生事业费内，1979年，单项列支4.4万元。1980年后，全区各县设立药品检验站，负责对市场医药交易及销售药品的检验工作，经费开支逐年增加。1981年，全区支出4.7万元，比1980年增长25.2%；

1982 年支出 7. 7 万元，1983 年支出 12. 5 万元，1984—1989 年平均年支 22. 1 万元。1990 年，全区有 6 个药品检验站、2 个医疗器械修配站，是年支出 60. 2 万元。1979—1990 年，全区支出平均递增 26. 7%。

其他卫生事业费 民国时期（1912—1949），永州区有贫民免费药金、夏令卫生运动经费、卫生巡回队经费。民国 32—37 年（1943—1948），全区支出 6664. 7 万元（法币）。民国 38 年（1949），预算列支 3510 元（金圆券）。新中国成立后，主要是零陵地区、各县卫生局行政编制以外的机关事业经费和其他业务费，处理群众医疗欠费基金、疗养院经费以及医药学术团体补助费，1953 年，全区支出 22 万元。1990 年，全区支出 359. 4 万元，年均递增 15. 0%。1953—1990 年，全区支出 3910. 2 万元，其中用于干部训练费 263. 9 万元。

第四节 体育事业费

一、业余训练费

清代、民国时期，永州府（区）无业余训练费记载。新中国成立后，零陵地区有青少年业余体校经费和传统体育项目训练补助支出，1950—1952 年业余训练费列在教育事业费内，1953—1957 年，全区支出 2. 5 万元。1958 年，地区建立业余体校，是年支出 1. 5 万元；1959 年增至 2. 6 万元。1960—1963 年，全区平均年支 1. 4 万元。1964 年，地区成立体委，是年训练费支出 5. 9 万元。1965—1967 年，全区支出 15. 8 万元。1968 年和 1969 年，无分项数。1970—1979 年，全区平均年支 14. 4 万元。1980 年后，各县陆续建立业余体校。1990 年，全区有业余体校 12 所，其中重点体校 1 所，重点体训班 2 个。1980—1990 年，全区业余训练费支出 171. 1 万元，平均年支 15. 6 万元。

二、体育竞赛费

体育竞赛费用于各种运动会和选拔竞赛的经费。民国 32—37 年（1943—1948），永州区运动会经费支出 2. 18 亿元（法币），占同期财政支出的 0. 2%。新中国成立后，1950—1979 年，零陵地区未单列体育竞赛费，列在其他体育事业费中。1980—1990 年，全区举办全国性单项体育竞赛 2 次，地区和县级运动会 35 次，参加湖南省第五届全运会和全国、全省性比赛活动共获金牌 562 枚、银牌 269 枚、铜牌 210 枚，这一时期体育竞赛费支出 118.9 万元，年均支出 11.9 万元。

三、其他体育事业费

主要是体育系统的人员经费和房屋修缮，购置设备，体育广告，干部训练费以及颁发奖章、证章、证书的费用。民国 32—34 年（1943—1945），永州区滑翔会经费支出 42896 元（法币）。新中国成立后，零陵地区体育机构和专职体育工作者从无到有，体育设施不断更新，竞赛场馆逐年扩大。1990 年，全区地、县两级体委有干部职工 110 人，小型体育馆 3 个，篮排球训练房 3 个，大型田径场 4 个，游泳池 4 个，灯光球场 28 个。1953—1990 年，全区其他体育事业费支出 922.2 万元。

第五节　科学事业费

1959 年起，零陵地区列支科学事业费支出。1963 年增设档案事业费，用于地、县（市）两级科委、科协经费和档案馆经费。1959—1969 年，全区科学事业费支出 35.9 万元。1970—1991 年，全区支出 1399.8 万元，平均年支 63.6 万元，占同期财政支出的 0.4%。

一、科研机构经费

1959—1961 年，零陵地区科研机构经费平均年支 4393 元。1962 年，全区支出 5674 元。1964 年，全区支出 1.8 万元。1965 年、1966 年、1967 年分别支出 4.4 万元、5.2 万元和 1.9 万元。1968 年，撤销专区科委，停拨科研机构经费。1970 年，在地区和各县计委下设科技组（室），恢复科研机构经费拨款。1970—1977 年，全区平均年支 9.3 万元。1978 年，恢复地区和县科学技术委员会，是年经费支出 21.5 万元，比上年增加 1.3 倍。1979 年和 1980 年，分别支出 20.9 万元和 22.5 万元。

1981 年后，零陵地区科技事业有较大发展，科研机构增多，是年全区科研机构经费支出 24.5 万元。1984 年，全区有科学管理机构 28 个，研究机构 53 个，科研人员及职工 787 人，支出增至 73.8 万元。1985 年和 1986 年，全区支出分别降至 57 万元、46.8 万元。1987 年，地区、各县设科协机构，新建一批科技馆，全区经费支出增至 92.7 万元。1988—1991 年，全区每年支出分别为 115.8 万元、137.1 万元、162.6 万元、188.5 万元。

二、档案事业费

档案事业费包括各级党政系统单独设立的档案馆经费以及档案资料整理、编纂、保护、修复等业务经费。1962 年前，零陵专区档案事业费支出列入行政管理费。1963 年起，设立档案事业费，是年全区支出 5779 元。1964—1967 年，全区支出 12 万元。1968—1969 年，档案事业费未单独列项。1970—1975 年，档案事业费列入科学事业费。1976 年，恢复档案事业费科目。1976—1982 年，全区支出 31. 5 万元，年均 4. 5 万元。1983—1985 年，档案事业费统在科学事业费内。从 1986 年起，全区档案事业有较大的发展，地、县安排专款兴建一批档案馆，充实专业管理人员，档案事业费支出逐年增加。1990 年，全区有档案馆 13 个，房屋面积 10300 平方米，科技人员 67 人，管理人员 50 人。1986—1990 年，全区档案事业费支出 199. 5 万元，年均 39. 9 万元；其中 1988 年支出 52. 9 万元，居这一时期历年之首。

第三章　社会福利支出

清代，额定永州府及各属每年坐支养济院孤贫口粮、花布银和慈善堂经费。民国前期，改为救济院补助费和孤贫经费，占财政支出的比重很小。民国 19 年（1930），社会福利方面支出占财政支出的比重为 2.4%。民国 20 年（1931 年），县级财政公益费改称救恤费和社会救济支出，占财政支出的比重为 2.6%。民国 26—37 年（1937—1948），占财政支出的比重为 1.1%。

新中国成立以后，抚恤及社会福利救济费列入财政类级支出科目，其开支范围不断扩大，支出金额逐年增加。按 1990 年财政支出科目，零陵地区有抚恤事业费，离休费，退休、退职费，社会救济福利事业费，自然灾害救济事业费和其他民政事业费 6 个款级科目以及 21 个项目。1950—1952 年，全区预算安排民政费支出占同期财政支出的 2.6%。1953—1991 年，全区支出 1.97 亿元，占同期财政支出的 4.4%。其中抚恤事业费支出 5124.1 万元，占本类支出的 26.1%；离休、退休、退职费支出 1144.9 万元，占 5.8%；社会福利救济事业费支出 5229.3 万元，占 26.6%；自然灾害救济费支出 7812.9 万元，占 39.7%；其他民政事业费支出 354.5 万元，占 1.8%。

1950—1991 年零陵地区社会福利支出分项表

表 2-6　　金额单位：万元

项目＼年份	合计	抚恤事业费	社会救济事业费				离退休退职费
			小计	福利救济费	自然灾害救济费	其他民政事业费	
1950	2.44	2.44	—	—	—	—	—
1951	8.25	8.25	—	—	—	—	—
1952	28.09	28.09	—	—	—	—	—
1953	74.32	31.48	42.84	42.84	—	—	—
1954	105.54	41.07	64.47	53.27	11.20	—	—
1955	148.14	80.86	67.28	67.15	0.13	—	—
1956	184.43	35.81	148.62	56.03	92.59	—	—
1957	224.45	21.25	203.20	31.05	172.15	—	—

续表2-6

项目＼年份	合计	抚恤事业费	社会救济事业费				离退休退职费
			小计	福利救济费	自然灾害救济费	其他民政事业费	
1958	125.42	18.97	106.25	53.85	52.40	—	0.20
1959	87.64	19.20	67.54	49.78	17.76	—	0.90
1960	161.00	24.30	136.00	112.80	23.20	—	0.70
1961	527.98	33.98	493.37	136.91	356.46	—	0.63
1962	203.75	32.37	170.15	121.63	48.52	—	1.23
1963	320.40	34.28	283.90	94.08	189.82	—	2.22
1964	492.40	42.06	447.18	59.47	387.71	—	3.16
1965	196.20	43.12	149.67	105.89	43.78	—	3.41
1966	171.24	48.36	119.00	71.67	47.33	—	3.88
1967	192.74	42.80	143.37	75.96	67.41	—	6.57
1968	129.67	30.97	91.33	34.33	57.00	—	7.37
1969	122.01	44.67	70.39	70.39	—	—	6.95
1970	117.32	35.06	82.26	82.26	—	—	—
1971	110.76	42.16	68.60	65.71	2.89	—	—
1972	172.27	51.17	121.10	87.33	33.77	—	—
1973	195.37	56.10	139.27	74.63	64.64	—	—
1974	192.05	72.73	119.32	80.79	38.53	—	—
1975	211.87	84.65	127.22	88.92	38.30	—	—
1976	320.36	74.81	219.99	76.14	143.85	—	25.56
1977	238.57	70.71	135.82	86.43	49.39	—	32.04
1978	312.90	79.63	204.20	141.50	62.70	—	29.07
1979	448.98	138.18	276.46	126.31	150.15	—	34.34
1980	588.90	184.21	362.21	155.17	207.04	—	42.48
1981	718.20	162.77	513.16	110.52	402.64	—	42.27
1982	502.80	173.09	282.91	147.25	135.66	—	46.80
1983	639.30	200.04	391.58	209.41	182.17	—	47.68
1984	829.80	221.77	557.23	308.87	248.36	—	50.80
1985	1102.70	195.60	831.00	246.10	576.70	8.20	76.10
1986	1257.40	294.60	892.70	353.30	513.00	26.40	70.10
1987	1114.00	369.10	665.90	290.00	333.10	42.80	79.00
1988	1246.80	401.70	735.30	276.20	393.20	65.90	109.80
1989	1489.60	494.00	860.60	272.70	522.70	65.20	135.00
1990	2496.20	548.50	1795.70	335.50	1392.60	67.60	152.00
1991	1892.20	548.00	1209.60	377.20	754.00	78.40	134.60

第一节　抚恤事业费

清末抚恤事业费资料无考。民国时期（1912—1949），永州区内有伤兵恤金及抚恤费支出。新中国成立后，抚恤费分为牺牲、病故、残废抚恤费和烈军属复员、退伍军人补助费以及其他抚恤事业费。

一、牺牲、病故及残废抚恤费

此项抚恤费主要是民政部门对牺牲、病故军人和国家机关、党派团体工作人员其家属以及参战牺牲的民兵、民工的家属发给的一次性抚恤金。

民国时期（1912—1949），有救济抚恤费支出。民国19年（1930），根据陆海空军抚恤条例，按士兵、尉官、校官、将官四阶级分16级进行定额抚恤，其中参战阵亡的从士兵到上将发一次性恤金80~3000元（银圆，下同），遗属每年抚恤40~800元。阵伤致残分3等16级，按等级每年计发恤金：一等40~800元，二等35~700元，三等30~600元。因公殒命发一次恤金60~1000元，遗属每年抚恤30~600元；积劳病故发一次性恤金50~800元，遗属每年恤金25~400元。是年，宁远县列支伤兵恤金4030元。民国26—28年（1937—1939），全区恤金支出43612（法币、下同）。抗日战争期间，民国29年（1940），对乡、镇、保、甲长及联保主任因公死亡给予一次性恤金60~200元；因公致伤残废不能任职者发一次恤伤费30~100元；对警察人员遭受空袭损害，给予医药费、殉难殓埋费、私人财产被毁等救济费补助；对民众武装成员参加“剿匪”或维持地方治安受伤或亡故者给予遗属一次性恤金30~1000元。民国35年（1946），对抗日战争中阵亡和因公殒命或积劳成疾的官兵，从兵士到上将给予一次性抚恤2万~30万元。民国36—37年（1947—1948），全区抚恤费支出8420万元。

新中国成立后，1950年，零陵地区有特等退伍荣军15人，一等荣军70人，二等甲级荣军100人，二等乙级荣军200人，三等甲级荣军250人，三等乙级荣军300人，每人年残疾抚恤费标准为：特等，猪肉30公斤（每斤肉折米6公斤，下同）、大米500公斤；一等，猪肉20公斤、大米400公斤；二等甲级，猪肉15公斤、大米300公斤；二等乙级，猪肉10公斤、大米200公斤；三等甲级，猪肉6公斤、大米250公斤；三等乙级，猪肉4公斤、大米150公斤。是年，全区支付残疾抚恤费（大米）31万公斤。

1950年12月，零陵地区执行政务院革命军人牺牲病故褒恤、革命工作人员伤亡褒恤，民兵民工抚恤等暂行条例，对革命军人因参战、公干牺牲者，均称烈士，给其家属发给一次性抚恤粮：战士级为300公斤，班排、连长级为400公斤，营、团级为500公斤，旅长级以上人员为600公斤。病故革命军人不称烈士，发给一次性抚恤粮：战士级为225公斤，班排连长级为300公斤，营团长级为375公斤，旅长级以上人员为450公斤。对革命工作人员对敌或因公光荣牺牲者，给予烈士称号，给其家属一次抚恤费，按其职务分四级，即勤、警人员，区、科长级以下人员，县长级人员，专员级以上人员，其抚恤粮标准按烈士待遇发给。民兵、民工因参战负伤致残者，按残废等级每年发给粮食，供给终身，其中：特等500公斤；一等400公斤；二等甲级300公斤，二年后减半供给终身；二等乙级粮250公斤，二年后减半供给终身；三等甲、乙级一次发给食粮300~400公斤。民兵、民工因参战牺牲者，给予烈士称号，一次发给其家属抚食粮250公斤，并以烈属优待。是年，全区概算中支付大米66万公斤。

1951—1952年，一次性抚恤以大米支付，未单列。1953年，零陵地区将牺牲和病故抚恤标准改为货币计算，稍加调整，是年全区支出11.8万元。1954年，全区支出7.4万元。1955年1月起，调整牺牲抚恤标准，战士级由1953年的110元调整为180元，旅师级由550元调至650元；调整病故抚恤标准，战士级由110元调为150元，旅师级由410元调为520元，是年全区支付7.5万元。1956—1963年，全区每年支付7.5万~9万元，1964年增至25.2万元，1965年支出13.1万元。1966年起，对在乡三等革命残废军人每年一次发给残废补助费为：三等甲级每人30元，三等乙级24元，是年全区抚恤费支出12.1万元，翌年减至9.1万元。1968—1975年，全区无分列数。1976—1978年，全区平均年支19万元。1979年起，战士级牺牲抚恤标准调为500元，病故抚恤标准调为400元；对在乡革命残废人员实行副食品价格补贴，其中特等、一等每月每人增加5元，二等甲、乙级3元，三等甲、乙级2元。

1980年，零陵地区执行国务院革命烈士褒恤条例，对烈士的抚恤标准各等级均增加抚恤金300元，其他人员抚恤标准未动。对在乡革命残废军人每月发给生活补贴，其中特等、一等每人12元，二等每人6元，三等每人4元。对对越自卫反击战中牺牲的现役军人、支前民兵、民工等人员的家属，均增发抚恤金300元。1979—1983年，全区年均支付抚恤费32.5万元。1984年，将战士级抚恤金标准提到2000元，14级以上干部提到2400元。对在乡残废军人抚恤金调整为：战残特等发570元（最高），三等乙级140元（最低）；公残特等发518元，三等乙级140元；对特等和一等革命残废人员发给护理费。是年全区支付抚恤费63.3万元，比上年增加1倍。

1985年10月后，革命烈士抚恤金分为2级：烈士生前有工资收入的军人，按其牺牲时40个月的工资计发；生前无工资收入的或工资低于军队23级正排级干部工资标准的，按23级干部40个月的工资计发。1986年起，对因公牺牲人员的抚恤金，按牺牲时工资标准的20个月计发，病故人员按10个月工资计发，最高额3000元；义务兵、参战民兵、民工和工资低于所在部队23级的志愿兵因公牺牲的，按23级干部的20个月工资计发，病故的按10个月工资计发。1985年和1986年，零陵地区支付抚恤费分别为64.9万元、64.6万元。1987年起，对在乡特等、一等伤残人员，每人发护理费30~51元。1988年，对在乡革命伤残人员年抚恤标准改为：因战致残的特等1200元，一等1020元，二等甲级740元、二等乙级538元，三等甲级336元、三等乙级272元；因公致残的特等1100元，一等950元，二等甲级660元、二等乙级480元，三等甲级322元、三等乙级272元。停发副食品和生活补贴，新标准低于原抚恤待遇之和的部分予以保留。1987—1990年，全区年均支付抚恤费117.8万元。

二、烈军属和复员军人补助费

清末，此项费用无考。民国时期（1912—1949），统列在救恤费支出中。新中国成立后，设烈军属补助费科目，用于烈军属、复员退伍军人生活困难补助，分定期定量（简称“双定”）和临时补助两种。“双定”补助对象是孤老烈士家属和孤老病故军人、失踪军人家属，没有亲属抚养或亲属无力抚养的烈士、病故军人、失踪军人的未成年子女，丧失劳动能力而其子女又无力供养的烈士、病故军人、失踪军人的父母或配偶、生活有困难的老红军，带病回乡长期不能劳动、生活困难的复员军人，城镇在职的烈军属和三等以上伤残军人其劳动收入不能维持一般居民生活水平的；临时补助每年一次，由乡、村评定经区公所报县民政局核发，补助对象是农村和城镇不在职的前列人员和非带病回乡的复员军人因治病发生困难，其补助标准由县民政局根据国务院和省、地民政部门的文件及各个时期不同情况而定。

1950年，零陵地区有三等以上在职退伍荣军340人，每人每月补助猪肉标准：一等30公斤，二等甲级20公斤、乙级15公斤，三等甲级10公斤、乙级8公斤，按每斤肉折米6公斤发给，全区支付大米2.75万公斤。是年12月起，执行政务院革命烈士家属、革命军人家属优待暂行条例，对生活困难的烈军属发放生活补助：农村每人每月不超过食粮7.5公斤，城镇不超过10公斤；有5年以上军龄者，其家属增补四分之一。1951—1952年，全区未单独列支烈军属和复员军人补助费。1953年，按人民币折算，全区支出19.7万元。1954—1967年，全区支出304.9万元，平均每年支21.8万元。1968—1975年，未单列支出，统在抚恤事业费内。1976—1978年，全区分别列支22.4万元、30.6万元、31.1万元。1979年10月，对优抚定期定量补助调整为：农村每人每月 5～10 元、城镇 10～15 元、大中城市 15～20 元，是年全区补助费支出 53.4 万元。1980 年，全区支出增至 97.8 万元。1981—1984 年，全区平均支出 98.0 万元。

1985 年，零陵地区按政策调整定期定量补助标准，革命烈士和因公牺牲军人的家属，农村每人每月 20 元、城镇 30 元、大中城市 35 元；病故军人家属，农村每人每月 15 元、城镇 25 元、大中城市 30 元；上述家属中的孤老提高 5 元。是年全区补助费支出 114.3 万元。1986 年 7 月，对退伍红军老战士的生活补助费每人每月增加 7 元；复员军人定期定量补助费城镇每人每月增加 12 元、农村每人每月增加 7 元；退伍军人定期定量补助费、光荣院住院老人生活补助费每人每月增加 6 元。是年全区支出 173 万元，比 1985 年增加 51.4%。1987 年，支出比 1986 年增长 38.7%。

1988 年，零陵地区对部分优抚社救对象按所在地职工标准发给物价补贴，全区年补助费支出达 253.2 万元。1989 年元月起，提高革命烈士、因公牺牲军人、病故军人家属（简称“三属”）抚恤补助标准，其中，革命烈士家属、因公牺牲军人家属，农村每人每月不低于 35 元、城镇不低于 45 元，大中城市不低于 50 元；病故军人家属，农村每人每月不低于 30 元、城镇不低于 40 元、大中城市不低于 45 元；对“三属”中的孤老每人每月增加 5 元；退伍在乡的红军战士每人每月发 70～100 元；红军失散人员在原定期定量补助的基础上，每人每月增加 10 元。复员退伍军人，已享受定期定量补助的，其标准为：农村每人每月 15～20 元，城镇 25～30 元，并从是年 10 月起扩大退伍军人的定期定量补助面。1989 年和 1990 年，全区烈军属和复员军人补助费分别支出 327.9 万元、382.4 万元。1953—1990 年，全区支出 2611.6 万元，年均递增 8.6%。

三、其他抚恤事业费

抚恤事业费中还有优抚事业单位经费，包括民政干校、复员退伍军人接待站、烈士纪念建筑物管理单位经费和修建烈士陵园经费开支、召开优抚工作积极分子会议费支出。民国 27—37 年（1938—1948），永州区其他抚恤事业费统在抚恤费中。新中国成立后，1954—1967 年，零陵地区其他抚恤事业费支出 61.1 万元。1976—1990 年，全区支出 607.9 万元，分别占同期抚恤事业费支出的 11.8%、16.8%。

第二节　社会救济事业费

清道光年间（1821—1850），额定永州府年坐支孤贫口粮、花布等银占同期财政支出的0.30%，宣统年间（1909—1912）降至0.2%。民国元年至18年（1912—1929），永州区救济院补助费和孤贫院经费支出数无考。民国19年（1930），为临时支出，据道县、宁远两县记载，占同期财政支出的9.4%和3.9%。民国28—37年（1939—1948），永州区支出占同期财政支出的0.5%。新中国成立以后，零陵地区的救济费分社会福利救济费和自然灾害救济费。1953—1991年，全区支出1.3亿元，占同期财政总支出的2.9%，年均递增9%。

一、社会救济福利事业费

清代，永州府及各县办有养济院，收养残废者、孤贫失养老少，负责供应口粮、花布等，由朝廷核定，在地丁内坐支，不足部分每年向藩司请领。道光元年（1821），永州府各县额定孤员174名，每名岁给口粮、花布银为：零陵县、祁阳县分别为1.56两、1.26两，其余县2.1两，全府额支347两，向藩司请领86两。宣统年间（1909—1911），每年额支银365两，不敷额数85两，闰年加33两。

民国19年（1930），道县、宁远县、江华县救济院补助和孤贫院经费支出31164元（银圆，下同），宁远县、蓝山县分别支付赈务分会经费1920元、1908元。民国20—24年（1931—1935），社会救济福利事业费未单独列支，统在公益费内。民国26—37年（1947—1948），全区平均每年支出872.2万元（法币），占同期财政支出的0.1%。

新中国成立后，零陵地区社会救济费，包括农村社会救济费和城市社会救济费以及由民政部门定期发给下放干部、退职人员、老弱病残职工的救济费。社会福利支出有收容遣送站、社会福利院、福利工厂、火葬场等补助费。全区社会福利及救济费年平支出数：1953—1965年为75.8万元，1966—1980年为87.8万元，1981—1990年为255.1万元。1953—1990年，全区支出5229.3万元，年均递增5.9%。

二、自然灾害救济费

民国时期（1912—1949），自然灾害救济费未单独列支。新中国成立后，1954年设自然灾害救济费科目，记载遭受水旱、风雹、病虫等灾害的地区，解决受灾群众生产、生活困难的救济费支出。是年春，零陵地区遭受雹灾、水灾，受灾面积17.2万亩；夏秋后连旱，全区受旱面积45万亩，成灾面积25.7万亩，全年发放救济款11.2万元。1956年，全区先涝后旱，水灾面积24.7万亩、旱灾面积107.3万亩，粮食生产较上年减少1.28亿公斤，财政支出自然灾害救济费92.6万元，比1955年增加92.5万元。1957—1959年，全区平均年支80.8万元。1960年，全区各地伏旱45天、秋旱50天，干旱成灾面积108.8万亩，粮食产量较上年减少1.8

亿公斤。1961年，全区财政支付自然灾害救济费356.5万元，占财政支出的9.9%，比1960年增加333.3万元。1963年，全区出现百年未遇的冬、春、夏三季连旱，全区50%的播种面积受旱，成灾面积236.8万亩，粮食产量较上年6.2亿公斤减产1.62亿公斤，为新中国成立以来产量最低的一年，全区发放自然灾害救济费189.8万元。1964年，发放387.7万元。1965—1975年，全区未发生大面积的严重自然灾害，这一时期全区自然灾害救济费平均年支35.8万元。1976年，全区两次遭受历史上罕见的洪涝灾害，312个公社的2821个大队、20910个生产队受灾，全区发放救济费143.9万元，90%以上用于建造受灾社员住房。1978年5月中旬，全区出现严重暴雨洪灾；6月下旬起秋旱严重，16651个生产队受旱，其中2141个生产队的社员饮水困难。是年，全区支付自然灾害救济费62.7万元，比1977年增加26.9%。1979年，湖南省财政追加零陵地区春荒、夏荒救济费130万元，地区财政增拨宁远县7万元、新田县3万元、道县3万元、蓝山县2万元，是年全区支出自然灾害救济费150.2万元。

1981年3月，零陵地区南部各县发生历史上罕见的风雹灾害，最大风力12级，冰雹最大颗粒如鸡蛋；7月上旬全区发生暴雨洪灾，7475个生产队受灾，淹没稻田20.8万亩，损失粮食1014.6万公斤，全区财政拨付自然灾害救济费402.6万元，比1980年增加94.5%。

1982—1988年，零陵地区连年遭受旱灾，其中1982年、1983年受旱面积分别为173万亩、170.2万亩，全区财政支付自然灾害救济费年均337万元。1989—1990年，零陵地区连年大旱，1989年全区支付自然灾害救济费522.7万元，1990年支付1392.6万元，居新中国成立以来历年之首，占财政支出的3%。

第三节 离、退休退职生活费

离、退休退职生活费支出包括民政部门管理的军队和地方离休干部及退休、退职人员的离、退休退职金，以及开支的其他费用。清代、民国时期支出无考。新中国成立后，自1955年12月起，零陵地区执行国务院颁发的国家机关工作人员退休、退职处理暂行办法、1978年6月颁发的安置老弱病残干部暂行办法、1982年4月发布的老干部离职休养制度的几项规定。1957年以前，全区未单项反映此类支出。1958—1991年，全区支出1144.9万元，年均递增21.8%。

一、离休费

1978 年，国务院规定：对 1949 年 9 月底前参加革命工作的地委正副书记、行政公署正副专员及相当职务以上的干部，1942 年年底前参加革命工作的县委正副书记、革命委员会正副主任及相当职务的干部，1937 年 7 月 7 日以前参加革命工作的干部，可以离职休养，工资照发，1981 年前支付的离休费列在退休费内。1982 年 4 月起，零陵地区执行国务院关于老干部离职休养制度的几项规定，对新中国成立前参加中国共产党领导的革命战争，脱产享受供给制待遇的和从事地下革命工作的老干部，达到离职休养年龄的实行离职休养制度，已经退休的老干部符合规定的也改为离休。离休后生活待遇为：1921 年 7 月 1 日至 1945 年 9 月 2 日参加革命工作的，按照参加工作的时间，每年增发 1~2 个月本人离休前的标准工资作为生活补贴；对 1945 年 9 月 3 日以后参加工作和行政 8 级以上干部不增发生活补贴，其他生活福利待遇（粮价、副食价格补贴、取暖补贴和医疗、住房、用车、生活品供应）不变。是年，财政支出设离休费科目，全区支出 9000 元。

1983 年 9 月，零陵地区按政策增加离休干部特需经费，每人每年 150 元，全区支出离休费 4. 2 万元。1985 年 5 月，对离休人员每人每月加发生活补贴费 17 元，全区离休费支出 17 万元，比 1983 年增加 3. 1 倍。1986 年，提高离休干部护理费标准，每人每月增发 50 元。1987 年，对解放战争时期参加革命工作、1985 年 6 月前批准离休、工资级别在行政 20 级以下的，可按原工资标准增加一级工资，列入计发离休费的基数，是年全区支出 25. 4 万元，比 1985 年增加 49. 4%。

1989 年 10 月，零陵地区按政策调整离休干部和退休厅局级干部乘车费标准，对本人愿意实行定额包干的，行政 10 级的离休干部和 1937 年 7 月 6 日前参加革命工作、“文化大革命” 前担任过正副厅局长或相当于这一职的离休干部，每人每月发给乘车票 250 公里；其他厅局级离休干部和退休的厅局级干部，每人每月发乘车票 150 公里。乘车费月底结算，节约归己部分按 0. 2 元/公里计发给本人。对处级离休干部每人每月发给交通费 12 元，科以下离休干部每人每月发给交通费 8 元，包干使用。是年，全区离休费支出 44. 6 万元，比 1987 年增加 75. 6%。1990 年全区支出 37. 4 万元。

二、退休退职费

退休退职费还包括退休退职人员死亡后的丧葬补助和家属抚恤费。1955 年，国务院制定国家机关工作人员退休、退职处理暂行办法，对符合条件的退休人员，其退休金由退休后居住地点的县人民政府逐月在优抚费项下发给，直至死亡为止。死亡后的丧葬费用按本人3个月退休金一次发给其亲属。1957年前，零陵地区在其他抚恤费项下列支老干部供养费。1958年，执行国务院关于工人、职员退休处理暂行规定，退休退职费支出范围包括符合条件的事业单位、国家机关和人民团体退休人员的经费、退休人员去世后的丧葬补助费50~100元，发给相当于本人6~9个月退休费总额的一次性抚恤金。工人职员退职时，按本人连续工龄发给一次性退职补助费，最高为30个月的本人工资。1958—1969年，全区支出退休退职经费37.3万元，年均3.1万元。1970—1975年，支出未单独分项，列入社会事业救济费。

1978年6月，零陵地区执行国务院关于安置老弱病残干部的暂行办法和关于工人退休、退职的暂行办法的通知，对党政机关、群众团体、企事业单位的干部，男满60岁、女年满55周岁，参加革命工作年限满10年的；男年满50周岁、女满45周岁，参加革命工作年限满10年，经过医院证明完全丧失工作能力的；因工致残，经医院验证完全丧失工作能力的，可以退休，其退休待遇按参加工作年限和本人标准工资的60%~80%发给退休金。对经过医院证明完全丧失工作能力，不具备退休条件的退职人员，每月按相当于本人标准工资的40%发给生活费，低于20元的按20元发给。1979年，全区支出34.3万元，比1969年增加3.9倍。

1980年，地方财政实行包干后，对退休退职人员就地安置的，由原工作单位发给退休费，归同级财政开支；易地安置的，列入当地财政支出预算，由民政部门发给退休费。1981年，零陵地区支出42.3万元，比1979年增加23.3%。1983年8月起，提高退休、退职人员生活费起点，正常退休的提到30元，公残退休提到40元，退职人员提到25元，1983年前退休退职的也按上述标准执行。对1961—1965年6月由全民所有制单位精简退职的、1957年年底前参加工作领取一次性退职补助金的职工，给予适当补助，补助标准为：大中城市每人每月12~14元、城镇10~12元、农村8~10元。1984年12月，对国家机关、事业单位的退休人员，按参加革命工作的起止时期和工龄长短，增发5%~15%的补助费。是年10月起，中、小学教师工资标准提高10%部分，作为计发离退休费基数。1988年1月起，对未参加1985年工资改革的离、退休人员月生活补贴未到17元的，从1987年7月起每人每月增发17元。1989年1月起，提高退休、退职人员每月生活费起点，其中正常退休的为50元、因公伤残的为60元、退职人员为40元。1976—1990年，全区共支出797.9万元，年均递增11.3%，占同期离退休退职费支出的82%，其中1990年支出114.6万元。

第四章　行政管理支出

清代，永州府财政支出中，属于行政管理费的有衙门经费、军政费、司法费。道光元年（1821），额定岁支银15549两，占地方财政支出的64%。宣统三年（1911），占财政支出的93.3%。民国前期，行政管理费包括内务费、财政费、军政费、司法费。民国19—20年（1930—1931），增设党务费后行政管理费支出占财政支出的69.9%。民国26—34年（1937—1945），占比降至44.9%。民国38年（1949），预算占比55.2%。新中国成立后，零陵地区的财政支出结构发生变化，行政管理费包括行政支出和党派团体补助支出，所占比重基本未变。1951年，占财政支出的16.4%。1991年，占财政支出的17.2%。

1950—1991年零陵地区行政管理支出分项表

表2-7　　单位：万元

年份	合计	行政经费	党派团体支出	公检法支出
1950	32.67	32.67	—	—
1951	60.19	60.19	—	—
1952	109.24	109.24	—	—
1953	325.59	267.08	57.02	1.49
1954	337.31	272.69	63.42	1.20
1955	413.86	320.33	82.73	10.80
1956	577.39	383.66	149.04	44.69
1957	506.13	378.26	105.53	22.34
1958	559.66	399.48	140.53	19.65
1959	677.95	532.14	145.81	—
1960	621.70	470.60	151.10	—
1961	601.71	496.03	105.68	—
1962	562.56	462.58	99.98	—
1963	654.00	504.81	149.19	—

续表2-7

年份	合计	行政经费	党派团体支出	公检法支出
1964	721.00	559.07	161.93	—
1965	710.90	548.85	162.05	—
1966	813.66	613.32	200.34	—
1967	655.73	541.26	114.47	—
1968	660.47	578.42	82.05	—
1969	708.66	571.94	136.72	—
1970	853.13	853.13	—	—
1971	1033.08	1033.08	—	—
1972	1046.21	1046.21	—	—
1973	1103.07	1103.07	—	—
1974	1122.30	1122.30	—	—
1975	1073.10	1073.10	—	—
1976	1140.41	1140.41	—	—
1977	1186.10	1186.10	—	—
1978	1416.70	1416.70	—	—
1979	1848.99	1848.99	—	—
1980	2051.70	2051.70	—	—
1981	3029.80	2824.20	—	205.60
1982	2360.30	2110.90	—	249.40
1983	2567.20	2037.30	—	529.90
1984	3652.60	2900.20	—	752.40
1985	3871.60	3076.90	—	794.70
1986	4658.00	3733.60	—	924.40
1987	5095.20	4257.70	—	837.50
1988	6457.70	3727.40	1305.40	1424.90
1989	7152.20	3757.00	1620.90	1774.30
1990	8135.90	4275.30	1657.50	2203.10
1991	8860.00	4480.40	2096.70	2282.90

第一节 行政经费

清代，行政经费亦称衙门经费，包括知府、知县衙门、佐贰杂职各衙门经费及支应经费。道光元年（1821），额定永州府岁支知府俸银 74.026 两、补荒 30.96 两；衙门内配门子 2 名、库子 4 名、斗级 6 名、禁卒 12 名、皂隶 16 名、马快 10 名、步快 16 名、轿伞扇夫 7 名，年支工食 438 两。岁支道州知州俸银 56.434 两，补荒 23.56 两；衙门内配门子 2 名、库子 4 名、皂隶 12 名、仵作 4 名、马快 8 名、民壮 16 名、斗级 4 名、禁卒 8 名、轿伞扇夫 7 名，岁支工食 365.801 两，养廉 900 两。各知县均为俸银 31.74 两，补荒 13.26 两，府属 8 县实支 314.263 两；各县衙门内配门子 2 名（零陵县 3 名）、库子 4 名、斗级 4 名、禁卒 8 名（江华县无）、马快 8 名、轿伞扇夫 7 名、皂隶 12~16 名、步快 10~30 名、东安县和宁远县各配仵作 3 名、永明县和新田县各配仵作 2 名，岁支工食银 2596 两。额定各县岁支养廉，零陵县 1200 两，祁阳县、宁远县各 900 两，江华县 800 两，东安县、永明县、新田县各 600 两，实支养廉 5570 两。永州府还设经历、江蓝理徭同知和永桂理徭通判衙门；州县设道州州判、吏目，零陵县丞，祁阳永隆司和归阳司巡检，东安芦洪市司、石期市司巡检，宁远九疑司巡检，永明桃川司巡检，江华锦田、锦岗司巡检以及各县典史衙门；岁支俸银同知为 80 两，通判 60 两，经历、县丞各 40 两，州判 45 两，吏目、典史、巡检各为 37.52 两，共 769 两。府同知、通判、经历岁支养廉无考，余佐贰杂职养廉各为 60 两，祁阳县归阳司巡检兼管排山驿站岁加养廉 30 两，共 1120 两。同知、通判衙门内各配门子 2 名、皂隶 12 名、步快 8 名、轿伞扇夫 7 名，同知衙门加护民壮士 8 名；县丞、州判、典史衙门内各配门子 1 名、皂隶 4 名、马夫 1 名；州判另配桥伞扇夫 3 名；巡检衙门配皂隶 2 名、弓兵 2~18 名不等，每名工役岁支役食银 6 两，每名弓兵役食银 1.83~6 两，共支役食银 1174 两，佐贰杂职衙门经费支银 3064 两。是年，永州府各衙门经费支出占财政支出的 55.7%。

宣统年间（1909—1911），省署根据事务简繁将各厅、州、县分为五等，零陵县为一等，祁阳县、宁远县和道州为二等，东安县、永明县、江华县为三等，蓝山县、新田县为四等，新定公费标准自 9600 两按级递减至 4800 两，江蓝同知 3000 两，永桂通判 2400 两，永州府经历零陵县丞各 600 两，吏目、巡检、典史各 400 两。宣统三年（1912），知府俸银 74 两，养廉 1203 两，役食 362 两，补荒役食 5

两，公费4500两，由所属各县在地丁存留中呈送。知州俸银56.46两，知县俸银均31.735两；府属州、县衙门共支俸银310.296两，养廉5981.22两，公费按额定数减至61560两；坐支役食2822.123两，补荒役食199.601两；佐贰杂职衙门实支俸银663两，养廉1861.2两，公费10980两，役食922两，补荒役食189两。各衙门经费支出91732两，占财政支出的78.1%。

民国初期，行政费称内务费，时以零陵县、祁阳县为一等县，年支公费448元（银圆，下同），知事俸给300元，部属俸给210元；宁远县、东安县、道县为二等县，各支公费396元，知事俸给260元，部属俸给140元；永明县、江华县、新田县、蓝山县为三等县，各支公费160元，知事俸给190元。民国2年（1913）起，永州境内财政收不敷支，公职人员月薪减成发给，月薪40元以上发九成，50元以上发八成半，100元以上发八成，150元以上发七成半，200元以上发七成，360元以上发六成半，480元以上发六成，600元以上发五成半；各级长官应支公费一律按八成发给。

民国18年（1929），改称行政费，永州区支出15万元。民国19年（1930），确定各县代表大会经费标准，其中零陵县、祁阳县为一等县200元，宁远县、东安县、道县为二等县150元，永明县、新田县、江华县、蓝山县为三等县100元，是年全区行政费支出23.8万元，占财政支出的18.6%；翌年减为60879元。民国22年（1933），所有办公购置特别费按七成发给。民国24年（1935），确定官吏出差旅费标准，车船费：荐任支二等票价，委任以下支三等票价，交通不便的地方所需车船轿马费按实开支，通行汽车各处准照价实报；膳宿费及杂费：荐任不超过4元、委任以下不超过2元，出差省外者不超过6元、委任以下不超过4元、雇员不超过2元，坐船期内不开支宿费，供膳者不开支膳费，杂费按每月旅费额定数三分之一支给；邮电费实用实报，私事者不得计入，是年全区支付行政费10.9万元（法币，下同），占财政支出的10.3%。民国25年（1936），核定公职人员薪资等级，荐任官分12级，县长及相当县长官员适应荐任1~10级，月薪400~220元；委任官分16级，县级科长适应1~8级，月薪200~55元。民国26年（1937），全区行政费支出24.6万元，占财政支出的24.4%，翌年比重降为18.1%。民国28年（1939）和29年（1940），全区分别支出26.9万元、22.6万元。

民国30年（1941），将党务费并入行政费后，永州区支出46.1万元。民国31年（1942）起改称行政支出，全区列支219.9万元，占财政支出的33.3%。民国32年（1943）后，法币贬值，全区行政支出890.3万元。民国33年（1944），全区支出2152.4万元。民国34年（1945）以后，法币失去交换价值，公职人员薪费有的折发银圆，有的折发粮食，是年全区财政预算中生活补助费为1734.5万元，行政支出2167.3万元，占财政支出的32.4%。民国36年（1947），全区支出增加到13.16亿元，占财政支出的15.2%，为民国35年（1946）的8.1倍。民国37年（1948），县、区、乡、保公务人员和丁役月俸薪标准为：一等县县长520元，二等县县长460元，三等县县长400元，主任秘书至科长300~140元，事务员100元，雇员至公丁55~30元，区、乡（镇）长100元，干事80元，保长70元，区、乡保公丁20元，是年上半年全区行政支出38.86亿元。民国38年（1949），全区预算列支85.3万元（金圆券），占财政支出的8.3%。

新中国成立后，行政机构变动频繁，1950年，零陵地区行政管理费无分项数，1952年设人员经费、公用经费目级科目，主要支出有人员经费和公务费。

一、人员经费

人员经费包括工资，补助工资，职工福利费，人民助学金，离、退休人员费用，地级和县级机关幼儿园经费列入行政管理费的差额补助费，主要是补助幼儿园工作人员的工资，也属于人员经费。

1950—1951年，零陵地区行政系统工作人员生活待遇分供给制和工资制。供给制人员占9%左右，分大灶、中灶、小灶三等，实行包干供给。每人每月标准为：勤杂人员大米56.5公斤、一般大灶57.5公斤、县级大灶62.5公斤、中灶82.5公斤、小灶107.5公斤，还发生活津贴费和衣服、棉被、蚊帐、鞋袜等日用品；对参加革命工作时间较长的供给制干部生儿育女发给幼儿保育费，保姆、奶姆费等。实行工资制的干部或技术人员按大米计算，科长级每人每月150~250公斤，科员级每人每月125~150公斤，办事员级每人每月100~125公斤，勤杂每人每月90~100公斤。

1952年，零陵地区行政工作人员的生活费或工资改成以工分计算。实行供给制的每人每月：大灶60分、中灶85分、小灶110分；另发普通津贴费每人每月：专员级以上25分、县级以上18分、区长以下12分、勤杂10分。实行工资制的每人每月：专员级470~656分，县长级310~432分，区长级230~310分，科员级150~210分，办事员及勤杂人员85~130分；职工福利费按每人每月10分计算，由单位掌握使用。工分值以物价指数（食粮0.4公斤，白布0.07米，植物油0.025公斤，食盐0.01公斤，煤1公斤）为依据，是年每工分值在0.2元至0.22元之间。1954年6月，调整、提高工作人员工资及工分标准，对实行包干制的人员每人每月：专员级250~430分、县长级175~250分、区长级123~150分、科员级106~150分、办事员及勤杂人员89~117分；实行工资制的人员每人每月：专员级为460~710分、县长级328~460分、区长级220~292分、科员级198~292分、办事员及勤杂人员90~198分。是年，全区行政支出个人工资272.7万元，比1953年增加2.1%。

1955年7月起，行政事业单位统一实行工资制，废除包干费、老年优待金、家属招待费、病号伙食补贴、回家旅费、妇女卫生费、生育费、保育费、保姆费、儿童医药费、公费生等待遇，工作人员使用公家家具、用水、用电、子女入托等按租缴纳各费。是年，零陵地区区以上行政人员月平均工资40.72元、乡干部人平12.59元，全区行政支出用于个人工资323.3万元，比1954年增加18.6%。

1956年1月起，工作人员病假超过半年，从第7个月起停发工资，依据工作年限按月工资额的50%~80%发给生活费，因公负伤在医疗期间工资照发。是年4月，进行工资改革，取消工资分值和物价津贴制度，实行货币工资标准。零陵地区除新田县、蓝山县划为二类工资区外，其他县为三类工资地区。从7月1日起新工资标准是：专员9~16级，月工资233~102元（三类地区、下同）；县长13~18级，月工资143~80.5元；区长18~22级，月工资80.5~51.1元；乡（镇）长21~27级，月工资57~27.5元；县级科员20~24级，月工资64.5~40元。二类地区工资等级比三类地区工资每级低6.5~0.5元。是年，全区行政支出用于个人工资383.7万元，比1955年增加18.7%。

1958年4月，对行政系统有工会组织的机关，按工资总额1%拨付工会经费，县以上行政机关的福利费，按工资总额1.5%提取，乡镇机关按1%提取。

1960年10月，国家对机关、企业、事业单位中17级以上共产党员的行政干部降低工资，同时参照三类地区工资标准，按比例核减地区性生活费补贴和津贴。

1963年8月，零陵地区按政策对工资偏低或提级未提高工资级别的职工进行调资升级，全区行政系统调整面为45%。同时，由三类工资区提到四类区，每人每月增加工资1.5元。是年，全区行政支出人员经费504.8万元，比1956年增加31.6%。

1964年1月，县以上单位的福利费按工资总额2.5%提取；3月恢复小伙食单位补贴，每人每月补助1元~1.5元。1965年1月起，按每人每月1.27元提计福利费；同年4月份起，行政14级以下的干部职工，每人每月发给粮价补贴1元，从1966年8月起提至2.5元。

1977年7月，调整部分职工工资，调级面40%，调级职工平均每人每月增加工资5.6元。1978年7月后，异地安家的退休职工退休费由原工作单位开支改为原单位划拨给当地民政部门发放。1979年11月，调整三部分职工工资，调级面为40%，调级人平月增工资7元；并对干部职工每人每月增发副食补贴5元。是年，零陵地区由四类工资地区提高到五类区，干部职工人平每月增加收入15元，1979年11月1日以后参加工作的人员不享受粮价补贴。并对行政、事业单位经费实行“预算包干、节余留用、超支不补”的管理办法，年终发给职工人平50元的增收节支奖金。

1980年2月，国家机关、事业单位的工作人员死亡后，遗属生活困难补助费，改民政部门发放为死者所在单位发放。1981年起，每人每月按1.5元计提福利费，10月将职工死亡殓葬费提到300~400元。

1982年10月，调整国家机关和科学、文教卫生部门工作人员的工资，部分职工提升两级；行政部门调级面98%，人平年工资较调整前增加81元。1983年起，行政机关从包干经费中每月发给职工洗理费人平2.5元；年终发节支奖人平60元，1984年提到120元。

1985年，实行工资改革，改等级工资为结构工资，职工的工资由基础工资、职务工资、工龄工资组成，月基础工资每人39元，职务工资按等级标准定，工龄工资从参加工作年起每年按0.5元计发，零陵地区实行五类区工资标准。改革后，行政机关人平月工资较改革前增加34元，当年上半年人平发增收节支奖30元，下半年停发，洗理费每人每月增到4元。

1986年7月起，零陵地区提高为六类工资区，每人月基础工资提高1元，职务工资提高2.5元左右。10月起，对专业技术人员实行职务聘任制，现职务工资低于所任职务最低职务工资标准的调高一级。1987年10月，对中青年专业技术人员低于规定等级工资的调升一级；是年恢复奖金制度，每人每月15元。1988年4月起，每人每月发猪肉、蔬菜、食糖、鲜蛋价格补贴10元；是年，国家机关、党派团体以及由财政全额拨款的事业单位年终奖金按人平一个半月基本工资数额计发。嗣后，奖金随工资按月发放，标准不一，一般年人平180~240元。

1990年，零陵地区列入行政编制由财政拨经费的职工共16379人（含公、检、法、党派团体人员），全年工资及补助工资支出5932.8万元，年人平3622元，比1981年人平年工资及补助工资额2631元增加37.7%。

二、公务费

包括办公费、邮电费、水电费、公用取暖费、差旅费、会议费、器具设备和车辆保养维修费、机动车燃料和修理费。公务费中开支较大的项目有会议费、差旅费、公用取暖费。

会议费　1981年前，零陵地区会议费开支范围主要是县级党代会和县人民代表大会。1984年后，将县级政治协商会议列为一类会议，其他会议为一般会议。非脱产人员参加会议，由会议开支伙食、住宿、往返旅费，发给误工补贴。一般会议每人每天伙食补助费标准为：1953年0.3元，1963年0.6元，1979年0.8元，1984年1.5元，1985年3元，1988年4元，1989年4.5元；1980年前住宿费每人每晚不超过2元，1980年后逐步提到5~10元。1980年全区行政系统会议费开支159.1万元。1985年，支出达到175.8万元，增长10.5%。1990年，全区开支会议费182.6万元，比1985年增长3.9%。

差旅费 零陵地区境外出差每天差旅费标准为：1953年住勤费为0.3元，途中伙食补助费1元，住宿费1元。1954年住勤费为0.4元，途中伙食补助费1元，住宿费按普通房间费支报。1955年县以上住勤费为0.4元，区乡为0.3元，途中伙食补助费1元。1957年住勤费为1.2元，途中伙食补助费1.2元。1963年途中伙食补助费为1.5元。1969年，出差不分途中和住勤，凡到一般地区出差的每天补助费0.4元。1971年调整为0.5元。1977年恢复在途伙食补助费每天1.2元，住勤费为0.6元。1980年住勤费0.80元，途中补助费1.5元。1983年为1.1元，途中补助费1.8元。1985年不分途中和住勤每天补助费2.5元。1988年，对一般人员出差实行分项计算、限额报销、超支自负办法，每天补助费包括住宿费、住勤费，具体包干为：到深圳、珠海市25元，到一般地区12元，县及其他地区8元；同时每天加发交通费包干1元，对符合卧铺条件而未购卧铺票的，按火车票金额补助50%~60%全部发给个人，对夜间乘坐长途汽车、轮船、超过6小时以上的每晚加发4元补助费。1985年，全区行政机关差旅费共开支214.1万元，1990年增加到240万元，增长12.1%。

公用取暖费 1953年起，零陵地区按3元/人的标准凭据报销防寒烤火费。1957年起，每人年支用木炭不超过67.5公斤。从1963年起，每人年支用煤球不超过140公斤。1976年起每人年支出5元。1980年调整为10元。1990年人平年支出30元。

第二节 公安、检察、司法支出

清代，永州府有司狱俸银和禁卒工食。民国初期，统称军政费。民国17年（1928）前，永州区军政费占财政支出的比重在50%以上。民国18年（1929），改称公安费。民国26年（1937）后，改为保安费。民国18—26年（1929—1937），全区军务经费居高不下，占财政支出的43.7%。抗日战争时期，全区保安费支出占9.1%；解放战争时期占4.1%。

新中国成立后，1953—1958年，零陵地区司法费支出占财政支出的1.1%；1959—1980年，公安费支出列在行政费支出内。1981年，单独设公安费支出科目，

1983 年，司法检察支出从行政经费支出中分出单独设款。在这之前、公安、检察、司法费支出在行政费支出中反映一些数据，但不连续也不全面，1983—1991 年，全区公安、检察司法费支出占财政支出的 4. 3%。

一、公安费支出

清代，永州府设警务公所，有巡警经费、水警经费和户籍、消防等经费，均列在民政费内。

民国初期，永州区各县设有挨户团、常备队和警察所。民国 19 年（1930），全区开支团防经费 64. 3 万元（银圆）、警察所经费 1. 5 万元、政务警察经费 1. 2 万元，占财政支出的 52. 2%。民国 26 年（1937）后，保安费包括防空监视队经费、国民兵团经费、国民兵团自卫队乡镇分队经费及防护团经费，是年全区支出 25. 4 万元（法币），占财政支出的 25. 2%。民国 27—30 年（1938—1941），全区平均年支 52. 3 万元。民国 35 年（1946），保安及警察支出分警卫经费、防空监视队经费、国民兵训练队经费和自卫队经费，包括警察局、警察派出所、警察中队、消防队、水警队、自卫总队及自卫中队经费，每年分经常支出和临时支出，临时支出主要是“剿匪”杂费、枪械弹药费、拘留所犯人口粮等，是年全区支出 1. 02 亿元。民国 36 年（1947），全区保安及警察临时支出 1. 75 亿元，超过经常支出 34. 1%；经常支出和临时支出两项合计 3. 05 亿元，占财政支出的 3. 5%。

新中国成立后，零陵地区公安费支出包括公安机关经费、公安业务费、武装警察和警察干校经费以及其他公安费。1951—1955 年，统在行政管理费内。1956—1958 年，全区平均年支 12. 4 万元。1959—1980 年，公安费支出统在行政费支出内，未单独列项。1981 年起，公安机关经费包括个人经费与公用经费，公安业务经费包括公安特费、公安行政业务费和消防业务费。公安特费由省公安厅统一管理，列入省级财政预算；公安行政业务费列入地方财政预算；消防业务费在武装警察经费内列支。是年全区支出 205. 6 万元。1982 年，全区支出 249. 4 万元。1983 年，武装警察经费归中央财政支付，消防业务费由地方财政支付列入公安业务费，是年全区公安费支出 283. 8 万元。1984 年，全区支出增至 361. 1 万元。1985 年 7 月工资改革时，公安部门干警的工资比同级行政干部的工资高 15%，全区公安费支出比上年增加 45. 7 万元。1981—1990 年，全区公安经费年均支出 558. 1 万元，占同期财政支出的 2. 3%。

二、司法、检察费支出

道光元年（1821），永州府支司狱俸银 43. 12 两，禁卒工食 6 两，向下属州、县摊解，于地丁存留内和坐支项下支付。监犯衣粮及递解军流徒罪犯与到配无业之犯，各口粮按人数计日垫给，从藩司领还。已定案斩、绞等徒犯，每名每人给米8合3勺、盐紫钱5文；自立夏日起至立秋前1日止，每犯每日给茶银0.001两，蒲席1床折银3分，扇一把折银4厘；立冬日起立春前一日止，每犯每日给炭银5厘，姜银1厘，草薦一床折银3分，棉衣1件折银4钱。递解军流人犯按60里为一站，每站每犯给口粮8合3勺，盐柴钱5文。安插军流人犯到配后，查明实无赀财手艺营生者，准予到配日起发给口粮一年，每日给米8合3勺。宣统三年（1911），永州府支银444两，蓝山县分摊桂阳府监狱经费48两。

民国2年（1913），永州区各县设有监狱，所需监狱经费和司法经费列入湖南省财政预算，在各县的省税收入中列支，县级地方财政负担临时经费。民国19年（1930），东安县、道县、江华县、蓝山县在省税收中列支司法经费16792元（银圆，下同），监狱处经费22560元；宁远县在地方财政中列支决犯和掩埋犯人费190元，新田县列支改建监狱费2000元。民国36—37年（1947—1948），全区支出在押人犯口粮及递解费年均3350万元（法币）。民国38年（1949），全区预算中列支14910元（金圆券），占全年预算支出的0.1%。

新中国成立后，零陵地区司法、检察经费支出包括司法局、检察院、人民法院及其所属单位（法律顾问处、律师协会、公证处）的经费。1953—1958年，全区年均支出10.5万元，占同期财政支出的0.7%。1959—1982年，统在行政支出内。1983年，司法、检察费包括机关经费、业务经费、司法学校干训经费及其他司法检察经费，司法、检察机关的个人经费和一般公用经费比照行政机关人员开支标准执行，全区支出391.3万元，到1990年增至951.4万元，年均递增21.3%。1983—1990年，全区年均支出588万元。

第三节 各党派、人民团体经费

清代，永州府无此项支出。民国时期（1912—1949），有国民党县、乡党部经费，包括人员薪俸活动经费。民国16年（1927），党务费列在行政费中。民国17年（1928）设党务费。民国18年（1929），永州区支付各县党务指导委员会经费3600元（银圆），永明县和江华县在地方财政内支出党务费6000元和780元。民国20年（1931）全区实支党务费48221元，占行政管理费的5%。民国24年（1935）和民国26年（1937）分别支出5.8万元（法币，下同）、6.3万元。民国27年

（1938）支出1.8万元。民国28年（1939）、民国29年（1940）支出回升到2.3万元和2.7万元。民国30年（1941）后，党务费统在行政费中。

新中国成立后，零陵地区党务费包括中国共产党、政协、妇联、共青团各级机关的经费以及县工商联合会和政府机关留用民主党派成员的人员经费，开支标准按行政支出的规定执行。1953—1969年，全区支出2107.6万，年均支出24万元，占同期财政支出的4.2%，年均递增2.4%。1970—1987年，并入行政支出。1988年，恢复党派团体补助支出，包括中国共产党地县、区、乡机构经费，县政治协商机关和政协大会会议费，政协委员考察经费，各级妇联、共青团机关经费。1988—1991年，全区支出6680.5万元，年均支出1670.1万元，占同期财政支出的4.0%。

第五章　其他支出

清代，府州县其他支出由省财政核定坐支或请领，永州府的其他支出有财政费、均徭工食。道光元年（1821），全区其他支出占财政支出的10.0%。民国时期(1912—1949)，永州区其他支出包括杂项支出、债务费、协助费，内容杂、金额大。民国19—20年（1930—1931)，全区其他支出占财政支出的7.9%。民国34年(1945)，其他支出占财政支出的36.7%，民国35—37年（1946—1948）其他支出分别占财政支出的82.7%、65.8%、84.3%。

新中国成立后，零陵地区其他支出包括其他部门事业费、国防战备费、价格补贴支出、其他经费支出和专项支出，历年支出内容不一，增减变化较大。1950—1991年，全区其他支出4.72亿元，占同期财政支出的I0.6%，年均递增15.2%。

1950—1991年零陵地区其他支出分项表

表2-8　　单位：万元

年份	合计	其他部门事业费	国防战备费	价格补贴支出	其他经费支出	专项支出
1950	35.65	7.82	0.17	—	27.66	—
1951	89.45	13.32	5.74	—	70.39	—
1952	107.17	20.28	14.40	—	72.49	—
1953	5.90	1.84	0.12	—	3.94	—
1954	2.75	2.38	—	—	0.37	—
1955	11.23	10.47	—	—	0.76	—
1956	17.54	12.94	—	—	4.60	—
1957	9.26	6.29	—	—	2.97	—
1958	13.66	2.29	0.52	—	10.85	—
1959	40.33	—	—	—	40.33	—
1960	46.40	—	—	—	46.40	—
1961	52.66	—	—	—	52.66	—
1962	59.29	33.75	2.10	—	23.44	—

续表2-8

年份	合计	其他部门事业费	国防战备费	价格补贴支出	其他经费支出	专项支出
1963	88. 07	50. 91	1. 76	—	35. 40	—
1964	58. 23	14. 24	5. 04	—	38. 95	—
1965	118. 13	47. 60	16. 31	—	54. 22	—
1966	236. 03	47. 22	1. 18	—	187. 63	—
1967	239. 30	49. 25	15. 98	—	174. 07	—
1968	227. 81	—	—	—	227. 81	—
1969	660. 81	—	—	—	660. 81	—
1970	256. 83	—	—	—	256. 83	—
1971	149. 65	—	4. 20	—	145. 45	—
1972	89. 23	—	2. 71	—	86. 52	—
1973	138. 10	—	2. 72	—	135. 38	—
1974	180. 47	—	1. 68	—	178. 79	—
1975	90. 24	19. 51	4. 02	—	66. 71	—
1976	116. 37	18. 87	36. 25	—	61. 25	—
1977	82. 65	20. 42	12. 12	—	50. 11	—
1978	127. 80	45. 45	18. 30	—	64. 05	—
1979	190. 55	141. 90	13. 41	—	35. 24	—
1980	499. 44	275. 60	1. 24	—	222. 60	—
1981	550. 31	371. 75	9. 41	—	169. 15	—
1982	724. 95	375. 80	16. 16	—	332. 99	—
1983	688. 88	460. 29	20. 06	—	208. 53	—
1984	826. 41	407. 13	28. 66	—	390. 62	—
1985	2121. 80	537. 90	20. 50	412. 80	1116. 90	33. 70
1986	2778. 60	699. 80	33. 80	981. 30	1002. 70	61. 00
1987	3410. 60	1142. 00	21. 30	1399. 00	790. 50	57. 80
1988	5325. 30	1327. 70	40. 10	2923. 60	911. 80	122. 10
1989	6244. 70	1291. 30	6. 50	3405. 60	1465. 40	75. 90
1990	8556. 50	1550. 18	8. 10	5319. 60	1181. 32	497. 30
1991	11963. 20	1768. 60	45. 90	3957. 90	1818. 80	4372. 00

说明：1. 其他部门事业费包括旅游、华侨、劳改、审计、行政、党派团体、村镇规划、国土、监察等部门事业费。其中财政事业费包括乡镇财政经费 2248. 78 万元；

2. 其他经费支出包括："文化大革命"运动经费、干部下放落户锻炼费、征兵费、办案费、财政贴息、房改费、其他杂支。

第一节 其他部门事业费

其他部门事业费支出包括税务事业费、财政事业费、农业税征收费、工商管理事业费和统计事业费。清末、民国时期（1912—1949），永州区内有财政经费支出。新中国成立后，1950年，零陵地区对此类支出列项记载，大都属于其他支出范围，也有属行政业务费的。1979年起，均属其他部门事业费，并相应逐年增加旅游、华侨、劳改、统计、审计、乡镇财政、行政机关、党派团体、村镇规划、国土、监察等事业费项目。1950—1991年，全区支出1.08亿元，占同期财政支出的2.4%，年均递增14.1%。

一、税务事业费

税务事业费主要包括税务机构经费和税务业务费。税务机构经费包括列入事业编制的人员经费和公用经费，开支标准按国家机关事业单位的规定执行。税务业务费主要用于开征稽征管理工作，包括各项票证、缴款书、账表、法令制度、布告、公告、税工手册等印刷费、包装费，征收报解的运费、邮电费，戳记印章的刻制费，业务必要的器材费，外勤人员必备用品的购置费和劳动保护用品的购置费，票证仓库的修缮费，票据运输及票证仓库的保险费，奖励优秀税务人员及劳动竞赛所必需的奖金、奖品费，税收业务学习资料、税收宣传所需的费用。民国时期（1912—1949），永州区各县的省税征收处经费属省财政预算，在地方省税收入中列支。

新中国成立后，1950—1952年，零陵地区的税务事业费未单独列项。1953—1958年，全区税务事业费支出13.4万元，年均支出2.24万元。1962年起，基层税务机构人员由行政编制转为事业编制。1962—1967年，全区支出195.9万元，年均32.7万元，占同期财政支出的0.9%。1968—1974年，基层税务机构经费划属行政管理费列支。1980年起，除各级税务局保留一部分行政编制外，其余由税务事业费列支。1975—1983年，全区支出978.7万元，年均支出108.8万元，占同期财政支出的1%。1984年起，各级税务机构工作人员全部列为事业编制，所有经费从省税务事业费中开支，实行垂直管理，地县财政给予少量的业务费。1984—1990年，全区地、县财政列支税务业务费及奖金440.7万元。

二、财政事业费

财政事业费包括财政部门所属单位的业务费和乡（镇）财政所经费。财政事业费主要用于账簿表册、凭证的购置和印刷，法令制度汇编、布告及转发文件统计资料的印刷，计算器具的购置。清末，永州府有厘金局经费和官运缉私局经费。宣统年间（1909—1911），永州厘金局下设分卡4处，有专办1人，稽查4人，岁支薪水、辛赀、租金等11484串200文（钱），另支伙食、笔墨、纸张、油烛、杂用1781千文；永州稽私局设专办委员1名，会办委员1名，司事48人，巡勇工役149人，岁额支720两（银）、18900串400文（钱）。

民国19年（1930），东安县、道县、永明县、蓝山县、新田县支出财政局经费66668元（银圆），财政局长俸银薪由地方从省税收收入中支付。民国20年（1931），永州区财政事业费支出64712元。民国24年（1935）后，财务费主要是财务行政经费和整理田赋经费及提前完成田赋附加入库的奖金，是年全区支出41719元（法币）。民国26—37年（1937—1948），全区支出7.53亿元。

新中国成立后，1955—1958年，零陵地区财政事业费支出21.5万元，年均支出7.2万元。1958—1961年，财政事业费支出未单列。1962—1967年，全区年均支出3.2万元。1979年，部分人民公社配备会计专干，是年全区支付公社财政干部经费3.1万元。1982年，财政事业费列入其他部门事业费。1984年，全区建立乡（镇）财政所和少数区财政室，每个所（室）配备所长、农业税收征收管理员2~3人。1985年起，专项拨款修建乡镇财政所（室）住房。1975—1990年，全区财政事业费支出2647.9万元，年均支出165.5万元。

三、农业税征收费

清末，农业税征收费称漕费，永州府无此项支出。民国时期（1912—1949），永州区未单列农业税征收费。新中国成立后，零陵地区的农业税征收费，主要用于农业税税册整理和秋征时期雇请助征员的工资，其次是农业税征收票证、表册印刷和征收业务费。1957年以前，全区农业税征收费无分列数。1958年，全区农业税征收费列支13155元。1964—1967年，全区年均支出69485元。1975—1980年，支出年均增长10.2%。1981年以后，农村推行联产承包责任制，农业税征收对象由生产队改为个体农户，征收季节雇请临时人员协助，所用表册、票证增多，农业税征收费增加，1981—1990年，全区年均支出41.3万元，比1975—1980年年均支出增加4.4倍。

四、工商管理事业费

工商管理事业费包括县以下基层工商管理所经费和工商管理业务费。基层工商管理所的人员经费和公用经费按国家机关事业单位的规定执行。业务费包括办案费、办案设备费、劳动保护用品费、补助市场管理人员费和宣传教育费等。1979年后，国家实行搞活经济、开放市场政策，零陵地区城乡个体户经营工商、服务、运输等行业由1980年的8336个增加到1992年的48284个，全区工商管理人员由759人增到1693人，全区工商管理事业费支出由1979年的58万元增加到1990年的251.5万元，年均递增14.3%。1979—1990年支出1705万元，平均年支142万元。

五、统计事业费

1978年以前，统计事业费列入行政业务费范围。1979年，统计事业费列入其他部门事业费，1979—1984年全区支出28万元。1985年，统计业务费上划中央，地、县统计局的行政机关人员经费和城市、农村抽样调查队的人员经费及业务费由地方财政列支。1985—1990年，全区列支抽样调查队经费及业务补助费272.2万元，年均支出45.4万元，比1984年增加8.7倍。

第二节　国防战备费

民国时期（1912—1949），永州区有防空费和国民兵训练经费，在保安费中列支。新中国成立以后，零陵地区由地方财政开支的国防战备费有民兵建设事业费和人民防空费及战备支前费，1961年以前共支出20.95万元。1962—1967年，全区国防战备费支出42.4万元，年均支出7.1万元。1968—1970年，国防战备费未单列。1971—1991年，全区支出347.2万元，年均支出16.5万元。

一、民兵事业费

民国32—37年（1943—1948），永州区国民兵组训练费支出984.49万元（法币）。新中国成立后，零陵地区的民兵事业费支出包括民兵装备购置、管理、维修和民兵训练等费用。1953年，全区支出1267元。1963—1965年，全区年均支出8000元。1974年大办民兵师，全区民兵事业费支出增加到16754元。1976年，民兵装备维修标准改按部队现行标准的50%计算，比原标准提高1倍多，全区民兵事业费支出36.3万元。1977—1988年，全区年均支出19.3万元；1989—1990年，全区年均支出降到7.3万元。1953—1990年，全区支出民兵事业费287万元，年均递增1.2%。

二、防空费

民国27年（1938），永州区防空监视哨队经费支出23658元（法币，下同）。民国28年（1939），全区支出28969元。民国32—33年（1943—1944），全区防空经费支出91886万元。民国36—37年（1947—1948），防空监视队经费支出统在保安支出内。

新中国成立后，1972年，在“深挖洞、广积粮、备战备荒为人民”的思想指导下，零陵地区各县成立防空机构，其经费包括各级人民防空部门的人员经费、防空工程建设费、工程维护管理费和防空业务费。1972—1975年，人民防空费列入城市维护费内。1976—1980年，全区人民防空费支出25.1万元。1985年起，人民防空费改由中央预算列支，归国家人民防空委员会统一管理。

三、战备支前费

战备时期支援前线的费用，包括支前人员、马匹、车船未交部队接受前的供应费，地方各单位开支的支前经费和兵役征集费。1953年起，零陵地区在冷水滩设军队供应站，接待过境部队和复员退伍军人，直接为前线部队服务，每年经费开支1万~2万元。1979年，全区支出30855元。1989年，全区支出4.6万元。1991年，全区支出增至47.5万元，其中在其他部门事业费中支付兵役征集费38万元。

第三节　其他经费支出

其他经费支出是指本篇中其他章节未记述的财政支出项目。清道光时期（1821—1850），永州府有徭役工时。民国初期，永州区有债务费和杂项支出。民国35年（1946）后，各县财政失控，预算安排项目经常落空，其他支出内容繁杂不清。新中国成立后，零陵地区的其他支出项目，根据各个时期的需要设置，包括“五七”干校经费、干部下放劳动锻炼经费、落实政策经费、价格补贴支出、专项支出、其他各项经费。1950—1991年，全区其他经费支出3.6亿元，年均递增

15.5%，占同期财政支出的8.1%。

一、清代徭役工食

清代，朝廷和衙门每年强派人民劳役，被派者称铺兵，按徭编永充每名分别给予年工食3~7两（银）。道光元年（1821），定永州府各县铺兵558名，坐支役食2401两，坐支犒劳徭人牛酒银17两。

二、民国时期的债务费和杂项支出

民国19年（1930），永州区所属祁阳县偿还商绅借款15000元（银圆），各县笔事特捐、旅省同乡会津贴等杂项支出69150元。民国19—20年（1930—1931），全区债务费支出13.8万元，杂项支出16.7万元，占财政支出的11.4%。民国26年（1937），设其他支出，是年全区支出98860元（法币）。抗日战争时期（1938—1945），其他支出项目包括协助费、债务费、补助费，全区平均年支352.1万元，占财政支出的16.7%。民国35—37年（1946—1948），全区其他支出占财政支出的82.5%。

三、新中国成立后的其他经费支出

价格补贴支出 此项支出包括粮食、肉食、生活用煤、蔬菜等按国家政策规定对经营企业单位发生的价格补贴。1958年开始，零陵地区对生铁、棉花、生猪、市场用煤、蔬菜、三类农副产品等收购实行价格补贴。1979—1985年，对经营肉、蛋、棉花、煤炭的价差补贴，从财政收入中退库2326.7万元，年均退库387.8万元。1985年，肉价补贴直接列入预算支出。1986年起，凡政策规定的价差补贴列入预算支出。1988年，省将粮食下放到地区管理，全区每年增加粮油价差补贴支出2789.8万元。1985—1990年，全区价格补贴支出1.44亿元，占同期财政支出的7.6%，年均支出2407万元。

“五七”干校经费 此项支出是“文化大革命”时期特有的预算支出科目。1969年，遵照毛泽东主席的“五七”指示，零陵地区将地、县党政干部训练干校改为“五七”干校，接收部分干部进行“劳动锻炼”和改造思想，是年全区支付“五七”干校经费121.3万元。1970年，全区支付72.5万元。1971年停支。

干部下放劳动锻炼经费 1957年元月，对国家机关、企、事业单位和党派团体实行精兵简政，将一部分“三门”（从家庭到学校到机关）干部下放到农村锻炼，其经费支出包括工资及灯油费，由原单位按季拨付到所在乡政府代管发放。1958

年，由地方财政列为下放劳动锻炼经费，是年零陵地区支出6.4万元。1969年，在“斗、批、改”运动中，地、县部分机构调整、合并，精简机关人员，部分干部被下放回乡务农或插队落户，财政设干部下放插队落户经费。1969—1971年，全区支出272.8万元，年均支出90.9万元。1972年起停止下放干部，原下放的干部陆续返回单位，重新安排工作或作退休处理，此项处理支出逐年减少。1972—1975年，全区支出128.1万元，年均支出32万元，比前三年平均减少58.9万元，下降64.8%。1976年，取消此项经费。

落实政策经费 1978年12月，中共十一届三中全会以后，对“整风运动”“反右倾”“四清”和“文化大革命”等历次政治运动中的冤假错案进行平反，落实政策。1980年起，财政安排落实政策经费，用于补发平反人员的工资或生活困难补助。1980—1982年，零陵地区落实政策经费支出277.1万元。1983年，对起义投诚和地方武装人员落实政策，发给生活补助费。1985年，处理“文化大革命”时期遗留问题，全区财政安排810万元补发死亡人员的安葬费、遗属一次性抚恤费和遗孤致残人员生活救济。1983—1989年，全区支出1451.7万元，年均支出207.4万元，1990年后无此项支出。

其他各项经费 此项支出是指各年度财政预算支出难以预料的临时性支出，其支出项目繁杂。历年已列单项支出的有：20世纪50年代统购统销经费、合作社编余人员经费，20世纪60年代干部下放退职经费，“文化大革命”初期红卫兵串联经费、兵役征集经费，20世纪70年代国债发行经费，20世纪80年代办案经费和华侨旅游、财政贴息、住房改革试点、城市工地开发建设以及其他杂项支出。1953—1990年，零陵地区其他各项经费支出7639.7万元，占同期财政支出的1.7%。

第六章 上缴款项

清代，财政实行统收统支，地方财政除按规定坐支留用外，余上解藩库。道光元年（1821），永州府上解赋税占财政收入的81.2%。光绪十一年（1885），上解赋税占财政收入的80.3%。宣统三年（1911），上解赋税占财政收入的50.4%，另有部分土特产例贡。民国时期（1912—1949），赋税上解种类和比例变动频繁。民国17年（1928）后，以国税代替解款制度，凡属中央税收直接解缴中央金库。民国21年（1932），各县设省税征收局，负责省税征收解缴事宜。新中国成立后，零陵地区上解支出因不同管理体制，上缴方式也有差别，另外还上缴一些专项资金以及中央向地方的借款。1950—1991年，全区上缴5.74亿元，其中上解支出3.92亿元，占上缴总额的68.3%；上缴各种专项资金4778.9万元，占上缴总额的8.4%；中央借款1.34亿元，占上缴总额的23.3%。

第一节 上解支出

清道光元年（1821），额定永州府丁粮起运解藩库98941两（银），除坐支驿站经费2200两外，实解金库9.67万两。咸丰、同治年间（1851—1874），额定数不变。光绪十一年（1885），额定永州府所属地方财政收入除按规定坐支留用外，每年上解藩库8.95万两，蓝山县每年另上解9286两。宣统元年（1909），各县地丁起运，藩库应收9.8万两。宣统三年（1911），永州府加蓝山县上解朝廷赋税97284万两。

民国元年（1912），湖南规定各县田赋每正供1两征长平银2两4钱者，以1两6钱解财政司，8钱留存地方；征2两2钱者，以1两5钱解财政司，7钱留存地方，各县均按此缴解。民国3年（1914），永州区上解12.19万两，占田赋收入的68.7%。民国4年（1915），全区田赋收入以银圆解库17.58万元。民国17年（1928），全区各县以征收省税与中央税的形式代替县级财政的上解。民国26—29

年（1937—1940），全区征田赋正附税484.0万元（银圆，下同），其中省正附税303.7万元，占62.8%；年均上缴省财政75.9万元。民国30年（1941），田赋改征粮食，全区征粮26.1万担，其中正税交中央5.9万担，交省税9.1万担，两项合计占57.4%；同时将营业税收入的95%，印花税收入的70%上解省财政。民国34年（1945），遗产税的75%上解省财政。民国35年（1946）起，田赋收入分成比例为中央、省占50%，营业税全部上缴省财政，当年全区上缴粮食49.7万担。

新中国成立后，零陵地区上解支出分直缴中央收入和上缴分成收入。

直缴中央收入 根据各个时期财政管理体制，凡属中央指定的预算收入项目以及中央与地方预算固定比例分成项目，由国家金库按入库数直接划缴中央，不通过地方财政预算总会计。1950—1991年，零陵地区直缴中央收入14.67亿元。

上解分成收入 1958年以前，财政实行统收统支制度，零陵地区的财政收入全额上缴省财政，支出由省直拨。1959年，实行“总额分成，一年一定”，年终超收80%交省。1971—1973年，实行收支包干，全区超收全留。1978年，又改为“定收定支，增收分成”办法，增收部分上缴45%。1980年起，实行“划分收支、分级包干”办法，中央确定收支基数后，核定留成比例，多余部分上缴省、中央，全区固定收入小于支出。省财政从调剂收入中划给地区预算的比例为97%；超基数部分地县留成70%。1982年起，对烤烟税、酒税实行增收分成。1983年，地区本级的财政收支实行“分配收支指标，收支分别包干，超收（减亏）分成，短收（增亏）分担，超支不补，结余留用，一年一定”的办法，超收（减亏）部分上缴75%，县市上缴30%。是年起，屠宰税收入上解50%，并开征国家能源交通重点建设基金和预算调节基金，全部上解。1985年起，实行“划分税种，核定收支，分级包干”的办法，当年农业税价差上解100%，后调为80%。1986—1987年，省对地本级取消一级财政，以收支两条线管理。1988年后，恢复地区一级财政，实行定额补贴的财政管理体制，上解农业税价差60%，是年起征收的城镇土地使用税、耕地占用税、物资批发企业营业税、奖金税等收入，按上级核定比例上缴中央、省财政。1950—1991年，全区上解中央、省财政的收入为4.22亿元，占同期财政收入的12.8%。

第二节 上缴专项资金及物资

道光二十六年（1846），永州府的贡品有葛、白紵、白布、零陵香。光绪十三年（1881），土贡有铁、锡、细葛、綂丝、尅丝、石燕、青綫、石声、石屏、香芋、斑竹、零陵香、方竹、茶、异蛇。宣统年间（1909—1911），向朝廷例贡的有祁阳的葛布、零陵的锡茶瓶。

新中国成立后，零陵地区上缴中央或省的专项资金有：1967—1972年建设结余资金7466万元，1964—1978年冻结行政事业单位的银行存款492.4万元，1965—1966年清理各部门的小钱柜资金266.7万元，1982—1984年增加地方企业上缴折旧基金473.3万元。

第三节　中央借款

1981年起，中央向地方政府借款，按地方包干收入和定额补助收入确定，计划内借款比例为1%~48.3%（地本级48.3%）；超计划的借款比例为：分成收入县上解20%，定额补贴县上解25%。是年全区上解中央借款2500.5万元。1982年，中央借款按照地方可用财力数确定，计划分配任务3630万元，是年财政收入较计划短少2500万元，中央借款定为2330万元。1983年，中央将此借款额打入包干基数，不再叫中央借款。1987年起，中央再次向地方政府借款，按1986年12月地方电讯月报支出数字，扣除部分专项支出指标后确定借款比例5%~30%，是年全区负担中央借款1517万元。1988年，中央借款按财政收入的7.5%计算定为1669.7万元，延至1991年。1987—1991年，全区负担中央借款8695.8万元，以上各年度中央借款于年终财政决算结算时通过专项上解中央。

第三篇

财政管理

清代，永州府所属州县没有设立一级财政，财政一切收支由朝廷额定，府、县只承担征收、解交和坐支事项。民国初期，永州财政仍沿清制，收入全部上解，支出由湖南省下拨或以收抵支，就地收支，也没有统一的财政管理制度。民国 17 年（1928），第一次全国财政会议决定划分国家收入、地方收入标准案与划分国家支出、地方支出标准案，仅仅是国家财政的收支划分，地方政府没有设立相应的一级财政。民国 27 年（1938），建立湖南省第七行政督察区，省按行政督察区设立财政视察区，派员轮流视察。民国 28 年（1939），国民政府颁布县级组织纲要后才明确划分县级财政收入来源。民国 35—37 年（1946—1948），当时正处于解放战争时期，地方政府和财政部门无暇顾及财政管理工作，各项财政制度和财政法规名存实亡。新中国成立后，零陵地区及下属县均建立一级财政。第一个五年计划和第二个五年计划时期（1953—1962），地方行政机构先后并入湘南行署和衡阳专署，无零陵地区一级财政。1963 年，恢复零陵地区建制和地区一级财政后，逐渐形成一套比较完整的、新型的社会主义财政管理体制和体系。

第一章　财政管理体制

清代，永州府及所属各县执行朝廷的征收、解款制度，没有建立地方财政管理体制。民国时期（1912—1949），建立县一级财政体制，但不完善。新中国成立后，零陵地区逐步建立和完善地区和县（市）两级财政管理体制。1950—1952 年，划分乡（镇）财政收支范围。1984 年，全区普遍建立乡（镇）财政所，逐步完善乡镇财政管理体制。

第一节　地区财政体制

民国 3—26 年（1914—1937），永州无地区一级行政机构，亦不存在一级财政。民国 32 年（1943）起，湖南省财政厅按行政督察区派荐任督导 1 人，常驻指定区、县督导和整理自治财政。

新中国成立初期，永州专区在专员公署内设立财政粮食科，负责贯彻执行中央和省制定的财政政策、法令、制度，汇总编制预算，但收入全部上缴省财政，支出由省财政下拨。1949 年 11 月，永州专员公署发布《湖南省人民政府永州区行政专员公署财字第一号布告》，规定“免除一切杂款，统一征收公粮”，按“粮多的多征，粮少的少征，无粮不征”的原则，全年一次缴纳。1950—1952 年，零陵地区财政隶属湖南省财政，执行“统收统支”体制。1950 年，按中南区供给标准，以大米（市斤）和人民币为计算单位，分政民费、民政费、建设费、教育费和各项事业费，由各县造出概算上报专区汇总。1951 年，零陵地区拟订的 1951 年地方财政计划（草案）中指明：“地方财政必须贯彻‘中央国防第一，稳定金融物价第二，行政事业第三’”的总方针，大力增加一切可能的收入，紧缩乡行政经费及教育事业费，挤出一切可能挤出的钱来投资工矿事业，发展全区经济。”零陵地区在 1951 年行政暂行管理办法中确定“逐步建立与加强县级财政的方针”，对地方财政支出“专署且作统一的和必要的调剂掌握”，地方经费及各项事业费按标准一次批给各县，由县掌握，在按月保证地方经费及事业费的开支外，节余部分用于工矿投资，发展地方企业。1952 年，全区开展增产节约运动，同时反对偷税、漏税，平衡民负，专署财政管理工作重心放在各县。零陵专署 1952 年财政工作计划（草案）明确：大力组织收入，努力完成国家税收，同时完成地方粮 1600 万公斤，公产租谷 600 万公斤，以保证乡村学校经费，增加地方工矿建设的投资。是年，地方财政收入（地方可用资金）有地方附加收入、企业利润收入等 11 个科目，全年收入 845.9 万元。

1952 年，零陵地区先并入湘南行政区。1954 年，零陵地区所属新田县划归郴州专署管辖，其余县归衡阳专署管辖，无零陵地区一级财政。

1962 年 10 月，零陵从衡阳专署分出，恢复地区行政建制，相应建立一级财政，省对零陵地区实行“总额分成，一年一变”的财政体制。按隶属关系划入零陵县、东安县、道县、宁远县、江永县、江华县、蓝山县、新田县和零陵耐火材料厂、零陵水电设备厂、零陵煤矿、零陵电厂以及零陵地区农科所等地级企业，省补助搬家费 100 万元，是年预算和决算仍归衡阳专署编报。1963 年，零陵地区单独编列预、决算，执行“比例坐支，超收分成”的办法，将屠宰税、牲畜交易税、文化娱乐税、车船使用牌照税、城市房地产税和集市交易税等地方税收和国营饮食服务企业收入以及其他收入作为地区和县财政的固定收入，中央和省不参与分成。工商统一税、工商所得税、农业税和盐税作为调剂分成收入。水库移民建房支出等由省财政直接拨款，各地基本建设投资列入省级财政预算，新华书店、电影发行公司等企业事业单位的收支归省财政管理。

1964 年，财政体制未变，执行办法作调整，将地方的全部收入作为总额分成收入，超收分成比例为 12.3%；支出方面，除基本建设和特大防汛抗旱救灾由中央财政专项拨款外，其余参与收入分成。

1965—1966 年，省对零陵地区实行“总额分成，加小固定”的财政体制，将地方税和饮食服务收入、其他收入作为地方财政固定收入，不进行总额分成，超收全留，其余各项收入实行总额分成。零陵地区分成比例为 57%，超收部分省、地、县按 5∶3∶2 比例分成。

1967 年，取消“小固定”，废除 20%的超收分成，超收分成也按总额分成比例，即 57%计算，实行完全的总额分成。

1968 年，零陵地区财政执行省财政厅明确的“收支两条线”规定，预算中除房地产税留给地方安排城市维护支出外，其余全部上缴省财政，预算支出指标由省财政如数下达，支出结余部分除国家投资的基建结余金额上缴外，其余留地区使用。

1969 年，省对零陵地区财政采取“收支挂钩，总额分成”的办法，以省核定的收入扣除城市房地产税后，余额参与分成，以省核定的支出指标按收支挂钩比例计算留成和上解，零陵地区支大于收，留成比例 100%。

1970 年，省财政对零陵地区采取“定收定支，总额分成”的办法，以地区为单位进行平衡，总额分成比例和超收留成比例为 100%。

1971—1973 年，省对零陵地区实行“收支包干，超收分成，支出超支，自求平衡”的财政体制，采取“支出包干，超收分成，年初定好，当年不变，收支增减，不调比例，支出超支，自求平衡”的办法，留成比例和超收分成比例为 100%，1973 年调到 70%。

1974—1975 年，省对零陵地区采取“收入按固定比例留成，超收另定分成比例，支出按指标包干”的办法，固定留成比例 6%。

1976—1977 年，省对零陵地区实行“定收定支，收支挂钩，总额分成，一年一变”的财政体制，按总额上解 10%，留成 90%，超收部分按 50%分成。

1978—1979 年，“总额分成”体制未变，省对零陵地区采取“定收定支，一年一定，收支挂钩，增收分成，下年使用”的办法，取消固定比例留成，1978 年增收分成比例为 55%，1979 年为 58%。是年，地方征收的房地产税和车船使用牌照税全部下放给县（市）财政，用于维修城镇房屋和支援农业生产，屠宰税（不包括国营商业和供销社收购调拨部分）下放 50%，下放部分限用于发展养猪事业。

1980 年，经济体制改革开始，财政体制改革先行，省对零陵地区实行“划分收支，分级包干，分灶吃饭，一定五年”的财政体制。属地区财政固定收入的项目是：所属企业收入上划中央企业利润的 20%分成，工商所得税，其他工商税（计算包干基数时扣除其他工商税，其中屠宰税缴省 50%，年终一次结算），滞纳金，补税罚款收入，盐税，农业税，其他收入。调剂收入项目：工商税。支出包干项目是：工交商事业费，支援农业支出（不含小型农田水利和防汛岁修费），文教卫生事业费，抚恤救济费（不含自然灾害救济），行政管理费，城市维护费，知青工作业务费，其他支出，预备费。基本建设费列入省级预算，各专项拨款列入地区决算，不计入包干指标。将企业上缴中央和省财政的基本折旧基金列入地区预算作上解支出。收支包干基数按 1979 年实际发生数，经过适当调整，协商确定 1980 年收入指标 7870. 2 万元，减去地方税 170. 0 万元和工商税 5096. 0 万元后，固定收入基数为 2604. 2 万元；确定 1980 年支出指标 7221. 1 万元，剔除简易建筑费 50 万元，科技三项费用 12 万元，小型农田水利费 267. 5 万，防汛岁修费 51 万元，与固定收入挂钩的支出基数为 6804. 6 万元。支出大于收入 4236. 4 万元，从调剂收入项工商税中留成97%补充，3%上解省财政，超收（调剂收入基数6155.3万元）部分上解省30%。省对行署本级财政收支实行“一年一定”，将中央和省库中地市企业上缴财政的折旧基金列入地市预算，作上解支出，财政作“列收列支”，而折旧资金通过银行全部解省。1981—1982年，执行1980年的财政体制。

1983年，省撤销零陵地区一级财政，地区不担负全区财政平衡职责，省财政将收支指标直接包干到县，地区本级财政与省捆在一起，采取“分配收支指标，收支分别包干，超收（减亏）分成35%，短收（增亏）分担35%，超支不补，结余留用，一年一定”的办法，地区直属企业事业单位改变隶属关系时，随时调整收支包干基数。是年，全区收入包干基数8222万元，其中地本级373万元；支出基数7743.5万元，其中地本级882.7万元。全区实际完成收入9773.2万元，省按行署本级支出指标给予1%的机动金55.9万元。

1984年，省恢复零陵地区一级财政，实行“总额分成”体制，年终实际收入超过包干基数和计划部分另定分成比例，原核定总额分成比例94.93%，后改为98.5%，超收分成比例75%。收入基数在1983年8222万元的基础上增加：由衡阳地区划入零陵地区的黎家坪水泥厂收入指标167万元和祁阳县收入指标1597.2万元，省下放森林工业企业的收入指标26.6万元和商业二级站收入指标38.4万元，生产食糖价差补贴-240万元，蔬菜供应补贴-5.0万元，省集中供销企业13%的留利改为地区退库-48万元，取消农村城镇街道企业生产用煤补贴2万元后收入基数为9760.2万元。剔除地方税301万元，调整后的收入包干基数为9459.2万元。支出基数在1983年7743.5万元的基础上增加祁阳师范学校经费29.5万元和预备费5700元，第四批军队转业干部经费85.5万元，祁阳县支出指标1303.0万元，减少省上收税务费182.8万元后计8979.3万元。省对零陵地区本级财政采取“收支包干”的办法，收入基数为565.4万元，支出基数924.8万元。

1985年，省对零陵地区实行“划分税种，核定收支，分级包干”的财政体制，收入以1983年决算收入9776万元为基数，扣除地方税等四项包干收入500万元，加上1984年分成收入同口径的调整数39.3万元，调整后的决算分成收入为9315.3万元，再剔除上收下划等项目252.1万元，收入基数定为9063.2万元。支出以调整后的1983年决算分成收入9315.3万元为基数，总额分成后加各县定额补贴329.9万元，分成财力为9175.6万元，再加新体制调整后的项目1138.6万元，支出基数定为10314.2万元。地区本级财政执行“定收定支，收支包干，收支两条线”的办法，以调整后的1983年收入-46.4万元为基数，全额上缴，超基数部分省和地区对半分成，短收对半负担，一定三年不变。支出基数以1984年包干基数通过计算确定为1281.1万元，由省包干拨给，超支不补，节余留用，一年一定。

1986—1987年，仍实行“分级包干”财政体制，省取消地区本级一级财政，以“收支两条线”方式管理。1986年，地区本级支出基数为1448万元，实际收入为364.8万元，支出2640.5万元，短收部分省对半负担130.7万元。森林工业企业退库271.9万元，与省下放收入指标75万元相差346.9万元，影响财政收入173.4万元，省照顾70%，即121.4万元；卷烟税完成10456.2万元，比1985年7764.8万元增收2691.4万元，其中按增收分成得183.8万元，年终地区本级净结余81.5万元。1987年，地区本级支出基数未变，实际收入175万元，支出2759.6万元，森林工业企业退库219.9万元，省照顾103.3万元，卷烟税增收分成187.1万元，年终净结余85.9万元。是年，开征农林特产税征收130.5万元，耕地占用税征收80万元，农业税由1985年前每百公斤稻谷价23.1元提到34.18元，按正税的稻谷计算，价差额的80%年终决算解省。食糖价格补贴基数上解省240万元。从1987年起，定额上解物资、商业批发营业税133.2万元。

1988年，省政府确定零陵地区为改革开放试验区。省财政厅决定恢复零陵地区一级财政，实行“定额补贴”的财政体制，一定三年，以1987年财政体制结算省实际补贴数为基数，适当调整一部分收支范围和其他因素后计算每年定额补贴6830万元。在包干期内，屠宰税收入全部留归地县；取消农业税附加原上缴省2%部分，零陵烟卷厂的卷烟产品税分成由10%改为以1987年实际入库数为基数，超基数部分定比分成20%（包括烟厂和烟厂所在市），耕地占用税除上缴中央50%外，其余留给地县用于发展农业生产；中央借款按年终财政收入数扣除排污费和奖金税，下放粮食、外贸亏损收入后，按7.5%比例上解；地区一级财政负责所属各县市的收支平衡，各县市财政体制原则上未作变动。每年定额补贴6830万元，包括按上年财政体制结算省补贴415万元，其中地区本级收入基数和1987年短收由省负担的205万元，以及1987年省定额补贴东安等7县1013万元与冷水滩等4县（市）定额上解803万元；调整收支数5915万元，其中包括下放农村广播学校经费等4992万元（含行署本级支出基数1537.9万元，全区工资改革补贴1006万元）、粮食企业亏损939万元及上收下划企业等指标；省给体制照顾数500万元。地区将下放指标如数分给各县市，年终结算。省对零陵地区的烤烟实行基价计税和烟叶收购基数内（50万担）确保上缴省烟草公司，基数外价格放开的办法。

1988 年省确定零陵地区为试验区后财政每年定额补贴数

表 3-1　　　　单位：万元

项　目	金额	说　明
一、按 1987 年财政体制结算省补贴数	-415	(一) 固定项目补助数系森林工业企业：
1. 定额上缴，递增包干县上解	803	减收影响财力照顾 70%部分。
2. 行署本级收入基数	-46	(二) 1985—1987 年企业上下划包括：
3. 行署本级超收上解或短收补贴	-159	(1) 湘财企〔1985〕432 号文件下放工交、医药
4. 定额补贴县补助（含增长部分）	-1013	收入基数 157 万元，其中地级 5 万元，
二、调整收支数	-5915	永州制药厂 22 万元，“107 厂” 90 万元。
1. 下放支出	-4992	(2) 湘财企〔1985〕388 号文上收石油批发企业 -50.3万元。
2. 下放粮食企业亏损	-939	(3) 湘财工〔1987〕541 号文省交通下放 18.3 万元。
3. 上级冶金总公司企业“三税”	-16	(三) 下放支出中含：
4. 固定项目补助	-103	粮食议转平价差补贴 576 万元，
5. 1986—1987 年企业上下划	125	粮食提价补贴 1146 万元，
6. 统计事业费上划	10	粮食企业亏损-939 万元。
三、省体制照顾数	-500	
四、1988—1990 年每年省补贴数	-6830	

从 1989 年起，零陵地区开征预算调节基金。中央企事业单位上缴的预算调节基金全部上缴中央财政。地方企事业单位上缴的预算调节基金，中央与地方对半分成。中央分成的 50%在预算调节基金入库时，通过银行直接划缴中央金库；地方分成的 50%部分就地缴入当地财政金库，年终省与地县通过财政决算进行五五分成。是年，全区预算调节基金收入 352.6 万元（地方 50%部分），省与县（市）各得 176.3 万元。

1990 年，零陵地区按 1989 年中央借款额向中央做贡献 250 万元。是年，农业税征收稻谷的收购价由 1985 年每 50 公斤 17.09 元提到 22.1 元，比 1985 年前的 11.55 元增加 10.55 元，按农业税实际入库数计算，价差部分上解中央与省 60%，全区上解 741.1 万元。

1991 年，零陵地区财政体制不变，全区财政赤字 2623 万元，累计赤字 6656.5 万元。地本级、冷水滩市、江华县、蓝山县实现当年收支平衡。除地区本级平衡外，11 个县市皆有赤字。是年，新田县卷烟厂、江华县烟厂的利税纳入地方预算内，其中：产品税按环比每年增长部分上解中央和省 60%，两县上解卷烟产品税

1031.8万元，其中新田630.4万元，江华401.4万元。

第二节 县（市）财政体制

零陵地区自清朝后县级建制比较稳定，清康熙三年（1664年）有永州八属之称，但建立相应的县级财政体制则始于新中国成立后的1953年。清道光30年（1850）以后，县（市）财政体制演变可分九个阶段。

一、受控于国家财政集权体制时期

清道光至宣统时期（1821—1911），国家财政采取统收统支的中央集权制，没有中央财政与地方财政之分，永州八属加蓝山县，没有建立一级财政，知县衙门无财权。一切财政收入上缴朝廷，征税的权力由朝廷掌握，各县衙门经费开支在国家规定的税收项下拨留支用。

民国初期，财政沿清旧制。民国3年（1914），废府留县，仍没有建立县一级财政。民国18年（1929），各县建立财政局，但未设一级财政。民国23年（1934），第二次全国财政会议议定划分省、县收支原则五项，划分中央、省、县三级财政。民国24年（1935），国民政府立法院颁布财政收支系统法，规定县（市）建立一级地方财政，湖南没有贯彻执行。民国28年（1939），国民政府颁布县级组织纲要，明确划分县（市）财政收入来源：田赋45%，契税60%，普通营业税20%，印花税30%，屠宰税、房捐、警捐全数留县，出现县级财政雏形。民国29—30年（1940—1941），湖南推行新县制，对省与县税的划分作进一步规定，县级财源扩大，财政收入增加，但县还不是一级财政。

二、实行地方自治财政体制时期

民国31年（1942），有国家财政和地方自治财政之分。原永州府所辖的零陵、祁阳、东安、道县、宁远、永明、江华、新田县为自治财政。民国35年（1946），县级财政收入来源在原基础上田赋和营业税提高到50%，契税提高到100%，增加遗产税30%和营业牌照税、筵席税及娱乐税的全部收入，原印花税30%由中央收回。如收不抵支由国家财政拨给补助。这一财政体制和管理办法沿用到1949年9月。

新中国成立初年（1949），永州专区所属各县人民政府内设财粮股，负责实施中央、省、地的财政政策、法令和制度，督促检查财政收支情况，汇总编制概算、预算和决算等工作，各县不是一级财政，一切财政收入上缴中央，支出由中央层层下拨。

三、隶属省财政实行统收统支时期

1950年2月起，零陵地区各县财政隶属湖南省财政，按“统收统支”管理体制执行。其收支概算按专区核定数，收入上缴，支出下拨，每月额定的支出款项由财粮股主管到专区财粮科清领资金和核定报账，节余留用，超支抵下月支出。各县财力除概算外，各项税收超收提成40%，城市房地产税提成20%及各种收入超额完成任务提成归各县自行安排使用；财政支出范围，除乡村征收经费（包括文教经费）自收自支外，增列城市建设、社会救济、县立学校、医院、卫生院及不属国家供给单位的开支等，视其自身财力进行开支。

1951年，零陵地区各县财政仍在省财政内，县以下乡村地方粮，由县单独编造收支计划，不列入省预算。县财政收入有：农业税附加（正税的20%），工商税超额分成（比例为25%或15%），房地产税分成（比例为20%），房捐，公营企业收入，公有事业收入，电费、自来水附加（比例为10%），公共汽车、轮渡附加，规费和罚没收入，其他收入。支出项为：乡行政费，干部训练费，会议费，县立中学、简易师范、初级职业学校、完全小学、文化馆等经费，县地方卫生院、防治医疗机构等经费，民兵干部集训与会议费，灾荒救济，荣军优抚等开支，地方性的农业推广、农场、苗圃、畜疫防治、小型水利等经费开支，财务费，企业投资，其他支出和预备费。1951年，概算中各县地方财政收入有地方粮附加，超征粮提成，尾欠数，税收附加，税收提成，校田公产收入，企业收入，契税收入，旧账结存，1950年贷粮收入。地方财政支出有行政费支出，文教费支出，卫生费支出，民政费支出，建设费支出。

1952年，各县未设一级财政，财政收支范围照1951年执行。湖南省财政对零陵地区各县地方财政增加教育事业补助费31万元，社会事业补助费20.1万元。各县机关开展生产劳动，收入6.4万元，弥补机关经费。

四、实行以支定收的财政体制时期

1953年，零陵地区各县建立一级财政，实行“以支定收，收入分成，一年一定”的管理体制。属于县级财政收入的是：屠宰税、交易税、城市房地产税、契税、特种消费行为税、车船使用牌照税，县管理的地方国营企业利润及折旧费，县级及乡（镇）事业收入，其他收入和上年结余。财政支出分：经济建设费类和行政事业费类。各县收入3169.9万元，收大于支的1200.4万元上缴省财政。1954年，省将印花税和利息所得税划作县财政的固定收入（全区这两项年收入60.9万元，占地方税的2.4%），并采取固定比例划税分成的办法，即农业税由省分成45%后，再按分成额的68%下划到县；工商业税由省分成20%后，再按分成额的68%下划到县，按上述比例分成仍不敷支出，则从调剂收入中解决。全区除东安县收大于支上解5.5万元外，其余县由省补助156.5万元。

1955—1956年，各县预算体制沿用1954年规定办理。原列预算外管理的县企业收入、公私合营企业收入、机动田租收入、公有山林收入、渔业税、中学学费收入都改作预算内固定收入。1955年，江华县改为江华瑶族自治县，不执行统收统支办法，而是将中央划给省的农业税40%、工商营业税及工商所得税20%，商品流通税和货物税4%划给该县，省财政每年给予补助29.1万元。1956年，将商品流通税和货物税划税比例提高到15%。

1957年，一切财政收入由省根据各县情况统一分配，分为固定收入与分成收入，固定收入为1955年确定的项目。分成收入项目（工商营业税和工商所得税）的分成比例各县为15%。调剂收入（商品流通税和货物税），除江华瑶族自治县按5%的比例划给外，其余县不划给。是年，零陵地区财政收入2131.8万元（包括省分成部分），支出1774.2万元。

五、实行以收定支的财政体制时期

1958年，各县执行“以收定支，五年不变”的财政体制，逐步由“划分收支”向“总额分成”过渡。财政收入项目：一是固定收入，包括印花税、利息所得税、屠宰税、牲畜交易税、城市房地产税、文化娱乐税、车船使用牌照税和地方企事业收入及其他收入；二是企业分成收入，包括中央划归地方管理的企业和中央管理、地方参与分成的企业利润，20%划给企业所在县作为预算收入；三是调剂分成收入，包括商品流通税、货物税、工商营业税、工商所得税、农业税和公债，除江华县按20%分成，其余县按15%分成。财政支出分为：正常支出，包括地方经济建设事业费、社会文教事业费、行政管理费和其他经常性费用支出，用地方固定收入自求平衡；基建和重大灾荒、大规模的移民垦荒等由上级财政或中央拨给。各县执行这种体制结果是当年结余830万元。

六、实行总额分成一年一定的财政体制时期

1959年，各县执行“总额分成，一年一定”，即“收支下放，计划包干，比例坐支，超收分成”的财政管理体制。地区按企事业隶属关系，将财政收支核定到

县，收入方面不分固定收入和调剂收入；支出方面包括地方的基本建设和企业所需流动资金全部拨给地方，作为地方财政支出，不分正常支出和专项拨款。收支划定后，以支出占收入的比例坐支，年终超收分成20%。1960年起，超收分成比例提高到30%，国营、公私合营的饮食服务业纳入预算管理。1961年，从中央到地方，坚持“全国一盘棋”，各级预算安排一律不准出赤字。1963年，执行1958年按固定收入、调剂收入和正常支出、专项拨款分类的管理办法。

1964年，零陵地区对各县继续实行“总额分成”的财政体制，将地方企业收入、商业收入（指商业二、三级批发站和零售商业收入）、工商统一税、工商所得税、各项地方税、农业税、牲畜交易税和其他收入全部作总额分成收入，支出方面除基建等专项拨款，其余各项参与收入分成，分成比例一年一定。1965年，改为“总额分成加小固定”，将屠宰税、文化娱乐税、车船使用牌照税、牲畜交易税、饮食服务收入、其他收入作固定收入，一年一定，超收全留，除此以外的各项收入实行总额分成，各县总额分成比例30%，超收部分江华县全留，其余县分成20%。1966年，仍执行1965年办法。

1967年，取消“小固定”，实行总额分成，超收不予分成。地方组织的收入除城市房地产税留给地方外，一律实行总额分成。支出方面除流动资金、新产品试制费、支援人民公社支出、城市人口下乡安置费、水库移民防汛费由地区专项拨款外，其余参与收入分成。各县总额分成比例：零陵县40%，东安县60%，道县85%，宁远县90%，江永县95%，江华县85%，蓝山县90%，新田县95%，潇水局95%。是年起，地方企业的折旧基金不缴财政，留给企业用于更新改造，农业“三场两站”和增拨企业的流动资金纳入预算管理，总预备费设置比例为江华3%，其余县2%。

1968年，零陵地区对县实行“收支两条线”管理办法，预算收入中除房地产税留给县用于城市维护支出外，其余全部上缴，支出亦全部下拨。

1969年，县财政体制实行1967年的“收支挂钩、总额分成”的办法，零陵县、东安县、双牌县收大于支，其余县支大于收。1970年，改为“定收定支，总额分成”，由地区平衡，年终无赤字县。

七、实行收支包干自求平衡的财政体制时期

1971年起，零陵地区各县执行“收支包干，超收分成，支出超支，自求平衡”的财政体制，是年东安、江永、新田县分别出赤字11.3万元、19.7万元、10.8万元。1973年，江永县出赤字74万元。是年，省从超收分成中给全区解决114万元，地区调剂12万元，合计126万元，分别补助零陵县18万元，东安县15万元，江永

县74万元，江华县10万元，蓝山县6万元，新田县3万元。

1974—1975年，零陵地区各县执行“收入按固定比例留成，超收另定比例，支出按指标包干”办法，执行结果是1974年江永县出赤字6.9万元，地区予以调剂补助7.4万元。1975年，全区结余553.3万元，其中各县结余222万元。

八、实行收支挂钩总额分成的财政体制时期

1976年，县财政体制改为“收支挂钩，总额分成”，各县挂钩比例不一，分成比例在20%以下的按20%执行。地方各税（除屠宰税）和其他收入全部留县作机动财力，不参与分成。1977年起，县办“五小”工业企业改“上缴利润或由国家财政弥补亏损”为“盈利四六分成（缴国家财政40%，留县财政60%）”或“亏损二八分担（县财政负担20%，国家财政负担80%）”。1978年起，房地产税、车船使用牌照税全部下放给县财政，屠宰税给县50%，交省50%。

1979年，各县执行“收支挂钩，增收分成”体制。将供电、木材、百纺、石油、五金、轻化、金属、副食、机电和物资车队上划省管，调减基数507.6万元；国家批准对供应猪、牛、羊、蛋、家禽和水产品，市场生活用煤、棉花实行价差补贴，按实际退库调整指标；农业税和“企业上缴基本折旧基金”收入不参与增收分成。

九、实行划分收支分级包干的财政体制时期

1980年，各县执行“划分收支、分级包干”的财政体制，实行“分灶吃饭”。以1979年预算完成数计算，确定收支包干基数，收入中剔除地方税和工商税，支出中剔除小型农田、水利和防汛岁修专款后，产生的固定收入和支出基数相比较，支大于收在调剂收入（工商税）留成中解决，各县留成比例是：零陵县25.7%，东安县70%，道县73%，新田县59.6%，永州市25.2%，工商税100%留成后仍少于支出基数，每年予以定额补贴，其中：宁远县147.7万元、江华县42.6万元、蓝山县120.8万元、双牌县71.4万元、江永县78.5万元，地区给县机动财力共160万元。

1981—1982年，执行“分级包干，分灶吃饭”的财政管理体制。

1983年，地区不设一级财政，由省直接包干到县，重新调整收支基数，一定三年。是年起，通过调减支出包干基数和收入分成比例，将中央借款进入包干基数改为上缴中央，以上年实际入库卷烟税2330.6万元、饮料酒税191.3万元、发电环节工商税355.3万元为基数上划中央后，不再返还县市。国家能源交通重点建设金全部上缴中央财政，地县市完成省分配年度征集任务的超收部分，省给予30%分成

(其中地区 10%，县、市 20%)，短收按此比例扣补。全区能源交通基金超收分成 17 万元。

1984 年，省恢复零陵一级财政，地区对所属县市的收支基数在 1983 年包干基础上，收入中就上收、下划企业和支出中增加第四批部队转业干部经费以及上收税务事业费的变更作调整，总额分成比例、定额补贴数以及超收分成比例有变动。

1985 年起，各县市中收大于支的采用“定额上缴，递增包干”办法，支大于收的实行“定额补贴”，补贴金额按 1983 年收支基数计算确定。冷水滩市、祁阳县、新田县定额上缴递增包干比例为 7%，永州市为 6%；定额补贴县，从 1986 年起，江华县每年递增 10%，其他县每年递增 5%。1985 年起，省分配全区每年承担中央借款 1517 万元。

1988 年起，省确定零陵地区为改革开放过渡试验区，各县执行“分灶吃饭”的财政体制，省对定额补贴县取消递增比例，农业税附加原上解省 2%部分不再上解，耕地占用税除上缴中央 50%外，其余留给县用于发展农业生产。1990 年，恢复江华县定额补贴递增 5%，是年起，各县承担中央借款每年增至 1669.7 万元。1990 年起，东安县、道县、宁远县、江永县、蓝山县、双牌县按上年承担中央借款额的 10%确定向中央做贡献数（已调整江永县划给江华县桥头铺等 3 个乡镇的中央借款基数 5.7 万元)；地本级按 30%，永州市、冷水滩市、祁阳县按 20%~22%；新田县按 10.5%确定；江华县免做贡献；全区每年向中央做贡献 250 万元。1991 年起，地区对县市肉价补贴取消递增 5%，固定为 723.5 万元。是年起，放开粮食价格，减少粮食系统的价差补贴，增加各县市财政补贴 541.4 万元。

1980 年零陵地区财政体制测算表

表 3-2

单位:万元

县市 / 项目	省对地核定数	地级	县小计	零陵	东安	道县	宁远	江永	江华	蓝山	新田	双牌	永州	待分配
一、1980 年收入包干指标	7869. 7	254. 6	7615. 1	1985. 5	876. 2	859. 4	689. 5	380. 6	583. 2	355. 0	708. 4	231. 2	1174. 1	-228. 0
减:地方税	170. 0	—	170. 0	35. 4	20. 3	20. 2	30. 0	10. 4	13. 3	13. 4	14. 7	7. 8	4. 5	—
工商税	5096. 0	—	5096. 0	1200. 6	367. 7	517. 8	411. 0	219. 6	417. 7	192. 6	565. 3	153. 2	1050. 5	—
固定收入基数	2603. 7	254. 6	2349. 1	749. 5	488. 2	321. 4	248. 5	150. 6	152. 2	149. 0	128. 4	70. 2	119. 1	-228. 0
二、支出指标基数	6840. 6	884. 7	5955. 9	1057. 9	724. 3	699. 6	792. 2	432. 7	596. 5	452. 4	465. 4	284. 8	144. 6	305. 5
小型水利	267. 5	—	—	—	—	—	—	—	—	—	—	—	—	—
防汛岁修	51. 0	—	—	—	—	—	—	—	—	—	—	—	—	—
三、收支基数差额	4236. 9	630. 1	3606. 8	308. 4	236. 1	378. 2	543. 7	282. 1	444. 3	303. 4	337. 0	214. 6	25. 0	—
1. 工商税留成%	97. 0	—	—	25. 7	70. 0	73. 0	—	—	—	—	6. 0	—	25. 2	—
工商税留成数	4943. 0	—	1307. 2	308. 6	257. 4	379. 0	—	—	—	—	337. 0	—	25. 2	—
工商税上交数	153. 0	—	—	892. 0	110. 3	138. 8	—	—	—	—	228. 6	—	1025. 3	—
工商税上交%	3. 0	—	—	74. 3	30. 0	27. 0	—	—	—	—	40. 4	74. 8	—	—
2. 定额补贴	—	—	461. 0	—	—	—	147. 7	78. 5	42. 6	120. 8	—	71. 4	—	—
四、地给机动财力	—	—	160. 0	28. 0	21. 0	21. 0	15. 0	16. 0	16. 0	10. 0	13. 0	10. 0	10. 0	—
补给后县留成%	—	—	—	28. 0	75. 7	71. 2	—	—	—	—	61. 9	—	3. 4	—

1980 年零陵地区财政收入指标分配表

表 3-3

单位:万元

项目 \ 县市	合计	地级	零陵	东安	道县	宁远	江永	江华	蓝山	新田	双牌	永州	待分配	省分配
一、企业收入	817.4	254.6	254.0	175.5	86.0	69.0	25.0	27.9	16.8	33.8	20.8	82.0	-228.0	758.0
工业	54.0	186.0	30.0	10.0	-35.0	-34.0	-5.0	-16.0	-36.0	-35.0	-16.0	5.0	—	2.0
商业	1020.0	51.0	197.0	156.0	132.0	130.0	58.0	69.0	59.0	65.0	33.0	70.0	—	1012.0
供销	92.0	52.0	31.0	15.0	2.0	-22.0	-14.0	—	2.0	9.0	10.0	7.0	—	42.0
农机	-57.0	-30.0	-3.0	-2.0	-4.0	-4.0	-3.0	-3.0	-3.0	-3.0	-2.0	—	—	—
文化	12.4	0.6	3.0	2.0	2.0	1.0	1.0	0.4	0.8	0.8	0.8	—	—	13.0
农林	-56.0	-5.0	-4.0	-5.5	-11.0	-2.0	-12.0	-2.5	-6.0	-3.0	-5.0	—	—	—
各种补贴	-248.0						-20						-228.0	-163.0
二、工商税收	5567.0	—	1325.0	460.0	560.0	460.0	240.0	445.0	235.0	600.0	170.0	1072.0	—	5201.0
工商税	5096.0	—	1200.6	374.7	517.8	411.0	219.6	417.0	192.6	565.3	153.2	1043.3	—	4765.0
所得税	301.0	—	89.0	65.0	22.0	19.0	10.0	14.0	29.0	20.0	9.0	24.0	—	262.0
其他税	170.0	—	35.4	20.3	20.2	30.0	10.4	13.3	13.4	14.7	7.8	4.5	—	174.0
三、其他收入	35.0	—	5.0	5.0	5.0	5.0	3.0	4.0	3.0	3.0	1.0	1.0	—	35.0
小计	6419.4	254.6	1584.0	640.5	651.0	534.0	268.0	476.9	254.8	636.8	191.8	1155.0	-228.0	5994.0
四、农业税	1450.8	—	401.5	247.7	208.4	155.5	112.6	106.3	100.2	71.6	39.4	12.6	—	1404.0
合计	7870.2	254.6	1985.5	883.2	859.4	689.5	380.6	583.2	355.0	708.4	231.2	1167.6	-228.0	7398.0

1980 年零陵地区财政支出指标表

表 3-4　　　　单位:万元

项目＼县市	合计	地级	县市小计	零陵	东安	道县	宁远	江永	江华	蓝山	新田	双牌	永州	待分配	省分数	备注
1. 简易建筑费	50.00	—	50.00	—	—	—	—	—	—	—	—	—	—	50.00	50.00	—
2. 科技三项费用	12.00	—	12.00	0.39	0.42	0.42	0.39	0.42	0.36	0.39	0.36	0.30	0.12	8.43	12.00	—
3. 支农类	1441.60	219.78	1221.82	159.85	115.16	106.06	116.43	88.03	83.27	92.64	77.81	60.05	9.52	313.00	1441.60	—
4. 工交商	36.10	27.80	8.20	0.90	0.90	0.90	1.40	1.40	0.80	0.80	0.40	0.40	0.40	—	36.10	—
5. 城市维护费	17.00	—	17.00	3.00	1.00	2.00	2.00	1.00	1.00	1.00	1.00	1.00	4.00	—	17.00	—
6. 知青就业经费	5.00	2.60	2.40	0.30	0.30	0.30	0.30	0.20	0.20	0.20	0.20	0.10	0.30	—	5.00	—
7. 文教科卫类	3630.30	401.40	3228.90	614.50	438.10	404.10	465.50	220.10	293.10	243.20	266.40	142.60	89.80	51.50	3630.30	—
其中:文化	87.00	23.70	63.30	13.00	5.70	7.90	6.20	4.60	7.80	6.90	4.80	4.20	2.20	—	87.00	—
高教	88.90	88.90	—	—	—	—	—	—	—	—	—	—	—	—	88.90	—
教育	2388.10	107.00	2281.10	449.70	321.80	280.40	344.20	142.20	198.30	162.00	186.40	91.70	64.40	40.00	2388.10	—
卫生	725.30	130.80	594.50	105.50	73.50	77.10	72.50	47.70	62.20	48.70	49.50	31.30	15.00	11.50	724.80	—
公益	150.10	13.60	136.50	23.50	17.00	17.90	21.00	12.00	12.00	13.00	11.60	6.00	2.50	—	150.10	—
体育	23.00	11.20	11.80	2.00	3.00	1.90	1.40	0.60	0.60	0.60	0.60	0.60	0.50	—	23.00	—
计生	86.00	6.00	80.00	14.50	10.80	12.20	12.50	5.50	6.70	6.00	6.80	3.30	1.70	—	86.00	—
8. 抚救类	217.70	18.80	198.90	51.00	22.60	27.00	27.20	13.50	14.10	15.50	14.50	6.50	7.00	—	217.70	—
抚血	137.70	8.80	128.90	33.00	14.60	15.50	18.20	9.00	9.60	10.50	10.00	4.00	4.50	—	137.70	—
社救	80.00	10.00	70.00	18.00	8.00	11.50	9.00	4.50	4.50	5.00	4.50	2.50	2.50	—	80.00	—
9. 行政费	1357.70	125.43	1232.27	219.14	136.89	143.70	160.41	96.21	139.94	99.08	94.41	70.42	27.92	44.15	1363.70	—
其中:公社房修	138.40	—	138.40	27.20	13.20	13.60	16.80	7.20	14.80	10.00	8.00	5.20	0.80	21.60	138.40	—

续表3-4

项目＼县市	合计	地级	县市小计	零陵	东安	道县	宁远	江永	江华	蓝山	新田	双牌	永州	待分配	省分数	备注
县以上房修	83. 00	10. 00	73. 00	7. 30	7. 30	7. 30	7. 30	7. 30	7. 30	7. 30	7. 30	7. 30	7. 30	—	83. 00	—
10. 其他支出	249. 70	16. 80	232.90	30. 40	20. 50	23. 70	24. 90	18. 80	61. 70	16. 90	15. 30	10. 80	4. 90	5. 00	243. 70	—
其中:工商	49. 70	7. 00	42.70	6. 80	5. 00	5. 60	5. 80	3. 50	5. 20	3. 90	3. 60	1. 80	1. 50	—	49. 70	—
税务	130. 20	4. 60	125.60	20. 30	13. 30	15. 10	16. 10	10. 60	14. 60	10. 50	9. 70	7. 40	3. 00	5. 00	130. 20	—
少数民族补助	25. 50	1. 70	23. 80	0. 50	0. 20	1. 30	1. 30	3. 50	14. 00	1. 40	0. 90	0. 70	—	—	25. 50	—
少数民族机动金	26. 70	—	26. 70	—	—	—	—	—	26. 70	—	—	—	—	—	26. 70	—
农业税征收费	10. 00	0. 50	9. 50	2. 20	1. 40	1. 10	1. 10	0. 80	0. 80	0. 70	0. 70	0. 50	0. 20	—	10. 00	—
军供站	1. 60	1. 60	—	—	—	—	—	—	—	—	—	—	—	—	1. 60	—
11. 总预备费	204. 00	83. 40	120.60	21. 60	14. 70	14. 20	16. 00	8. 80	17. 80	9. 40	9. 40	5. 80	2. 90	—	204. 00	—
合计	7221. 10	896. 01	6325.09	1101. 08	750. 57	722. 38	814. 53	448. 46	612. 27	479. 11	479. 78	297. 97	146. 86	472. 08	7221. 10	—
其中:包干基数	6840. 60	1191. 80	—	1057. 61	724. 17	699. 09	792. 09	434. 14	594. 85	453. 11	465. 14	284. 18	144. 42	—	6840. 60	—

注:1. 省体制定:总支出 7221. 1 万元,减:小型水利 1267. 5 万元,防汛岁修 51 万元,简易建筑费 50 万元,科技三项费用 12 万元后,包干基数为 6840. 6 万元。

2. 地区将“行政”指标 6 万元调入“其他支出”科目。此 6 万元为统计业务费和财务费各 3 万元。

1983年零陵地区财政收入基数表

表 3-5

单位:万元

项目＼县市	合计	地级	零陵	东安	道县	宁远	江永	江华	蓝山	新田	双牌	永州	待分
一、企业收入	907.0	373.0	226.2	139.0	95.3	93.0	34.0	33.0	13.0	21.5	-12.0	-109.0	—
工交	277.0	433.0	3.0	5.5	-5.5	-17.7	-0.3	-35.0	-35.0	-31.0	-25.0	-15.0	—
农机	-55.0	-6.0	-2.5	-5.0	-14.0	-2.0	-6.0	-2.0	-6.0	-3.5	-6.0	-2.0	—
农林	-62.0	-2.0	-3.0	-3.0	-19.0	-4.0	-3.0	-7.0	-6.0	-3.0	-12.0	—	—
商业	656.0	-66.0	203.0	120.0	120.0	120.0	52.0	80.0	52.0	44.0	23.0	-92.0	—
供商	206.0	86.0	22.0	22.0	18.0	10.0	-5.0	—	13.0	30.0	10.0	—	—
文化	38.0	1.0	9.0	6.5	6.5	5.5	2.0	3.0	2.0	1.0	1.5	—	—
煤炭价补	-125.0	-45.0	-5.3	-7.0	-10.7	-18.8	-5.7	-6.0	-7.0	-16.0	-3.5	—	—
二、工商税收	5115.3	—	1268.8	46.1	730.0	776.0	345.0	480.0	333.0	562.0	18.2	556.2	—
工商税	5130.0	—	1137.9	402.0	671.0	671.0	314.0	434.0	289.0	520.0	163.0	528.1	—
所得税	315.0	—	90.0	33.0	24.0	60.0	15.0	22.0	18.0	23.0	11.0	19.0	—
其他税	255.0	—	40.9	32.0	35.0	45.0	16.0	24.0	26.0	19.0	8.0	9.1	—
三、农业税	1714.1	—	433.6	261.8	228.3	173.3	124.5	117.0	111.0	82.5	44.3	149.0	-11.2
四、其他收入	35.0	—	5.0	5.0	5.0	5.0	3.0	4.0	3.0	3.0	1.0	1.0	—
合计	7771.4	373.0	1933.6	451.9	1058.6	1047.3	506.5	634.0	460.0	669.0	51.5	597.2	-11.2

1983年零陵地区财政支出基数表

表 3-6

单位:万元

项目 \ 县市	合计	地级	零陵	东安	道县	宁远	江永	江华	蓝山	新田	双牌	永州
农业支出	812.30	149.20	110.10	83.10	76.50	87.60	66.40	63.60	62.90	59.10	45.60	8.20
工交商	89.20	78.40	1.00	1.10	1.20	2.20	1.80	0.90	0.90	0.60	0.60	0.50
城市维护费	15.30	—	2.70	0.90	1.80	1.80	0.90	0.90	0.90	0.90	0.90	3.60
青年就业	5.00	1.20	0.60	0.40	0.40	0.40	0.30	0.30	0.30	0.30	0.20	0.60
文教卫事业费	4340.66	378.40	765.13	547.33	490.93	576.63	268.99	363.93	297.93	326.53	180.43	144.43
其他事业费	230.80	13.70	34.90	23.40	25.70	27.70	22.00	24.20	18.00	17.80	12.00	11.40
抚恤社救	276.20	25.00	61.50	28.00	34.40	34.70	17.50	18.50	20.00	18.70	8.60	9.30
人民防灾	0.00	—	—	—	—	—	—	—	—	—	—	—
行政管理	1480.10	151.70	226.00	154.95	158.80	180.10	112.90	147.35	110.55	108.70	80.55	48.50
其他支出	75.90	5.10	2.80	1.70	2.50	2.30	4.50	51.40	2.20	1.90	1.30	0.20
预备费	226.20	24.10	36.10	25.20	23.80	27.40	14.80	26.80	15.40	16.00	9.90	6.70
机动全和休制照顾	191.96	55.90	24.90	17.00	16.16	18.37	10.07	14.02	10.02	11.07	7.02	7.43
合计	7743.62	882.70	1265.73	883.08	832.19	959.20	520.16	711.90	539.10	561.60	347.10	240.86

1984 年零陵地区财政包干收支基数变动调整表

表 3-7　　单位:万元

项目 县市	收入基数				说明	支出基数					说明
	合计	1983 年基数	区划变更	上收下划		合计	1983 年基数	区划变更	第四批转业干部	税务上收(一)	
零陵	1928. 87	1933. 60	—	-4. 73	1. 基数 11. 2 万元为农业税待分指标。2. 区划 167 万元为由衡阳划人力家坪水泥厂利润。3. 上收下划为森工商业地级站下放及糖价蔬菜补贴退库指标	1249. 83	1265. 73	—	9. 50	25. 40	区划变更地级增 30. 04 万元,为祁阳师范 29, 47 万元及预备费 0. 57 万元
东安	879. 50	872. 80	—	6. 70		874. 30	883. 00	—	7. 40	16. 10	
道县	1046. 30	1058. 60	—	-12. 30		823. 49	832. 19	—	9. 10	17. 80	
宁远	1046. 80	1047. 30	—	-0. 50		947. 70	959. 20	—	7. 90	19. 40	
江永	501. 37	506. 50	—	-5. 13		509. 50	520. 10	—	2. 50	13. 10	
江华	636. 00	634. 00	—	2. 00		699. 20	711. 90	—	4. 20	16. 90	
蓝山	477. 85	460. 00	—	17. 85		530. 30	539. 10	—	3. 30	12. 10	
新田	655. 00	669. 00	—	-14. 00		554. 30	561. 60	—	4. 80	12. 10	
双牌	235. 17	215. 30	—	19. 87		340. 50	347. 10	—	2. 00	8. 60	
永州	462. 60	463. 10	—	-0. 50		238. 96	240. 86	—	5. 40	7. 30	
地级	565. 40	373. 00	167. 00	25. 40		924. 84	882. 70	30. 04	17. 70	5. 60	
祁阳	1574. 53	—	1597. 20	-22. 67		1290. 08	—	1303. 01	11. 70	24. 63	
待分配	-249. 20	-11. 20	—	-238. 00		-3. 80	—	—	—	3. 80	
合计	9760. 19	8222. 00	1764. 20	-226. 01		8979. 20	7743. 48	1333. 05	85. 50	182. 83	

省计划会确定,零陵地区总额分成(基数内)为 98. 5%,超收部分分成 75%;收入基数为 9760. 19-301=9459. 19 万元

1984 年零陵地区财政收入分成比例表

表 3-8　　单位:万元

项目＼县市	合计	地级	小计	冷水滩	祁阳	东安	道县	宁远	江永	江华	蓝山	新田	双牌	永州	待分
1984 年收入基数	9760. 19	565. 40	9194.79	1213. 77	1574. 53	879. 50	1046. 30	1046. 80	501. 37	636. 00	477. 85	655. 00	235. 17	1177. 70	-249. 20
减:地方税	301. 00	—	301.00	12. 40	46. 00	32. 00	35. 00	45. 00	16. 00	24. 00	26. 00	19. 00	8. 00	37. 60	—
包干收入基数	9459.19	565. 40	8893.79	1201. 37	1528. 53	847. 50	1011. 30	1001. 80	485. 37	612. 00	451. 85	636. 00	227. 17	1140. 10	-249. 20
包干支出基数	8979. 20	924. 84	8054.36	674. 45	1290. 08	874. 30	823. 49	947. 70	509. 50	699. 20	530. 30	554. 30	340. 50	814. 34	-3. 80
总额分成%(留成)	98. 50	—	—	56. 10	84. 40	—	81. 40	94. 60	—	—	—	87. 20	—	71. 40	—
定额补贴	689. 35	359. 44	329. 91	—	—	26. 80	—	—	24. 13	87. 20	78. 45	—	113. 33	—	—
超收分成%	75. 00	—	—	56. 10	70. 00	70. 00	70. 00	70. 00	70. 00	80. 00	70. 00	70. 00	70. 00	70. 00	—

说明:1984 年撤销零陵县恢复冷水滩市,零陵县所辖的企业及水口山等 41 个公社划归永州市,收入基数由原零陵县划出 715. 1 万元给永州市,支出基数划出 757. 4 万元给永州市,表内均予调整并已更动总额及百分比

1985 年零陵地区财政体制测算时 1983 年收入基数调整表

表 3-9

单位：万元

项目	合计	地级	小计	冷水滩	祁阳	东安	道县	宁远	江永	江华	蓝山	新田	双牌	永州
1983 年决算收入	9776. 0	454. 5	9321. 5	1949. 2	1518. 6	876. 5	919. 5	1044. 5	556. 4	665. 2	366. 2	600. 0	326. 2	499. 2
(一)扣除非包干收入	-500. 0	-201. 0	-299. 0	-34. 9	-58. 2	-34. 9	-37. 4	-45. 7	-18. 1	-21. 3	-18. 4	-16. 5	-7. 8	-5. 8
1. 上交折旧基金	-164. 0	-164. 0	0. 0	—	—	—	—	—	—	—	—	—	—	—
2. 排污费	-45. 0	-37. 0	-8. 0	-0. 6	-5. 0	—	—	—	-0. 9	-1. 5	—	—	—	—
3. 水资源费	—	—	—	—	—	—	—	—	—	—	—	—	—	—
4. 地方税	-291. 0	—	-291. 0	-34. 3	-53. 2	-34. 9	-37. 4	-45. 7	-17. 2	-19. 8	-18. 4	-16. 5	-7. 8	-5. 8
(二)与 1984 年分成收入同口径调整数	39. 3	-256. 0	295. 3	44. 2	49. 1	25. 6	24. 6	28. 6	21. 0	57. 6	26. 4	13. 9	7. 8	-3. 5
1. 工业食糖补贴	-240. 0	-240. 0	0. 0	—	—	—	—	—	—	—	—	—	—	—
2. 省集中 13%供销利润留成返回	-48. 0	-18. 0	-30. 0	-2. 9	-4. 0	-2. 5	-2. 5	-2. 1	—	—	-2. 3	-8. 9	-1. 8	-3. 0
3. 取消农村城市街道企业用煤补贴	2. 0	2. 0	0. 0	—	—	—	—	—	—	—	—	—	—	—
4. 农业税减免(包括灾欠利减半)	325. 3	—	325. 3	47. 1	53. 1	28. 1	27. 1	30. 7	21. 0	57. 6	28. 7	22. 8	9. 6	-0. 5
调后决算分成收入	9315. 3	-2. 5	9317. 8	1958. 5	1509. 5	867. 2	906. 7	1027. 4	559. 3	701. 5	374. 2	597. 4	326. 2	489. 9
新体制调整项目小计	-252. 1	-43. 9	-208. 2	-767. 5	29. 6	-12. 3	-66. 3	24. 7	31. 0	-78. 9	-50. 8	-10. 2	24. 9	667. 6
1. 1983—1985 年已定上下划企业收入	139. 6	138. 0	1. 6	3. 0	-0. 9	-15. 7	-7. 1	-2. 0	2. 1	21. 6	-12. 2	1. 4	6. 9	4. 5

续表3-9

项目	合计	地级	小计	冷水滩	祁阳	东安	道县	宁远	江永	江华	蓝山	新田	双牌	永州
2. 肉食商业亏损上报	317.0	136.5	180.5	—	34.4	4.7	6.1	7.1	3.1	—	9.2	7.1	3.9	104.9
3. 煤炭提价因素	-78.0	-18.7	-59.3	-2.8	-0.5	-13.8	-8.7	-3.7	-7.6	-7.8	-7.4	-1.9	-7.1	—
(1)煤炭提价收入	—	—	—	—	—	—	—	—	—	—	—	—	—	—
(2)市场用煤新增差价补贴	-78.0	-18.7	-59.3	-2.8	-0.5	-13.8	-6.7	-3.7	-7.6	-7.8	-7.4	-1.9	-7.1	—
4. 区划调整因素	0.0	3.0	-3.0	-0.5	—	—	—	—	—	—	—	—	—	-2.5
5. 县办“五小”分成	-21.9	—	-21.9	-9.2	8.6	6.8	-9.8	—	3.7	-21.9	-12.1	-5.3	-9.1	26.4
6. 地方税(不包括省集中屠宰税)	210.0	—	210.0	9.9	36.8	25.1	29.5	34.6	13.6	14.9	13.6	10.6	4.9	16.5
7. 中央省属企业利改税转移(税转利为“—”)	126.3	—	126.3	37.0	14.4	17.5	—	—	13.2	—	—	—	37.0	7.2
8. 开征城市维护建设税减收部分	-274.8	—	-274.8	-41.6	-22.0	-8.6	-16.6	-6.7	-9.1	-4.7	-4.9	-3.4	-4.5	-152.7
10. 饮料酒税下放	151.0	—	151.0	21.4	6.3	20.6	23.8	17.6	31.5	8.5	4.4	5.8	9.9	1.2
11. 县以上1%工商税附加	86.0	—	86.0	9.7	8.3	4.5	6.2	8.5	3.3	4.9	2.5	5.3	5.8	27.0
12. 建筑税	80.0	—	80.0	17.5	11.9	6.6	4.5	5.0	2.2	3.7	2.6	5.3	6.8	13.9
13. 电力部门供电环节原工商税	-107.4	—	-107.4	-35.3	—	-6.5	-21.4	—	-5.6	-1.9	—	—	—	-36.7

续表3-9

项目	合计	地级	小计	冷水滩	祁阳	东安	道县	宁远	江永	江华	蓝山	新田	双牌	永州
16. 农业税任务调整差额	-23.0	—	-23.0	5.4	6.3	8.1	4.3	3.7	-7.0	-56.6	1.5	2.4	0.4	8.5
21. 烟草公司收入(包括工、商、供销环节)	-55.0	-0.7	-54.3	-6.5	-5.7	-5.2	-8.0	-2.3	-1.0	-5.9	-4.5	-4.1	-0.9	-10.2
22. 肉食盈利减少	-235.0	—	-235.0	-14.3	-55.9	-25.6	-38.2	-22.3	-4.9	-5.1	-24.6	-2.0	-4.0	-38.1
23. 工业调价(木材100,卷厂200)	-300.0	-300.0	0.0	—	—	—	—	—	—	—	—	—	—	—
24. 森工	-55.0	—	-55.0	—	-2.0	-3.5	-2.2	-4.5	-3.3	-1.8	-10.7	-2.4	-22.1	-2.5
25. 三类农业产品补贴	0.0	20.0	-20.0	—	—	—	—	—	—	-20.0	—	—	—	—
26. 零陵县83年收入调整数(37.07%)	449.2	—	449.2	-276.8	—	—	—	—	—	—	—	—	—	726.0
27. 因区划调整工商税	0.0	—	0.0	2.8	10.0	6.3	6.0	5.8	2.5	6.7	4.4	2.2	2.0	-48.7
其中:原零陵酒厂酒税	0.0	—	0.0	-21.4	—	—	—	—	—	—	—	—	—	21.4
运输纳税地点改变	0.0	—	0.0	4.2	10.0	6.3	6.0	5.8	2.5	6.7	4.4	2.2	2.0	-50.1
区划更改	0.0	—	0.0	20.0	—	—	—	—	—	—	—	—	—	-20.0
28. 调整农业税	0.0	—	0.0	-26.4	—	—	—	—	—	—	—	—	—	26.4
29. 东安照顾数	-10.0	—	-10.0	—	—	-10.0	—	—	—	—	—	—	—	—

续表3-9

项目	合计	地级	小计	冷水滩	祁阳	东安	道县	宁远	江永	江华	蓝山	新田	双牌	永州
30. 供销部门烟草公司上收	-136.1	-32.0	-168.1	-13.0	-20.4	-23.6	-26.7	-14.1	-5.7	-13.7	-12.6	-31.2	-5.0	-2.1
31. 道县棉纺厂税收	0.0	10.0	-10.0	—	—	—	-10.0	—	—	—	—	—	—	—
合计	9063.2	-46.4	9109.6	1191.0	1539.1	854.9	840.4	1052.1	590.3	622.6	323.4	587.2	351.1	1157.5

1985 年零陵地区财政体制测算时 1983 年支出基数调整表

表 3-10　　单位:万元

项目＼县市	合计	地级	小计	冷水滩	祁阳	东安	道县	宁远	江永	江华	蓝山	新田	双牌	永州
调整后的 1985 年实际分成收入	9315.30	-2.50	9317.80	1232.50	1509.50	867.20	906.70	1027.40	559.30	701.50	374.20	597.40	326.20	1215.90
现行总额分成(或固定收入分成%)	98.50	—	98.50	56.1	84.40	—	81.40	94.60	—	—	—	87.20	—	71.40
现行定额补贴数	329.90	—	329.90	—	—	26.80	—	—	24.10	87.20	78.50	—	113.30	—
按收入计算的分成财力	9175.60	952.80	8222.80	691.43	1274.02	894.00	738.05	971.92	583.40	788.70	452.70	520.93	439.50	868.15
新体制调整项目小计	1138.70	-18.84	1157.54	85.85	173.52	119.97	126.42	126.63	70.01	109.11	66.23	60.00	39.14	180.66
增:	1160.90	-18.84	1179.74	88.55	182.52	120.37	128.12	123.43	74.41	110.01	67.13	60.90	40.04	184.26
1. 地方税(不含按省集中屠税列收支)	210.00	—	210.00	9.90	36.80	25.10	29.50	34.60	13.60	14.90	13.60	10.60	4.90	16.50
2. 县镇“五小”分成(列收、列支)	-22.40	—	-22.40	17.20	8.60	6.30	-9.80	—	3.70	-21.90	-12.10	-5.30	-9.10	—
3. 调整工资(包括补贴工资)	528.25	86.51	441.74	—	61.15	43.50	52.55	44.35	35.10	42.47	52.05	29.32	23.95	57.30
4. 抚恤和社救费	78.50	—	78.50	7.60	18.80	7.10	8.10	10.20	3.70	6.10	5.60	4.90	2.10	4.30
(1)提高“三老”抚恤标准	9.40	—	9.40	1.30	1.40	1.20	1.20	1.20	0.60	0.90	0.50	0.50	0.40	0.20

续表3-10

县市 项目	合计	地级	小计	冷水滩	祁阳	东安	道县	宁远	江永	江华	蓝山	新田	双牌	永州
(2)提高伤残抚恤标准	14. 30	—	14. 30	0. 90	2. 60	1. 40	1. 30	2. 30	0. 70	1. 10	0. 90	1. 30	0. 40	1. 40
(3)精简机构 40%救济费	29. 20	—	29. 20	2. 10	8. 10	2. 40	2. 70	3. 60	1. 30	2. 10	2. 20	1. 70	0. 70	2. 30
(4)精简机构不享受40%救济费	25. 10	—	25. 10	3. 30	6. 70	2. 10	2. 40	3. 10	1. 10	2. 00	2. 00	1. 40	0. 60	0. 40
5. 军转干部人员经费	41. 40	20. 20	21. 20	3. 10	3. 80	2. 40	1. 70	1. 90	0. 70	1. 40	1. 80	0. 80	0. 90	2. 70
(1)第五批经费	11. 90	3. 00	8. 90	1. 60	1. 70	1. 80	0. 30	1. 10	0. 20	0. 40	0. 30	0. 30	0. 20	1. 00
(2)第六批经费	29. 50	17. 20	12. 30	1. 50	2. 10	0. 60	1. 40	0. 80	0. 50	1. 00	1. 50	0. 50	0. 70	1. 70
6. 农林水所事业费	38. 90	—	38. 90	2. 16	6. 64	4. 44	4. 62	5. 28	3. 34	2. 96	2. 00	1. 60	2. 34	3. 52
(1)区社水利员经费	29. 10	—	29. 10	2. 16	6. 64	2. 64	2. 72	2. 38	1. 44	2. 96	2. 00	1. 60	1. 04	3. 52
(2)森林自然区保护费	8. 80	—	8. 80	—	—	1. 80	1. 90	1. 90	1. 90	—	—	—	1. 30	—
7. 工交事业费	15. 10	4. 35	10. 75	1. 55	0. 90	0. 95	0. 95	0. 80	0. 60	1. 05	1. 05	1. 05	1. 05	0. 80
(1)新增物价人员经费	9. 90	2. 00	7. 90	0. 80	0. 90	0. 80	0. 80	0. 80	0. 60	0. 60	0. 60	0. 60	0. 60	0. 80
(2)常驻厂人员经费	0. 80	0. 80	0. 00	—	—	—	—	—	—	—	—	—	—	—
(3)产品检查人员经费	0. 90	0. 90	0. 00	—	—	—	—	—	—	—	—	—	—	—

续表3-10

县市 项目	合计	地级	小计	冷水滩	祁阳	东安	道县	宁远	江永	江华	蓝山	新田	双牌	永州
(4)计量人员经费	3.50	0.65	2.85	0.75	—	0.15	0.15	—	—	0.45	0.45	0.45	0.45	—
8. 文教卫事业费	26.90	—	26.90	—	0.20	—	0.40	1.00	1.30	21.30	2.00	0.50	0.20	—
(1)少数民族地区教师补贴	5.90	—	5.90	—	—	—	—	—	0.30	4.30	1.00	0.30	—	—
(2)少数民族地区教育补贴	10.00	—	10.00	—	—	—	—	—	—	10.00	—	—	—	—
(3)少数民族地区科技津贴	11.00	—	11.00	—	0.20	—	0.40	1.00	1.00	7.00	1.00	0.20	0.20	—
9. 新选拔的乡干部经费	38.20	—	38.20	3.50	7.90	3.40	3.40	4.40	2.00	3.70	2.50	2.00	1.30	4.10
10. 其他事业	125.02	0.60	124.42	9.63	25.33	11.58	12.40	14.80	6.97	10.63	7.65	7.03	4.40	14.00
(1)新增工商税收管理人员经费	18.00	—	18.00	2.00	2.70	1.70	1.90	1.80	1.60	1.00	1.00	1.40	0.90	2.00
(2)乡财政干部经费	107.00	0.60	106.40	7.63	22.63	9.88	10.50	13.00	5.37	9.63	6.63	5.63	3.50	12.00
11. 少数民族地县新增机构金	11.10	—	11.10	—	—	—	—	—	—	11.10	—	—	—	—
12. 少数民族地县民族利息补贴	9.50	—	9.50	—	—	—	—	—	—	9.50	—	—	—	—
13. 其他(道县教育、永州征政费)	40.00	—	40.00	—	—	—	10.00	—	—	—	—	—	—	30.00

续表3-10

项目＼县市	合计	地级	小计	冷水滩	祁阳	东安	道县	宁远	江永	江华	蓝山	新田	双牌	永州
14. 调整基数	0.00	-8.60	8.60	0.16	—	—	—	1.00	-5.30	-1.00	-1.00	—	1.00	13.74
其中:文化修缮	0.00	—	0.00	—	—	—	—	1.00	—	-1.00	-1.00	—	1.00	—
教育(向阳中学)	0.00	-12.80	12.80	—	—	—	—	—	—	—	—	—	—	12.80
体育学教	0.00	—	0.00	-0.50	—	—	—	—	—	—	—	—	—	0.50
农场政策性支出	0.00	4.20	-4.20	0.66	—	—	—	—	-5.30	—	—	—	—	0.44
15. 调整五小分成	0.00	—	0.00	-26.40	—	—	—	—	—	—	—	—	26.40	—
16. 增加待分配指标	0.00	-121.90	121.90	14.70	12.40	15.60	14.30	10.10	8.70	7.80	12.00	8.40	7.00	10.90
减	27.80	—	27.80	2.70	9.00	0.90	1.80	1.80	4.40	0.90	0.90	0.90	0.90	3.60
(1)人防经费	0.00	—	0.00	—	—	—	—	—	—	—	—	—	—	—
(2)城市维护费	24.30	—	24.30	2.70	9.00	0.90	1.80	1.80	0.90	0.90	0.90	0.90	0.90	3.60
(3)公社财政干部经费	3.50	—	3.50	—	—	—	—	—	3.50	—	—	—	—	—
	0.00	—	0.00	—	—	—	—	—	—	—	—	—	—	—
合计	10314.30	933.96	9380.84	777.28	1447.54	1013.97	864.47	1098.55	653.41	897.81	518.93	580.93	478.64	1048.81

1985 年零陵地区财政体制基数表

表 3-11　　单位:万元

县别	基数		体制						金库上解综合%	1986 年	
	收入	支出	定额上解（收大支）	定额补贴（支大收）	增长%		1985 年上解数	1985 年定额补贴		上解累计	定额补贴
					1984 年	1985—1989 年					
冷水滩	1191.00	664.27	413.72	—	7.00	7.00	473.70	—	29.80	500.00	—
祁县	1539.10	778.28	91.56	—	7.00	7.00	104.80	—	6.80	118.60	—
东安	854.90	1447.54	—	159.07	—	—	—	159.10	—	—	167.10
道县	840.40	1013.97	—	23.97	—	—	—	24.00	—	—	25.20
宁远	1052.10	1098.55	—	46.45	—	—	—	46.50	—	—	48.80
江永	590.30	853.41	—	63.11	—	—	—	63.10	—	—	66.30
江华	622.60	897.81	—	275.21	—	—	—	302.70	—	—	333.00
蓝山	323.40	518.03	—	195.53	—	—	—	195.50	—	—	205.30
新田	537.20	580.93	6.27	—	44.00	7.00	9.70	—	17.00	10.40	—
双牌	351.10	478.64	—	127.54	—	—	—	127.50	—	—	133.90
永州	1157.50	1048.81	108.69	—	—	6.00	115.20	—	10.00	122.10	—
小计	9059.60	9380.24	620.24	890.88	—	—	703.40	918.40	—	751.10	979.60
地级	-46.40	1281.13	—	—	—	—	—	—	—	—	—
合计	9013.20	10661.37	—	—	—	—	—	—	—	—	—

第三节　乡镇财政体制

民国26年（1937）前，永州区内未建立乡镇财政。民国27年（1938），湖南省第七行政督察区在地方行政组织概要中规定，乡镇财政收入为乡镇公产及公款孳息，乡镇公费事业的纯利，依法赋予的自治款项、县区补助金、特别捐。乡镇财政预算、决算由乡民大会或镇民大会通过后，呈报区公所查核，汇转县政府备案。遇有紧急支出超过预算时，乡公所或镇公所提交乡民大会或镇民大会追认。乡镇财政之收支每三个月公布一次。后因“办理乡镇之财政较办理国家之财政更难”，各县未全面执行。

民国31年（1942），各县设立乡镇财产保管委员会，配置委员3~9人，除乡镇长、财产委员会主任及乡镇中心学校校长为当然委员外，另由乡镇人民代表选举公正殷实人士担任，会内设主任委员1人，从委员中推选。负责本乡镇公有财产调查、整理、登记事项，办理本乡镇内公有款产及其他各种基金保管事项和公有产款及债权、债务稽核事项，每年年终公布其财产损益及保管情况。后因农村经济每况愈下，政府当局施政不力，乡镇财政有名无实。

民国36年（1947），湖南省对乡镇机关经费作调整，指出乡镇、区、保经常和临时各费支出之总额，以占县市岁出预算总额60%为原则，有超过60%之趋势者，应实行扩拼区域，减少乡、镇、区、保单位。也因政局不稳，各县未作处理。

新中国成立后，1951年，零陵地区将区乡经常和临时费支出列入地方概算，制定关于乡级财政收支管理的暂行规定（草案），规定乡财政收入征管范围及权限，明确将乡镇公产收入、学校田产收入、教育补助收入、公益田收入和行政经费预算收入归乡财政，乡财政支出范围主要包括行政经费、乡教育经费、民兵经费及其他支出。将区乡经常和临时支出列入乡概算。同时规定乡财政收支管理权限和预决算制度。1953年，区内的乡镇财政随着县级财政建立而消失。县以下区乡（村）镇经费支出列入县财政预算，由县统筹，区、乡、镇成为报账单位。

1958年，宁远县等县先后建立乡镇一级财政，规定“属于范围的收支全部下放，实行收入包干，年终收入超收或支出节约全部留乡，用于工农业生产及公益事业投资，收入完不成或支出超过时，乡设法压缩开支，自求平衡”。撤乡成立人民公社，乡财政转为报账制。

1961年，零陵地区人民公社试行“收支分别管理”的办法，对城乡人民公社中属于国家财政收入部分，实行分项计算，分别上缴；支出下拨，包干使用，节余归公社，对收入和支出分别进行管理。城乡人民公社所属企事业单位都根据税法纳税，下放给人民公社管理的国营企业实现的利润，除按规定提取企业留成资金外，其余全部上缴财政。国营企业和城乡人民公社交换固定资产、原材料和产品，坚持等价交换，国家支援农村人民公社的投资，农村救济款和优抚款实行专款专用。

1979 年，江永县作为湖南省财政体制改革试点县之一，18 个乡镇每个乡镇配备 2 名财政干部，经费在人员超编中予以解决，之后按每年 3. 5 万元进入支出基数。

1984 年，零陵地区普遍建立乡级财政。年初宁远县 9 个区 1 个镇 46 个乡成立区财政室和乡镇财政所；8 月道县选调和招聘 74 名乡财政干部，合同期 3 年；东安县 33 个乡镇均成立乡财政所，执行“统收统支”的办法，收入上缴县财政，支出由县财政下拨；其他县市于年底前成立乡财政所。是年，全区建立财政室所 461 个，配备 771 人。

1985 年，零陵地区执行湖南省乡镇财政管理试行办法。乡镇财政所人员编制、任免、调动、奖罚、工资福利、业务由县财政局管理；组织、考勤、计划生育归区、乡镇政府管理，思想政治工作由县财政局与当地政府共同管理。乡财政收支决算单独编报，归口县财政局农财股管理。

1986 年，零陵地区部分区、乡镇行政区划变动后，有区 60 个，其中 55 个建立区财政室，占 91. 7%。乡镇 375 个，全部建立财政所，配备区乡财政干部 1013 人。是年，全区乡财政收入 6713. 4 万元，占全区财政收入的 40. 6%；乡财政支出 1657. 9 万元，占全区财政支出的 6. 6%。

1987 年，零陵地区有 295 个乡镇执行“定收定支，收入上缴，支出下拨，超收分成，短收分担，超支不补，结余留用”的财政管理体制。各县具体做法不一，有超收“五五分成”、“四六分成”，有短收“一九分担”、“二八”分担等。年终 249 个乡镇超收 590. 8 万元，46 个乡镇短收，分担 11 万元。是年，全区乡镇财政收入 9706. 6 万元，占全区财政收入的 46. 8%，乡镇财政支出 7192. 1 万元，占全区财政支出的 26. 9%，加上级补助和剔除上解数，年终滚存结余 91 万元，净结余 34. 7 万元。是年 12 月，在宁远县召开零陵地区首届乡镇财政工作会议，传达省乡镇财政会议精神，总结交流建立乡镇财政以来的经验，研究完善乡镇财政管理体制和管理办法。

1988 年，零陵地区除东安县 5 个区未成立财政室外，均按行政区划成立财政所（室），共 436 个，区乡财政干部 1175 人，其中 246 个财政所建房，占应建房的 65. 4%。所有财政所实行“收支包干”的财政管理体制。是年，全区完成乡镇财政收入1亿元，比1987年增长3.2%，占全区财政收入的45.9%，乡镇财政支出9087.7万元，比1987年增长26.4%，占全区财政支出的28%。

1989年，零陵地区388个乡镇财政所（含祁阳县12个区财政室建立的乡一级财政），55个区财政室，区乡财政干部1299人。财政所建房费支出946.1万元。永州市、东安县、道县、江永县、双牌县对乡镇财政实行“收支挂钩”的大包干财政管理体制，其余县市对乡镇财政采取“定收定支、超收分成”的管理办法。是年，全区完成乡财政收入1亿元，占全区财政收入的38.6%，乡镇财政支出1.28亿元，占全区财政支出的33.5%。

1990年，东安县33个乡镇建立乡级财政金库，除白牙市镇由工商银行代办外，其余乡镇由农村信用社代办。乡镇财政淡季收不抵支时，由县国库下拨支出经费，旺季收大于支时按比例上缴县国库，常年收大于支的乡镇，分税种按比例逐月上解县国库。祁阳县在79个乡镇建立乡级财政金库，全部由信用社代办，按总额分成比例上解，个别乡镇收不抵支时，县国库调剂解决。

1991年，零陵地区乡镇（含区级）财政所430个，人员1375人。乡镇财政收入1.22亿元，占全区财政收入的35.3%。乡镇财政收入中主要是工商税占69.2%，农业税占25.7%，以及农林特产税和其他收入。乡镇财政支出1.38亿元，占全区财政支出的26.8%，其中文教卫生支出8687万元，占全区支出的48.8%。全区各县乡镇财政体制不一，道县、永州市、江永县实行“收支挂钩，收入上缴，支出下拨，超收全留，短收自负，超支不补，节余留用，一定几年”的办法；东安县、祁阳县、双牌县实行“核定收支，定额上缴，超收全留，短收自负，一定几年”的办法；宁远县、冷水滩市、新田县、蓝山县实行“定收定支，收入上缴，支出下拨，超收分成，短收分担，超支不补，节余留用，一定几年”的办法；江华县对8个区和2个镇实行“区级包干”，即“1个定额补贴区，7个区和2个镇定额上解692.31万元，年递增8%，一定几年”。是年，地区财政局在道县寿雁镇进行乡镇综合财力试点，将乡镇各项收支统一纳入财政管理。

第二章　预算管理

清末民初，永州府无地方财政预算。民国 19 年（1930）起，永州区内各县编制财政概算。民国 26 年（1937）后，各县执行国民政府预算法。民国 34 年（1945）后，预算管理流于形式。新中国成立之初，零陵地区以概算代替预算。1953 年起，实行中央、省、县三级预算管理。此后，预算管理制度日臻完善。

第一节　预算总会计核算

清末民初，永州府不是一级财政，亦无财政总预算会计核算。民国 18 年（1929），各县建立一级财政。民国 19 年（1930），执行《湖南省暂行总会计制度》，各县财政设立总会计。但永州行政督察区不是一级财政，只负责各县预决算报表汇总和预算执行情况上传下达工作。新中国成立后，1951 年，执行湖南省县（市）地方财政管理规定，各县恢复财政总预算会计。1962 年，零陵地区作为一级财政，设立总预算会计，财政总预算会计核算制度逐步得到完善。

一、预算会计科目

民国 19 年（1930），永州区执行湖南省会计规程。会计科目分岁入经常门和临时门，经常门下设田赋、契税、牙税、当税、屠宰税、船税、房捐、公路税、盐税地方附加、统一税、营业税、矿税、省地方财产收入、事业收入、行政收入、杂项收入、营业余利收入、中央补助款收入。临时门下设省地方杂项收入、杂部收入（赈捐、赈边捐、农会附捐）。岁出设地方财务费一个总账科目，明细科目按各项经费性质或所属机关名称分别设置。民国 28 年（1939），增设报告收入总存款、待报告收入总存款、未分类的收入、未分类的支出和上年度预算科目。

新中国成立后，1950 年，零陵地区执行中南区县市会计处理暂行办法，总会计科目分岁入、岁出、资产、负债、资产负债共五类。岁入类下设农业税收入、各种税收、契税、企业收入、司法行政罚金、接收没收、公产收入、粮款实物、互兑收入、折益收入、上级划拨补助、其他收入、上年结余、本年结亏。岁出类下设军事费、行政费、各项事业费、乡村经费、粮款实物互兑支出、折损支出、缴解上级、投资支出，其他支出；上年结亏、本年结余。资产类下设金库结存、经济建设投资、债款总额、预付经费、库存未达。负债类下设应付运输支出、应付款、经济建设投资总额、暂收款项，岁入未达。资产负债共同类下设省县市往来，其他往来，财政余亏。1951 年，改为岁入、岁出、资产、负债四类。1952 年，恢复五类。1953 年，取消资产负债共同类。1954 年，将四大类改为资产、负债两大类。资产类科目表示预算资金分布和运用，下分货币资金、预算支出及拨款、往来款项。负债类科目表示预算资金来源，下分预算收入、往来款项、预算执行结果。1956 年，会计资产类科目分为货币资金、预算支出、贷出款项。负债类科目分为预算收入、借入款项、周转金、预算执行结果。1960 年，增设地方预算限额结算支出。1966 年，会计科目改为资金来源、资金运用和资金结存三大类。资金来源科目有：预算收入、附加收入、与上级往来、预算暂存、其他暂存、预算周转金、预算年终结余、附加年终结余。资金运用科目有：经费拨款、建设银行拨款、农业银行拨款、附加拨款、预算支出、限额结算支出、附加支出、与下级往来、预算暂付、其他暂付。资金结存科目有：金库存款、其他存款、在途款。1976 年，改为预算内和预算外两个部分，分别设置科目，各自平衡。预算内资金来源类减少附加收入、附加年终结余科目，增加银行支出未报数科目。资金运用类减少农业银行拨款、附加拨款、附加支出、其他暂付科目，将建设银行拨款改为基建拨款。资金结存类减少其他存款科目。预算外部分设自筹收入、自筹年终结余、更新改造资金、其他存款、自筹周转金以及拨款、自筹支出、其他暂付、其他存款。1981 年，在预算内和预算外资金来源类中增设地方政府购买国库券和中央借用地方财政款科目。在资金运用类中增设地方借给中央财政款科目，在资金结存类下增设库存国库券科目。1989 年，执行财政部制定的《财政机关总预算会计制度》，预算内资金来源类增加购入有价证券科目，资金结存类相应增加库存有价证券科目。预算外资金来源类增加财政专项周转金和预算外购入有价证券科目，资金运用类增加财政专项周转基金贷款科目，资金结存类增加预算外库存有价证券科目。

二、会计账簿

民国 18 年（1929）起，永州区使用岁入日记账、岁支日记账、杂部日记账、暂收暂支日记账、总日记账。民国 28 年，改为序时账、总分类账、岁入分类账、岁出分类账。

1950年，零陵地区各级总会计使用序时账、总分类账和岁入、岁出、往来明细账。1951年，改用传票汇总表（或日记簿）、总分类账、各种明细分类账和各种登记簿。1953年，由4种改为9种，除总分类账未变外，改设序时账、补助登记簿和预算收入，预算支出、经费拨款、暂收款项、往来款项、代管款项明细账。1956年，增设地方机关经费存款明细账和贷款、借款明细账。1963年，设总账与明细账两类，明细账下设地方预算收入、地方附加收入、地方机关经费拨款、地方附加经费拨款、地方预算支出、各种存款和贷款及借款明细账。1966年，改用收付记账法，将账簿的借、贷方改成收、付。除总账外，经费拨款明细账，由按款分户设账改为不分款只分户设账，由记到目改记到款或目。明纽账设预算收入、自筹收入、更新改造资金收入、预算经费拨款、自筹拨款、预算支出、自筹支出、更新改造资金支出、预算内外暂存、暂付与下级往来户。1989年，取消更新改造资金收入和更新改造资金支出明细账。账簿使用期以会计年度为限，每一年度开始建立新账。启用账簿时，认真填写机关单位名称、账户名称、页数、启用日期和目录，经管本账人员姓名，加盖机关和有关人员印章。

三、会计凭证

民国18年（1929），永州区使用的收支凭证具备科目、金额、事由，凭此记入账簿。民国28年（1939）后，以金库收支日报表和财政局签发的支付书作主要凭证，凭各机关收支计划书作参考。总会计用分录转账传票为记收凭证。

1951年后，会计凭证分原始凭证和记账凭证。原始凭证包括各项收入解款书，各种金库数据以及有关契约、合同、文件。记账凭证分收、支传票和转账传票，根据原始凭证填列。1953年，改用记账凭单作记账凭证，零陵地区有的县以传票当记账凭证。1956年，原始凭证增加财政部门拨款通知书、人民银行金库存款账单、各预算单位会计报表、基建拨款月报或拨款汇总月报、收入单位通知更正预算科目和暂付款转账凭证、银行送来的收入单位交款书和财政部门的收入退还书以及足以证明会计事项发生经过的文件和领导批示依据。1969年起，零陵地区本级财政将行署对各预算单位的超支安排款和年终决算结账单作为原始凭证。1989年，执行财政部规定，预算总会计根据原始凭证编制记账凭证，根据记账凭证和原始凭证记账，并将审核无误的原始凭证，归类整理编制记账凭单。

四、设立国家金库

民国3年（1914），祁阳县设长沙分库代理，接收经征各款解交金库。民国25年（1936），湖南省银行在零陵设立办事处，依照代办分金库办法，代办本地的省分库事务。民国26年（1937），设立湖南省银行祁阳县、东安县办事处，代办各县的省、县库收支。民国29年（1940），省设总库于财政厅，各县设立分库，总库由省银行总行代理，分库由省行各分行办事处代理，实施公库法施行细则，政府的收入和支出由公库代理。公库存款分收入总存款、普通经费存款、特种基金存款，一直沿用到1949年10月。

1950年3月，政务院颁布中央金库条例。4月，零陵专署成立中国人民银行代理零陵支库，祁阳县、东安县、道县、宁远县、江永县、江华县、蓝山县、新田县分别成立代理金库。地、县政府对同级金库负责监督检查，但无权支配库款。各级金库所收库款存入代库银行，以银行往来科目处理，银行在财政存款数额内保证如数支付。1951年，各级金库编制收入统计表及汇总收入统计表，经基层金库入库，按报解手续于当月汇解上级库，收入机关与同级金库每月对账一次。1953年，收入单位或缴纳单位计算入库数据及日期，以支库收款日期为准，经收入（所）收款后，系代理收纳性质，不算正式入库。各级财政款项支拨权属各级财政部门。收入退还主管机关审核批准，取得原缴入单位或纳税单位的退款申请书，据以填制收入退还书，交原缴款人转向金库退还。县市支库办理各项预算收入的划分留解工作，采用分割制。通过汇款缴纳的预算款项，采用信汇方式。1955年，税款收入报解取消票汇，改用银行内部划转方式划解，企业缴款，凭缴款书通知和回执联报县支行划入金库，当天收入当天报。1958年，地方各级金库的设置由地方自定，分成收入划分一般由县市支行办理，必要时由分库汇总办理。收入机关自收汇缴的款项，使用汇总缴款凭证。

1960年，执行湖南省规定，企业单位缴纳利润和基本折旧基金，使用企业收入专用缴款书；工商税及附加、盐税、农业税及附加，均用税收专用缴款书。各部门和行政事业单位缴纳事业收入、其他收入、其他预算收入，使用“一般缴款书”。收入较大而税务所有条件办理汇总报解的地区，由缴款人或缴款单位直接缴纳。收入较少而税务所办理汇总报解有困难的地区，税务人员所收税款自报汇缴。1964年，金库有权要求有关部门正确地按照金库制度和国家预算管理制度办事，不得拒绝，对不符合规定程序的收支款项，金库有权提出意见，并报上级金库和上级财政部门。

1971年，预算收入凭缴款书缴纳，金库对缴款书内容认真审查，明确预算级次和预算科目，对预算收入退库严格监督审查，任何单位、个人不得挪用国家预算收入。支库及其经收处的报解，平时不超过5天，月终日如数报解。支库和同级财政机关对各级预算收入按月、年，分款对账，年终支库设10天库款报解整理期，经收处12月31日前所收款项、在库款报解、整理期内报达支库，列入当年决算。各级财政机关的拨款凭证，用银行付款委托书或信汇委托书（同城用拨款书）。

1977年起，地方金库负责分析预算执行情况，协助财政税务机关组织预算收入及时缴库，督促重点单位按期缴纳税利，监督自收汇缴税款，按规定及时入库。根据税务机关填发的凭证核收滞纳金，扣收个别催收无效企业应缴的税款和利润，按照核定的弥补企业亏损计划监督拨补企业亏损。对于超出规定范围的退库、越权批准的退库、不符合规定的退库，金库一律拒绝退付。预算收入退库，一律转账，不退现金；金库存款余额不足时不退付，支库退付上级财政预算收入，当日收入不足退付时，应划付上级金库。财政机关、收入机关、金库和缴款单位在办理预算收入缴纳、退还和报解时，不论本月或以前月份的错误，都在发现月份办理更正，不变更过去账表，由发现错误方填出更正通知书，通知有关单位更正。1980年，地、县金库分别编报固定收入分成计算表和调剂收入分成计算表。

1985年，国务院颁布中华人民共和国国家金库条例，国家金库（简称国库）设总库、分库、中心支库和支库。是年，零陵地区在永州市设中心支库，由中国人民银行零陵分行代理。各县成立支库，道县、宁远县以及1988年成立的冷水滩市支库由中国人民银行当地支行代理，其余县市由中国工商银行当地支行代理。国库业务工作实行垂直领导。各级国库设立总账、明细账和登记簿。各级财政机关的财政总会计按规定在同级国库开立国库存款和预算外存款账户。1990年，零陵地区增设112个乡财政金库，安排国库专职人员14名，兼职人员4名。

第二节 编制预算

民国19年（1930），颁布中华民国十九年度试办预算规程，永州区内各县开始编制预算，每年7月1日至次年6月30日为一会计年度。年度预算分岁入、岁出以经常门、临时门分类编制。公务机关常有的各项收支列预算经常门，不是常有的各项收支列临时门。设立第一预备金和第二预备金，比例为预算的1%~5%。编制预算依据，各项收入以比额为依据，无比额的以最近三年完成数为依据，税收以税源为依据，各项支出以等级标准和员额计算，物品消耗以品种数量按时价计算。民国20年（1931）起，各县年度预算在国民政府主计处编成总预算前称概算，各县概算由省汇总上报下批后，才称预算。民国25年（1936），会计年度改为公历年制，每年元月1日至12月31日为一会计年度。民国26年（1937），国民政府公布预算法，岁入岁出均分经常门和特殊门，预算分总预算、单位预算、单位预算的分预算、附属单位预算，附属单位预算的分预算，概算改为多级制。民国 27 年（1938），湖南省成立会计处。负责编造全省财政预算，各县概算由省汇总批准后下达即成预算。民国 30 年（1941），省级财政并入国家财政，取消省级预算。民国 35 年（1946），恢复中央、省、县三级财政，省第七督察区负责各县概算汇总上报和下批预算工作。民国 36 年（1947）后，由于连年战事，境内各县未能执行预算法。

新中国成立后，1950 年，零陵地区编制岁出概算，以大米为单位，以市价折合货币计算，全区概算支出 266.13 万元，实际支出 243.14 万元。1951 年起，改以货币为单位编制预算。是年，零陵地区执行“保证乡行政经费及教育事业费，挤出一切可以挤出的钱来投资工矿事业，发展全区经济”的方针，全区概算岁入 378.35 万元，支出 378.35 万元，实际支出 367.31 万元。

1953 年起，零陵地区并入湘南行署，为省的单位预算；区乡镇的支出列入县总预算内，为县的单位预算。各级公立中学的学费全部缴入同级财政金库，列为预算收入，城市公立小学的学费全部缴财政；乡村公立小学的学费一半缴财政，一半留作学校业务开支；各级公立医院、托儿所实行以收抵支，不足部分列入财政预算。

1954 年，各县按岁出总预算设置 2%～3%的周转金和 1%～2%的编制预备费。1955 年，预备费标准为：江华县 3%，其他县 2%。县级企业收入及按省计委下达的投资控制指标均纳入县级总预算。江华县征收的各项附加一律自行掌握，其余县由省按比例统一分配，并划出一部分交专署掌握，用于所属县兴办有利于农业生产的投资以及地方公益事业。

1956 年，在编制预算草案时，凡无项目、无定员定额和超过定员定额的开支一律未列入预算；基本建设投资按当年国民经济计划规定的工作总量列预算；农业税收入预算按预算年度计划，即将 1956 年 1 月 1 日到 12 月 31 日财政金库收到的粮食、工业原料作物价款及公粮代金，列为 1956 年预算收入。总预备费设置比例：江华县为 2%，其他县为 1.5%。周转金设置比例：江华县为 7%，其他县为 5%；自筹经费未纳入预算；各项附加除江华县自行掌握外，其他县按征收数由省划出 25%交专署掌握。

1957 年，省、地对各县分配预算收支总指标，县财政在保证收入总额不减少、支出总额不突破的前提下，对分成收入的商品流通税、货物税、工商业税、工商所得税四个项目之间允许调剂。在支出方面，不准以次要项目挤主要项目，以自筹支出挤预算支出，更不准把必不可少的支出空出来，留待以后办理追加预算。

1958 年，将企业定额流动资金按核定数 30%列入财政预算。总预备费改由省统一安排，不在上年结余内扣抵。周转金则由各县在上年结余内自行解决。农业税附加省自筹 5%，县自筹 7%；工商税附加统一改为按商品流通税、货物税、工商营业税、工商所得税总额附加1%征收，自筹经费不列入财政预算。是年，部分县脱离实际情况编制预算，宁远县安排县级财政预算收入206万元，乡级财政预算收入1200万元，年终县乡实际完成收入184.3万元。

1960年，各县将上级分配的收支指标作为计算留解比例和超收分成的基数。1961年，坚持“全国一盘棋，上下一本账”的原则，根据积极可靠的收入，合理安排支出，预算编制做到收支平衡，略有结余。1962年，按照省财政厅下达的收支指标安排预算，零陵地区财政支出数比1961年下降58%。

1963年，按照农、轻、重的顺序，大力支持农业，积极挖掘潜力，扭转企业亏损，积极组织财政收入的原则编制预算，零陵地区财政收入任务2463.1万元，支出指标1409.7万元。1964年，编制预算时考虑工业提高大修理基金比例，民贸、饮食危房改造和饮食利润留成30%，以及行政事业单位人员调整工资，下达预算收入2865.4万元，支出2958.9万元。1965年，五金、交电、化工原料、石油、煤炭、建筑、医药公司上收归省级预算，计划安排全区财政收入3323.5万元，支出1892.2万元。1966年，全区预算收入3353.2万元，支出1972.8万元，在收入方面考虑企业调整工资、工商企业按工资总额5%提取奖金，饮食服务业利润留成比例由30%提到50%等因素。1967年，全区预算指标推迟到4月份才安排到县，其中：收入2908.5万元，支出2179.9万元。1968年，只编制支出预算，未编制收入预算。1969—1977年，按省下达财政收支任务分到各县。1978年，地区将国营农业企业亏损包干改为实行经营性亏损指标包干，不许突破，对基本建设和小型农田水利支出及其他政策性、社会性开支实行专项拨款。全区预算收入6288.0万元，支出9388.0万元。1979年，省对零陵地区两次下达财政预算，第一次于1978年12月全省财政工作会议，分配收支预算指标，支出中简易建筑费等专项资金留省待分配。5月，贯彻中央关于调整国民经济指示，重新调整收支预算，上收森林工业、供电企业收入，下放百纺、五金、石油、副食及物资企业收入，省将待分配指标同时下达，核定零陵地区（未含祁阳县）收入任务7192万元，支出指标5653.4万元。

1980年，执行新的财政体制，零陵地区财政收入指标7870.2万元，剔除地方税和工商税后，收入基数为2604.2万元，支出指标基数为6840.6万元（均未含祁阳县），收入指标中将棉花价差补贴、市场用煤补贴、农机产品补贴和三类农产品补贴，除江华县20万元进入基数外，其余228万元作待分配指标。支出中留作待分配指标的有社队造林补助、防汛岁修费、公社房屋修缮费、税务事业费的全部或部分，其他如数下达到县。1981—1982年，财政预算口径未变。

1983年，零陵地区预算编制增加祁阳县。省上收卷烟税、饮料酒和发电环节税，将高教、造林补助及沼气经费改由省统筹管理，全区预算安排收入 9894.1 万元，支出 12438 万元。1984 年，预算收入 9942.1 万元，支出 12438 万元。1985 年，调整财政收支基数，对各县确定定额上缴或定额补贴基数和递增上缴比例，地区与定额补贴的东安县、道县、宁远县、江永县签订财政定额补贴县实现财政自给责任书，将定额补贴款分别提前拨补 377.3 万元、96 万元、139.5 万元和 126.2 万元用于发展生产，培植财源，限期实现财政自给平衡。1986 年，开征农林特产税，全区预算收入 1.49 亿元，支出 1.60 亿元。1987 年，对工业提出在 1986 年基础上产值增长 8%，车间和企业管理费压缩 10%，原料、燃料节约 2%，亏损企业亏损额扭亏 25%，商业纯销售额增加 5%，费用降低 2%，扭亏 20%。全区财政预算收入 1.80 亿元，比 1986 年实际收入增长 8.9%，支出 1.81 万元。1988—1990 年，零陵地区恢复一级财政，省下放农村广播等经费 4992 万元，体制照顾 500 万元，企业上收下划，县、市定额上解和定额补贴。粮食及其他项目亏损指标 1338 万元，全区各年度预算收入分别为 2.20 亿元、2.42 亿元、2.7 亿元，支出分别为 2.84 亿元、3.45 亿元、4.02 亿元。

第三节 编审决算

民国 20 年（1931）以前，永州区地方财政未办理年终决算。民国 21 年（1932），国民政府颁布暂行决算章程。民国 24 年（1935），湖南省财政厅拟定试编收支总决算办法，但永州各县财政仍以预算代替决算。直到民国 36 年（1937），蓝山县编列地方决算书。民国 37 年（1937），祁阳县、永明县、江华县、零陵县、宁远县、新田县、蓝山县、道县编列地方岁入岁出决算表。

1950 年，零陵地区以岁出概算代替决算。1951 年，编写 1951 年财政决算报告，全区财政收支结亏大米 115.9 万公斤。1952 年起，零陵地区先后并归湘南行署和衡阳专区，无地区决算。各县财政按总决算说明书、资产负债表、岁入岁出决算表和附表编制年度决算。1953 年，零陵县、祁阳县、东安县、道县、宁远县、江永县、江华县、蓝山县、新田县财政收入 2296.1 万元，其中农业税收入占 50.4%，支出 942.2 万元，其中：工农业建设支出占 3.7%，公益事业费支出占 53.2%。1954 年起，各县在编制决算前注重核实各项支出，清理往来账款，保证决算真实性。1955—1956 年，县级财政编报决算无大变化。1957 年，财政总决算支出数按银行支出数列报，各预算单位决算同时列报银行支出数和实际支出数。1959 年，省按隶属关系将企业下放到县。对财政预算外资金决算单独列表，随同财政总决算上报。

1960年，财政决算报表包括决算说明书、收支总表、企业收入明细表、工商企业退库情况表、支出决算明细表、收支决算分级表、资产负债表、基本建设完成情况表、支援人民公社资金分配运用表、差额单位收支汇总表、医疗机构决算表、基本数字表、中等专业教育、技工、科研、干部训练基本数字表、教育基本数字表、行政及其他支出数字表、其他基本数字表、预算外资金收付总表、教育学杂费及勤工俭学决算表。1961年，财政总决算编报工作采取“集中编造、全面审核、分别汇总”的办法。1962年，零陵从衡阳划出，编制零陵地区财政决算报表。1963年，零陵地区为一级财政，负责零陵县、东安县、道县、宁远县、江永县、江华县、蓝山县、新田县的决算汇总编报工作。1964年，决算前全区清理“小钱柜”资金，清查1312个单位，清理入库资金222.4万元。年终决算，全区结余398万元。1966年，继续清理“小钱柜”，入库资金11.5万元。潇水林区管理局单列决算并入零陵地区汇总上报，全区决算净结余11.5万元。1967年，决算时省采取“超收县按50%留成，有指标结余县给予50%的照顾”的办法。全区财政收入2968.1万元，比1966年下降14.4%，除新田县、江华县超收外，其余县短收。财政支出4645万元，比1966年增长7.8%，支出结余指标581.5万元。1968年，全区财政决算报表5页，全年净节余306.1万元。1969年，成立冷水滩镇（县级），财政决算单列。全区财政收入比1968年增长33.5%，支出增长33.8%，决算净结余435.8万元。

1970年，道县、东安县、江永县、双牌县决算出现赤字，零陵地区审批决算时给予弥补和调整，全区净结余846.2万元。1972年，对企业进行清产核资，调剂解决企业之间自有流动资金余缺，在财政总决算收支合计线下，企业归还银行贷款资金429.1万元；对行政事业单位清理小钱柜资金收入和上缴，在预算外收支合计线下反映，全区收272.9万元，上缴10.4万元。是年，财政收入5826.1万元，比1971年增长15.4%，财政支出6722万元，增长4.6%。1973年，零陵县、东安县、江永县财政决算分别出现赤字12万元、4.5万元、74万元，省下核决算时补助地区114万元，地区补助给零陵县18万元、东安县15万元、江永县74万元、蓝山县6万元、新田县3万元。补贴后全区净结余515.3万元。

1974年，零陵地区煤、电和原材料供应不足，工农业生产受到影响，企业收入退库103万元，比1973年入库1151.3万元相差1254.3万元，其中：零陵县、祁阳县、东安县、道县、蓝山县、新田县6县氮肥厂亏损退库404.9万元。全区财政收入4512.8万元，比1973年下降24.6%，财政支出7600.9万元，增长0.8%。年终江永县出现赤字6.9万元，全区净结余458.3万元。1975年，财政收入完成6054.7

万元，比1974年增长34.2%，其中企业收入完成671.5万元，比1974年退库103万元增加774.5万元，工商税完成3915.1万元，增长23.1%。是年，开展税收大检查，清出漏欠税款147.7万元，入库115.9万元，处理投机倒把案件1047起，补缴税款6.1万元。财政支出7975万元，比1974年增长4.1%。年终决算，全区消灭赤字，净结余553.3万元。1976年，全区财政收入5009.5万元，比1975年下降17.3%；财政支出8567.9万元，增长7.4%，其中行政经费支出增长6.3%。是年，地直单位有干部职工1080人，超过1966年省配定编528人，行政经费开支比1966年增加25.1万元。年终决算，零陵县出赤字56.2万元，东安县出赤字23.9万元，江永县出赤字16.2万元，其余县有结余。

1977年，严肃财经纪律，禁止年终突击花钱，结合决算编审，认真总结经验，整顿财政管理，堵塞漏洞，清理往来款项，发动群众审查决算，及时准确完整编报财政决算。是年，零陵区财政收入比1976年增长41.2%，财政支出下降1.6%。年终决算净结余862.4万元，各县均有结余。1978年，决算设清理期15天（1979年元月1日至15日），办理1978年年度应入库的各项财政收入和应补企业亏损以及各项政策性补贴退库，剔除不应列入1978年度决算的支出。结转下年度继续使用的支出项目有：基本建设投资，企业挖潜改造资金，新产品试制费，小型农田水利补助费，支援人民公社投资，国营农场小型农田水利支出和政策性，社会性支出，城市维护费，城镇知识青年下乡经费，公费医疗经费，抚恤和社会救济费，民兵装备费，文化馆站修缮费，商品鱼基地建设补助费的结余。年终决算，全区财政收入比1977年增长15.3%，财政支出增长37.8%，结转下年支出711.8万元，没有赤字县，全区净结余797.1万元。1979年，一些部门和单位不顾国家利益，乱摊费用，乱挤成本，截留利润，地区组织检查，从暂存款等处理资金缴入20万元作其他收入。1980年5月，省财政厅重新核定下达零陵地区1979年度财政决算收入7609.9万元，比1978年下降6.7%，财政支出12432.7万元，增长7%，财政净结余626.3万元，各县无赤字。

1980年，零陵地区财政决算编制单位增加永州镇，财政按银行支出数列入总决算，是年不列支出，不转入预算外，如数结转下年继续使用。在预算执行中，上划下拨和追加追减的预算指标，不调整包干基数，在年终决算中以专项拨款进行单独结算。是年，全区种植烤烟17万亩，收烤烟28.5万担，纳税810.89万元；生产卷烟4.1万大箱，上缴卷烟税1730.0万元，比1979年增加卷烟税1239.2万元。全区财政收入增长29.5%，财政支出下降0.4%。各级财政对机关单位经费采取预算包干办法，公务费比1979年减少5.2万元，会议费减少50.2万元。全区财政净结余1306万元，东安县出现赤字73.4万元。

1981年财政决算前，对单位财务决算进行审查，行政机关、企事业和基建单位按国家规定编报决算，对不按规定编报决算的单位，次年财政部门和主管部门不予拨款。预算包干结余采取结转办法，用上年预算包干结余的开支，作经费支出列入单位决算，事业发展基金的支出按用途列入公用经费有关目，农场事业费、中小型农田水利费、农村人民公社开荒补助费、勤工俭学周转金、农林水、文教卫、行政和其他部门经费结余，以及专项灾情减免不再结转。是年，全区财政收入14074.9万元，比1980年增长42.9%。其中：种烤烟21万亩，产烟叶54.5万担，纳税2143.3万元；生产卷烟8.9万大箱，入库卷烟税4234.6万元。“两烟”（烤烟、卷烟）税收合计6377.9万元，占整个工商税的63%。财政支出13918万元，比1980年增长12.4%。财政净结余944.6万元，东安县出赤字15.1万元。1982年，烤烟税比1981年减少82.1万元，受卷烟提价、产品滞销、产量下降、新田烟厂停产影响，卷烟税比1981年下降47.9%，百货、纺织处理商品调价损失281万元。全区财政收入比1981年下降13.2%，财政支出下降1.6%。年终决算省补助891万元，补助后净结余666.3万元，各县无赤字。在编制决算中，对调入资金原则上只限于弥补收支差额，平衡当年预算，以及经省财政批准用收入退库解决的支出，对预算外列收列支的款项，在财政预算外资金中反映。对个别用预算内、预算外资金合并安排的支出，分别资金来源，在财政决算和财政预算外资金决算中列表。

1983年，财政总决算按利改税要求编制，决算收支总表的收方将企业收入和国营企业所得税分列。零陵地区决算单位增加由衡阳地区划入的祁阳县，省上收卷烟税、发电环节税和饮料酒税，由衡阳划入的祁阳观音滩煤矿超亏32.6万元（亏损指标104.3万元，实际退库136.9万元）；黎家坪水泥厂短收72.1万元（收入指标271万元，实际入库198.9万元）。全区财政收入完成9773.2万元，比1982年下降20%，财政支出13270.1万元，下降3.1%。决算结果，地本级和道县出赤字，省给予决算补助456万元，同时给予祁阳师范学校3万元，九嶷山学院2.07万元。地区补助道县30万元、宁远县10万元、蓝山县20万元、新田县20万元、永州市50万元。补助后全区净结余866.1万元，各县无赤字。1984年，全区国营企业商品调价、削价损失1086万元，一次落实库存，全区财政收入比1983年增长3.4%，财政支出增长17.3%。年终决算，地本级、道县、江永县、蓝山县共出赤字580.8万元。是年，地区财政局会同地区审计局检查道县的决算赤字，审核结果增加收入16万元，压缩支出4.5万元，均编入决算。省下批决算时，两次补助零陵地区1232.7万元，其中建房专项补助157.5万元。补助后，全区财政净结余319.3万元，各县无赤字。

1985年，烟草系统实行“一条鞭”管理，零陵地区减少企业收入300万元。

地区观音滩煤矿穿水，祁阳和零陵煤矿库存积压烧坏，增加亏损退库100万元。商业企业取消生猪派购，是年收购生猪46.2万头，比1984年减少54.4%，肉食水产系统由1984年盈利116.3万元变为亏损219.3万元。物资企业议价购销汽车、钢材入库利润154.1万元，比1984年增长148.5%；烤烟税增加431.8万元；木材税完成1181.5万元，增加745.2万元；开征批发环节营业税。是年，全区财政收入完成13828.2万元，比1984年增长36.8%，财政支出21218.3万元，增长36.3%。其中肉价补贴等由收入退库改列支出412.8万元；省追加工资改革增支指标764万元；各县动用当年超收安排一次性开支，江华县城由水口迁往沱江，原零陵县迁往冷水滩等，全区基建支出906.2万元，比1984年增加881.2万元；教育支出5639.5万元，增长27.5%，税务和乡财政及其他部门事业费增支130.8万元。年终，省两次补贴1249万元进入各县决算，结果冷水滩市赤字24.1万元，东安县赤字16.5万元，江永县赤字64万元。1986年，零陵地区"改革、开放、搞活"见成效，全区财政收入比1985年增长20.2%，财政支出增长17.6%，年终决算净结余298.3万元，东安县赤字13.6万元，江永县赤字67.2万元，累计赤字127.2万元。

1987年，零陵地区将20世纪70年代划入国营商业的集体企业解体复原，工业企业全面推行承包经营，并开征耕地占用税和农林特产税，全区财政收入20752.1万元，比1986年增长24.9%，财政支出26738.1万元，省决算补助550万元，决算补贴后，各县均有结余。1988年，抓住年前准备、年终清理、年后审编汇总三个环节，采取自查、互查等多种形式严格守关把口。是年，银行紧缩贷款，烤烟收购资金紧缺，烤烟税无钱入库，各县空转4146万元，全区财政收入比1986年增长5.3%，财政支出增长21.2%。1989年，全区财政收入完成25856.6万元，财政支出38166.2万元，省决算补助1059万元。全区赤字636.1万元，冷水滩市、祁阳县分别出赤字481.2万元、200.6万元，宁远县出赤字141.6万元，新田县出赤字190.2万元。

1990年，资金紧张、市场疲软，企业之间"三角债"严重，零陵地区开征城市教育费附加，征收373.1万元，全区财政收入比1989年增长2.6%，财政支出增长22.6%。其中：企业挖潜改造资金增长93.1%，支援农村生产支出增长69.1%，教育事业费增长15.6%，科技支出增长18.6%。年终决算，上级补助18280.3万元，卷烟工商税增收分成731万元，办案费用改列支出补助5.6万元，道县棉纺厂利税转移补助20万元，永州市汽修厂比基数短收补助40万元，江华县定额补助增长5%，补助18.3万元。上解支出中的专项上解3208.9万元，其中：农业税价差上解60%，计739.5万元，城镇土地使用税上解20%，计64.2万元，耕地占用税上解21%，计6.4万元，预算调节基金上解50%，计215.2万元，奖金税上解

70%，计 129.4 万元。决算结果，全区财政赤字 4635 万元，除江永县结余 2.8 万元、地本级结余 4.4 万元外，出赤字的县为：祁阳县 1202.7 万元，冷水滩市 730.6 万元，新田县 578.1 万元，宁远县 525.2 万元，东安县 429.5 万元，双牌县 316.9 万元，道县 2612 万元，江华县 256.6 万元，永州市 250.3 万元，蓝山县 91.1 万元。

第四节 预算外资金管理

民国时期（1912—1949），永州区财政之外有苛捐杂税，属自收自支，既无规定也无统计。

新中国成立后，1950 年，零陵地区预算外资金并入地方财政概算，未单独管理和使用，收入有地方附加收入、校田公产收入等，支出有乡镇行政公杂费用、乡村业余学校支出、农村广播、民桥民渡支出。1951 年，全区预算外收入大米 907.8 万公斤，其中：地方粮附加 680 万公斤，税收附加 204 万公斤，校田公产收入 23.8 万公斤。1952 年，预算外收入 378.8 万元，包括地方附加收入 326.2 万元，公产收入 38.1 万元，机关生产收入 6.4 万元。1953 年，预算外收入 12 万元。1954 年，执行湖南省各级机关特种资金管理办法，是年起，预算外资金未单列预算和汇编决算。

1955 年，零陵地区执行湖南省县（市）级财政预算外收支管理暂行办法规定，自筹经费来源包括：工商税附加、农业税附加、公产管理收入、契税、规费、工本费收入，屠宰税代征手续费、生猪收购手续费及其他规定允许由预算外收入项下坐支部分的收入。使用范围：有利于生产的农、林、水利开支和贷款；不属于乡村范围的地方性公益事业开支及有财政收入的投资、各级地方预算内不能解决的必要开支和由财政部门统一掌握用于有关收入的相应开支。是年起，地方自筹收入不再作预算内收入列抵预算支出。

1957 年，湖南省将各县自筹收入的工商税附加、农业税附加上收，由省统筹安排，重点解决全省生产事业和公益事业支出。1958 年，省将工商税附加、农业税附加和城市公用事业附加一律交地方管理，不列入预算，另行安排使用。

1959 年起，地方财政掌握的预算外资金统一编入财政总决算，随预算内资金报表一并上报。其收入包括工商税附加、农业税附加、公产公房收入以及不属于财政预算内的杂项收入。支出有工农业生产投资，农田水利建设以及弥补行政经费不足的开支。1960 年，行政事业单位交回结余经费转作预算外收入。1961 年，城镇成立房地产管理机构，房租收入用于以房养房，不列入财政预算外收入。是年，进一步控制预算外资金来源和使用范围，规定未经省财政批准，不准增加预算外资金项目或提高比例，不准将预算内收入划为预算外收入，不准把预算外开支挤进预算内开支。1962 年起，各县预算外资金纳入同级财政总预算，实行统一管理，不准在预算外另有预算，预算外资金决算报表单列，随同预算内决算上报。1963 年起，企业大修理基金提取率由 2%提高到 3%。1964 年后，农业税附加划出 25%作中小学校房屋维修费。1967 年，企业基本折旧基金留给企业作为更新改造资金。

1970 年，零陵地区预算外资金收入包括农业税附加 14%（上缴省 3%、地区集中 4%作“文化大革命”经费，县留 7%），工商税附加 1%，城市公用事业附加 1%，地县管理的农、林场、站收入，水库水费和副业纯收入，500 千瓦以下农村小型电站收入，公产房租收入，其他杂项收入。支出重点是战备、支农、基础工业、农业机械，不准用于扩大人员编制，增加工资、福利，不准用于“楼、堂、馆、所”等非生产性开支。1973 年，实行饮食服务业留成和民族贸易企业利润留成制度。

1977 年，零陵地区对预算外企业进行整顿，单独编列决算。1978 年，地级企业基本折旧基金由全部上缴财政改为 50%留给企业，50%上缴财政集中使用，全年上缴 20.8 万元。

1979 年，零陵地区扩大企业自主权，预算外资金增加以下项目：实行各种形式的企业利润留成，利润包干后的利润收入，“五小”企业利润留成扩大为县办企业利润留成收入，部分行业提高折旧提取比例的收入，对一些事业单位采取以水养水、以矿养矿的收入。是年，永州镇和冷水滩镇开征城市公用事业附加，工业用电用水征收附加 8%。1980 年，全区预算外资金收入 1312.3 万元。1983 年，全区预算外收入相当于预算内收入 80.5%，预算外资金支出相当于预算内支出 89.8%。

1986 年，零陵地区财政局设立综合计划科，配备 3 人，各县市设立综合计划股，多则 4 人，少则 1 人，全区 30 人，从事预算外资金管理工作。是年，涔天河水电站与地区财政局签订 5 年承包合同，每年上缴地区财政 160 万元，用于以电养电，发展地区水电事业。1987 年，开征农村教育费附加征收 480.6 万元，新增土地普查收费 20.7 万元，对林业部门的“两金一费”采取“广收控支”办法，增加收入 310 万元，全区预算外资金收入比 1986 年增长 26.4%，支出增长 14.7%。1988 年，对预算外资金采取“收支两条线”管理办法，收入实行财政专户储存，支出按计划核拨，严格审批自筹基建资金，控制超前消费。是年，木材价格上涨，增加育林基金和更改基金收入 413.8 万元，市场管理由城市扩大到农村，增加市场管理收入 103.9 万元。同时提高教育附加征收标准和个体工商执照登记费标准，全区预算外资金收入 2.29 亿元，超过预算内收入 5.1%，预算外资金支出 2.21 亿元，相当于预算内支出的68.2%。1989年，教育部门提高中小学杂费标准，增加收入848.5万元，交通部门将每台小四轮车和拖拉机的养路费由720元提高到1000元，增加收入163.8万元。全区预算外资金收入比1988年增长8.5%，预算外资金支出2.42亿元，增长9.5%，其中：更改资金支出占19.7%，基建支出占12.6%，大修理支出占8.4%，事业费支出占19.8%，福利支出占11.7%，奖励支出占2.4%，支出结构日趋合理。是年，财政、计委、建设银行对全区124个自筹资金基建项目2813.2万元的投资进行检查，压缩项目13个，减少投资额434万元。此后，各县市实行用款申报制度，预算外资金须经同级财政审批后才能使用。

1990年，零陵地区预算外资金编报单位1456个，预算外收入2.5亿元，与预算内收入并驾齐驱，预算外支出2.56亿元。全区实行专户储存单位664个，占应储存户96.4%，累计储存金额7446万元。是年，检查215个行政事业单位，发现31个单位坐支80万元，滥发奖金和实物23.2万元。经过几年的综合治理，预算外资金管理逐步走上正轨。

第三章 财务管理

清代，永州府有衙门经费的管理。民国时期（1912—1949），永州区出现少数工商企业，但无统一的企业财务管理制度。新中国成立后，零陵地区各级财政部门根据中央和省制定的财经政策法令，逐步建立行政事业单位和工商企业财务管理制度。

第一节 行政事业财务管理

晚清时期，永州府各衙门经费的筹集、分配和使用由朝廷核定。民国时期（1912—1949），永州军政机关经费按省财政规定的标准执行。新中国成立以后，零陵地区的行政事业财务管理分全额预算管理、差额预算管理和自收自支预算管理。

一、全额预算管理

零陵地区实行全额预算管理的单位是：县、乡人民代表大会常务委员会、各级人民政府机关，中国共产党地区、县、乡委员会，人民团体、民主党派、公安、检察、法院和没有固定收入或虽有收入但全部上缴财政，不实行以收抵支的事业单位及其主管部门。

行政事业单位经费管理 1949年10月至1952年，零陵地区属供给型财政，各单位经费按规定标准由财政供给。1953年起，行政事业单位建立预算制度，按预算拨款，定期报送报表和统计资料。严格执行人员编制定额，超编人员经费不报销，经费开支超标准不核销。1956年，地区明确划分办公费与业务费开支范围，不准相互挤占，对会议费、差旅费、电话费分配指标控制使用。7月，国家工作人员全部实行工资制，零陵地区执行第二类工资区标准。10月，制定机关工作人员使用公家宿舍收取租金暂行办法、宿舍水电收费暂行办法和宿舍使用公家家具收租暂行办法。各单位的房屋、家具租金收入只能用于宿舍和家具维修，水电费收入抵减单位的水电费支出。1959年3月，对全额预算单位实行定员定额，对有收入的事业单位采用“全额管理，定额补助，实行包干”的管理办法。在预算执行中，坚持按计划、按预算、按制度办事，无预算不拨款。临时发生的特需经费，按程序申请追加预算，经同级政府批准后，财政方可拨款，不准先斩后奏。

1966年，“文化大革命”运动开始，各级财经规章制度名存实亡。1972年起，零陵地区恢复事业行政单位财务制度。1973年，进行人员编制整顿，划清行政与企事业编制界限，对公用经费实行定额管理。地级行政单位定编950人，其中：属行政经费开支的552人，从企业收入退库和事业费开支的398人。是年，提倡群众理财，依靠群众监督，健全固定资产、家具、物资、用品的保管和维修制度，财政部门对各单位的财务活动和经费开支定期组织互审。1974年，全区加强工资基金的管理和监督，各级财政、银行部门按照批准的工资总额办理拨款。1979年，禁止用行政事业费搞计划外基建，严格控制社会集团购买力，压缩非生产性开支，各单位增加的业务收入试行分成办法，大部分用于发展事业，少量用于个人奖励。1980年，全区对行政事业单位经费全面实行预算包干办法，除农业口全额预算管理的业务费和支援社队专款外，年终结余归单位使用，全部用于改善工作条件和发展事业，不得用于增加人员工资和发奖金。1981年，地区行署规定所有行政机关停止添置家具和机关工作人员公用的生活用品，停止收取家具租金，将家具折价卖给个人，收入全部缴财政。是年，继续推行“预算包干，超支不补，结余留用，节约有奖”的办法，允许单位从增收节支中提取部分奖励基金，举办集体福利事业和发奖金，但一年内发放奖金总额不超过本单位一个月平均工资数额。1983年，履行会议费报批手续。1984年，规定各单位全年奖金总额人平不超过80元。地级行政事业单位开展联审互查，查出违章购置社会商品102件，金额1573元，多发补助等违反财经纪律开支1687元。1985年，执行国务院的通知，对地级行政事业单位清查出自有资金400万元，其中可抵预算支出拨款和上缴财政的20万元，全区收回职工欠款151.3万元。1988年，全区建立文教行政事业专项经费跟踪反馈制度。1989年，财政对行政事业单位实行周转金制度，支持各单位开展经营活动，鼓励有条件的事业单位向自收自支或企业化管理过渡。全区3334个单位18284人，开展有偿经营服务，创纯收入956.4万元。1990年，全区处理超期服役高油耗的小汽车246辆，燃料费支出101.8万元，比1989年下降2.6%。

公费医疗经费管理　新中国成立后，1949年10月至1952年6月，零陵地区行政事业单位国家工作人员医药费开支由单位掌握列入经费支出。1952年7月起，按每人每月0.75公斤大米限额据实报销。是年，执行中央人民政府关于全国各级人民政府、党派、团体及所属事业单位的国家工作人员实行公费医疗预防的指示和湖南省人民政府关于行政事业机关及党派群众团体公费医疗预防统支统收试行办法规定，地区本级及所属县先后成立公费医疗预防实施管理委员会（简称“公费医疗委员会”，下同），对公费医疗经费实行专款专用，由各级公费医疗委员会或政府的卫生机构在享受公费医疗的人员编制和规定的标准内，统一掌握开支。地、县公费医疗委员会制发公费医疗证，患者凭证到人民医院、中医院治病，治疗费月终向公费医疗委员会结账。凡享受公费医疗的病人，赴外地就医时，须取得医院证明，经当地公费医疗委员会批准。1957 年 10 月，各县根据地区公费医疗委员会的规定，制定各县公费医疗预防实施办法，凡门诊一次处方在 5 元以内的由医院决定，5 元以上的由医师签署意见，经公费医疗委员会批准方可报销，急诊者可先行使用，事后两日内报批。门诊挂号费、出诊费、中药煎送费、自购药品费不能在公费医疗经费内开支。门诊处方用药量不超过 3 天，对贵重药品严格控制使用。1958 年，对享受公费医疗人员实行定点医疗，到定点以外医疗机构治病，必须经县公费医疗委员会批准。1962 年 9 月起，公费医疗经费下放到各享受单位掌握，按指标 80%拨给单位，月终向公费医疗委员会结账，结余留用，超支不补，年终有余的酌情调剂；20%由公费医疗委员会掌握，集中解决危急病经费。1963 年，执行湖南省公费医疗享受开支范围及有关财务管理的规定，公费医疗经费由财政部门拨给同级公费医疗委员会统一掌握或由公费医疗委员会拨给各享受单位掌握开支。1978 年 1 月，实行自费药品管理制度，单味自费药品费用由患者自负，因治病需要在复方中使用的自费药品准许报销。1981 年起，将公费医疗经费按人平定额 30 元包干到单位使用，同时取消医院记账结算方式，患者凭医院处方和发票回单位报账，每张处方药费超过 2 元经单位领导审批。1984 年，实行医疗经费由国家、单位和个人三方负担，个人按工龄分档次负担，各县标准不一。但工伤、癌症、离休干部，二等乙级以上残废军人的医药费个人不负担。到外地就医须经当地医院证明，公费医疗办审查，县以上组织人事部门批准。是年，全区人平医药费支出 44 元，比 1983 年减少 4 元，1985 年和 1986 年人平支出 53 元，1987—1989 年分别为 64 元、68 元、78 元。1990 年起，各县对公费医疗制度进行改革，实行“公费医疗办为主、医院参与、单位配合”的管理办法，是年人平医药费支出 131 元。

中小学学杂费管理 自 1953 年起，零陵地区对公办中小学学杂费的管理，除乡村小学留 50%购置文娱用品，其余上缴县财政作预算收入。1954 年，改缴县教育部门作特种资金统一调配，专款专用。1955 年下学期起，中学学杂费收入，学校留 10%作为学生饮水和宿舍环境卫生费用，90%上缴县教育部门集中掌握，用于校舍大修和购置仪器、图书、体育、卫生设备。小学学杂费收入，学校留 80%解决学生饮水和公务费开支，缴教育部门 20%。教育部门以收入的 50%上缴省教育厅，另

50%用于所属学校校舍修缮及购置教学设备。1964 年 7 月，全区调低中小学学杂费收费标准。对小学校舍维修，依靠当地党政机关，发动群众献工献料，不足部分从地方税收附加中补充。民办小学教师的工资，从学校收费、集体公益金、国家定额补助三方面解决。1979 年 6 月起，执行省财政厅、省教育厅对中、小学学杂费管理的规定。学杂费留缴比例：农村小学、区、社中学留校使用 90%，上缴学区 10%；城镇小学留校 70%，上缴县教育部门 30%；城镇中学留校使用 80%，上缴县教育部门 20%。实行学杂费部分或全部减免的学校，其征收部分仍按规定比例上缴，上缴款可在勤工俭学收入中列支。留校部分限用于学校公务费及维修校舍设备，添置教学用品，上缴学区部分限用于县教育部门组织集体教学活动和补贴民办教师的工资，上缴县教育部门的部分则用于解决校舍维修和民办教师工资、补贴。县教育主管部门年终按规定和要求向财政部门编报全县学杂费收支决算，各学校也向县教育部门编报学杂费收支决算。1984 年起，中小学学杂费全部留校，用于正常教学开支和校舍维修以及添置教学用品。

抚恤和社会福利救济事业费管理 新中国成立初期，零陵地区对抚恤和社会福利救济事业费的管理方式有两种：一是由民政部门掌握使用，优抚事业费每月凭原始单据向县财政部门领报经费；二是社会福利救济费，先由县民政部门提出使用方案，报政府批准，再由财政部门将款拨到区、乡，由乡摸底提出应发对象和金额报区或县审核后发放，凭领款花名册向县财政部门办理报销手续。1952 年，全区抚恤和社会福利救济费由各级民政部门在年度开始前提出计划，编造预算，送同级财政部门审核，同时报上级民政部门审核。临时性救济款，先提出使用计划经上级民政部门审定，通知财政部门拨款，事后补编预算，月终办理结算，年终办理决算。1953 年 7 月，规定抚恤和社会福利救济费除集中部分由民政部门具领、转发、报销外，其余由财政部门按预算及用款计划逐级拨到乡，由乡发到户或个人。区公所财粮助理主管经费领报，民政助理负责分配执行。1956 年，改由县掌握指标，区审查批准，乡摸底评议，区银行营业所和乡信用合作社负责拨款和付款，县民政部门会同财政部门组织力量检查发放使用情况。1962 年，执行内务部、财政部颁发的抚恤、救济事业费管理使用办法，对救济费的发放，由生产队提名，群众讨论，生产大队审查，公社批准，张榜公布，落实到户。烈军属、复员军人定期定额补助费，由本人申请或生产队代为申请，经生产大队、公社审查后，报县民政部门审批。自然灾害救济费，根据受灾情况和物资条件，尽量发放实物。1975 年，执行省革命委员会关于抚恤、救济事业费管理和使用的几项规定，将抚恤、救济事业费采用指标分到公社，银行营业所（或信用社）拨款的办法。成批发放救济费时，由公社党委研究决定，定期定额补助，报县民政部门批准，临时补助数额在 20 元以内的由公社党委指定专人审批，20元以上的报县审批。1982年起，农村民政事业费由农业银行监督拨付。县及公社的抚恤和社会福利救济事业费统一拨交农业银行及其所属机构监督拨付，直接发给优抚、救济对象和退休个人的经费，由受款人所在公社信用社发放。

二、差额预算管理

零陵地区实行差额预算管理的单位有卫生医疗机构、文艺工作团体和农、林、水利等事业单位。管理办法分“全额管理、差额补助”、“以收抵支、差额补助”和“定收定支、差额补助”，以及对特种基金按特种资金管理。

医疗机构经费管理 1952年，零陵地区各级人民医院的收入上缴财政，支出由财政下拨。1953年起，实行差额管理，事业收入不上缴财政，自行统筹使用，收不抵支部分由财政拨款补助。医疗单位将业务收入和补助收入作为全部收入，按月编造收支计划，送财政部门审核，财政部门只就补助数额予以核销转账。对药品购销实行特种资金管理办法，不列入预算收支。1955年，实行“全额管理，差额补助，核实报销”办法。药材基金管理办法未变。1956年，将药材基金改为药材周转金纳入预算内管理。1960年起，零陵地区执行省规定，对所有医院和区卫生所实行定项补助，即医疗工作人员工资由国家预算开支（简称“包工资”），医院本身增加的收入和经费结余留归单位用于降低医疗收费，增添必要的设备和增加周转金。对国办集体经营的人民公社卫生所，实行“独立核算，自负盈亏”的管理办法，但对业务收入难以支付人员工资的单位适当给予补助。1963年，取消包工资管理办法，按工作人员工资总额给予一定比例的补助。1973年，人民公社卫生院实行“社办公助”，公助经费标准按集体人员工资的60%计算。1979年起，对所有城乡医疗机构（含农村卫生院）一律实行“全额管理，数量统计，实耗实销”的商品管理办法，把药品管理的好坏和药品加成率、库存差异率的执行情况作为考核医疗机构管理工作的一个重要内容。1981年，各县市城关街道卫生院同样实行定额补助，按人员工资50%计算定额，其余自筹解决。1982年，执行省卫生厅医院经济管理暂行办法，零陵地区人民医院和各县人民医院实行定任务、定床位、定人员编制、定业务技术指标、定经费补助，建立成本核算管理制度。医院在定经费补助的基础上，将收支结余用于发展医疗事业和改善集体福利，少量用于个人奖励，按一个月标准工资的数额提取奖金。是年，定额补助地区人民医院90.8万元。1987年，各县市中医院升格，视同县市人民医院实行定额补助，财政定额补助中医院经费134万元。1990年，全区实行差额管理的全民医院22个，职工4466人，病床9869张，固定资产3503.6万元，年收入4257.1万元，年支出4384.6万元，差额预算补助

367.4万元，结余228.9万元。全民卫生院106个，职工2355人，病床1896张，固定资产1169.2万元，年收入1336.3万元，年支出1508.4万元，差额补助198.3万元，结余23.1万元。中医院11个，职工1468人，病床1211张，固定资产822.5万元，年收入1399.1万元，年支出1453.1万元，差额补助134.4万元，结余68.1万元。

文艺团体经费管理 零陵地区文艺团体执行差额补助的单位有巡回电影放映队和地县各剧团。新中国成立初期，全区各种剧团属自收自支的民间艺术团体。1956年起，地县在接受民间艺术团体的基础上成立祁剧团、歌舞剧团、花鼓戏剧团，地县财政对各剧团实行“独自核算、自负盈亏”的办法管理，每年补助很少。1958年，对电影巡回放映队实行“以收抵支，差额补助”的办法。1959年，财政对剧团增加补助，扶植新剧种和剧目。1960年，贯彻财政部、文化部关于艺术表演团体财务管理的几点规定，在地区祁剧团和江华瑶族自治县民族歌舞团执行“定额包干”的办法，剧团收支相抵后，支大于收的差额，经文化主管部门审定同意，报财政部门批准予以定额补助，财政补助的资金主要用于基建和购置服装道具，以及改善福利设施。是年，财政补助江华歌舞团7000元。电影巡回放映队一部分下放到区乡自负盈亏，另一部分并入电影公司，划归企业管理。1963年，实行收支相抵后有逆差的剧团，经主管部门审定，财政给予差额补助；收支相抵有顺差的，70%留作剧团作周转金和集体福利及奖金，30%缴主管部门统筹使用。集体剧团基本上自负盈亏。是年，财政从少数民族地区补助中补助江华歌舞团1.6万元。1972年，实行“定收定支，定额补助”。1980年起，对剧团实行定演出任务、定收入、定支出、定国家补助的管理办法。1985年后，财政包工资，由剧团开展多种经营收入弥补经费不足。1990年，全区8个文艺剧团296人（未含离、退休144人），比1980年3个剧团减少390人，演出场次由1980年的2598场下降到997场，财政补贴65万元。

农林水利事业经费管理 1959年以前，零陵地区各县农、林、水利单位经费实行全额预算管理。1960年起，对拖拉机站实行差额预算管理。1961年，对林场、苗圃也实行差额预算管理。1963年，建立地区农科所、林科所，均实行差额预算补助。1964年，执行财政部、农业部决定，凡是有收入的农、林事业单位，都实行差额预算管理。1967年，将畜牧兽医站、农业良种示范场、园艺场、鱼苗场纳入差额预算管理。是年，地区农具研究所由省下放到地区，年补助经费7万元。1979年，成立地区种子公司，每年补助经费3.7万元。是年起，对差额预算管理单位实行“定收定支，差额补助，超收留用，超支不补”的办法，将农业三场、营林机构、小水电站、水利工程管理处改为企业管理。1980年起，对水库管理所实行“事业性质，企业经营”逐步向企业管理过渡。1990年，全区对差额预算单位补助经费113.2万元。

三、自收自支单位的预算管理

零陵地区执行这一办法的单位有地区和县市招待所，房地产管理所，自来水公司。实行类似企业的会计核算和财务管理制度，财政部门负责监督检查经济核算及其效益情况，单位收支相抵后盈余部分归单位，用于发展事业，不上缴财政，一些大的基本建设项目或维修经费，报政府批准后由财政一次性拨款解决。

第二节 企业财务管理

清末，永州府无官营企业，民办企业财务管理无考。民国时期（1912—1949），永州区工商企业财务管理按省规定执行。新中国成立后，零陵地区的国营企业分工业、交通运输、城市公用、商业、供销、物资、医药、教工、农垦等企业，财务管理内容和方式大同小异。

一、固定资产管理

民国时期（1912—1949），永州区官营工矿企业固定资产管理办法不详。

新中国成立后，1950年，零陵地区接管民国时期的官办企业时，将单位价值在100元以上，使用年限在一年以上的劳动生产资料作为固定资产。1953年，划分标准改为200元以上，使用年限一年以上。1954年，对地县国营企业未使用或不需用的固定资产进行调剂，采取无偿调拨办法，调入单位支付的运杂费、安装费、拆卸费等在基建拨款内支付，其中安装费列入固定资产价值。1955年，全区对国营企业的固定资产，除土地外按原值减除基本折旧进行估价，再按使用年限平均计提固定资产折旧，固定资产使用年限届满继续使用时仍按原折旧率计提折旧，季节性停用或大修理停用的固定资产照常提折旧。1956年，规定意外毁损的固定资产，其残值收入或保险赔款，只能用于恢复和重置原毁损的固定资产。1958年，对固定资产实行综合折旧率，固定资产大修理费用采取预提大修理基金的方式摊入生产成本。1959年，执行省财政厅颁发的地方企业生产财务会计工作若干规定，企业所有的固定资产全部入账登记，计提折旧已达使用年限，并已提足折旧的固定资产，经企业负责人决定即可办理报废。需要提前报废的固定资产，应报经主管部门批准。固定资产变价收入及非常损失的补偿收入，留给企业作为固定资产复置金，提取的固定资产大修理基金可以并入生产流动资金周转，但不能用于基本建设。

1961 年，零陵地区对地方国营企业进行整顿时规定不需用的固定资产不提折旧，暂时停止使用的固定资产照提折旧。国营企业之间的固定资产实行无偿调拨；调给国家拨款的基本建设单位或集体企业时实行价拨；小型钢铁冶金企业和以矿养矿的煤矿价拨固定资产的变价收入，在抵补本单位亏损、归还计划外基建挪用流动资金和财政发放的小型技术措施费贷款后，多余部分逐级上缴地区主管部门，用以弥补本地钢铁亏损，或作为小煤窑改造专用经费。其他企业的固定资产变价净收入，在归还计划外基建挪用流动资金和财政发放的小型技术措施费贷款后，交同级财政。是年，全区工业企业进行清产核资，固定资产盘亏 191.7 万元，报废 281.8 万元，全部冲减国有资金。

1962 年，商业企业除大型商办工业外，不计提大修理基金，按实际使用金额直接计入商品流通费。1964 年，零陵地区执行省计委规定：生产企业调用基建设备时按价付款。企业进行技术改造和零星基本建设时，从更新改造资金中开支。固定资产进行大修理时，从大修基建资金中开支。属基本建设项目则从基本建设投资中开支。

1965 年 1 月起，零陵地区对煤矿生产矿井的井巷开拓延伸工程所需费用，采取预提维持简单再生产井巷工程基金的办法，以矿为单位，每生产一吨煤预提 1.2 元。是年，规定玻璃器具、工具性仪表、电表、一吨以下矿车、7000 瓦以上电动机以及生产专用工具、卡具、模具不作为固定资产。同一规格、型号的低值易耗品和各种技术图书报刊资料，无论单价高低，也不作固定资产。

1967 年起，零陵地区执行财政部颁发的 1967 年固定资产更新资金管理办法，将固定资产更新和基本建设中属于简单再生产性质的投资，统称为固定资产更新和技术改造资金。实行基本折旧基金抵留的企业，其固定资产更新和技术改造所需资金，不再由预算拨款或从利润留成中支付。1969 年，对固定资产进行大、中、小修理，一律按实际开支数，以固定资产修理费直接列入生产成本。

1971 年，零陵地区再次对国营企业进行清产核资，工业企业清出闲置多余设备 663 台（件），原值 289.9 万元，占 1970 年年末固定资产原值的 2.9%；固定资产盘盈 99.4 万元，盘亏 15.4 万元，报废 278.3 万元。

1973 年 6 月，零陵地区执行省财政厅颁布的固定资产的划分标准，固定资产单位价值，地属企业为 500 元以上，县属企业为 200 元以上。7 月起，恢复预提大修理基金的办法。对汽车等运输设备，按行驶里程计提折旧。

1979 年 5 月起，零陵地区对 1488 个全民所有制单位再次进行清产核资，清出预算内工业企业未使用的固定资产635万元，占1978年年末固定资产原值的3.5%。核销固定资产盘盈、盘亏、报废相抵后净损失原值1952万元。是年，规定国营企业的固定资产实行有偿调拨，只适用企业改变隶属关系，改组迁并，设备随人员成建制地调拨至新建的工业基地。允许企业出租固定资产，凡出租的固定资产，原单位在企业管理费中照提折旧，所得租金冲减折旧费。企业有偿调出固定资产所得价款，用以增加更新改造资金。

1983年，试行利润留成制度的工业、交通企业，按固定资金月征2%~8%的固定资金占用费，全部上缴财政，1984年停征。1984年，零陵地区将国营工业企业固定资产综合折旧率由4.6%提高到6%，大修理基金提取比例由2.5%提高到4%。1985年，商业企业固定资产折旧率由4.1%提高到5.1%。1986年，对纺织、医药、冶金和建材企业实行分类折旧。1987年起，所有企业均实行分类折旧。1991年，零陵地区成立国有资产管理办公室，对554户国营企业和10894户事业单位进行国有资产存量调查，共占用国有资产总值为35.73亿元。

二、流动资金管理

民国时期（1912—1949），永州区官办企业的自有流动资金由隶属主管部门提供，银行提供少量贷款，弥补流动资金的不足，用于生产周转。官府和财政对流动资金的管理无统一制度。

新中国成立后，1950年12月会计决算时，零陵地区在企业盘清流动资产的基础上，按当时市价折算成人民币进行估价入账。1953—1954年，地县国营企业定额流动资金由财政和银行分别供应。企业流动资金的余缺，以主管部门为单位，平衡统一核算列入计划。1955年起，人民银行取消定额信贷，企业自有流动资金由财政按计划定额拨款解决。1956年，在全区范围内企业与企业之间、县与县之间进行流动资金调剂平衡，并对1955年以前企业欠缴的利润由专区、县主管部门统一收缴，用以补充企业流动资金，再由人民银行贷款解决一部分。是年5月，财政与银行在企业流动资金管理上明确分工：凡企业维持正常生产所需要的流动资金，剔除在途资金，由财政确定定额后，对主管部门分季拨给，银行只对企业超定额储备和在途结算资金发放贷款。

1959年，零陵地区执行省人民委员会《关于加强采购资金管理的几项措施》，采购款在当地银行开立专户，通过银行结算，不得作储蓄存款或转存其他账户。1961年7月1日起，地方国营企业定额流通资金80%由财政拨给，20%和超定额部分由银行贷款解决。商业、粮食、药政、新华书店、电影发行公司和国营农牧场、水产养殖场仍由银行全额信贷。

1962年4月，零陵地区在工业、交通企业中开展清产核资，通过清仓盘点，流动资产净盘亏192.8万元，报废284.9万元，调价损失151.8万元，呆账57.7万元。报省批准，冲减国家流动资金576.4万元，冲减当年损益110.8万元。核定工业企业流动资金定额252万元（未含祁阳县，下同），占是年平均占用额474.3万元的53%，占年末实际占用额350.8万元的72%，还将1962年3月底以前163.6万元积压物资作为特种积压物资管理。1965年，企业流动资金定额由按品种项目逐一计算改为分项核定。处理积压物资收回的资金，除按规定比例归还银行贷款外，可补充自有流动资金的不足，多余的上缴同级财政，再逐级缴入省财政厅上缴积压物资价款专户。1966年，由核定财政资金定额改为核定流动资全部占用总额。财政根据当年财力，按一定比例拨出流动资金固定给企业使用，其余由银行贷款解决。

1971年5月，零陵地区再次开展清产核资，到1973年8月结束，清出积压物资和有问题商品2150万元。全区107户工交企业，按新规定核定每百元产值定额流动资金30.38元（按1957年不变价），比1970年降低28.1%。1979年5月至1980年底，全区又开展清产核资，清出积压物资2620万元，其中预算内工交企业1507万元，占1978年年底定额流动资金总额的26.9%。到1980年年底，累计处理1043万元，占清出数的69.2%。流动资产盘亏（抵减盘盈）和报废损失379万元，报省批准，相应冲减国家流动资金。1980年7月，核定全区工交企业流动资金占用总额5596万元，其中定额流动资金2831万元。是年起，实行定额贷款办法，对国营工交企业实行流动资金有偿占用制度，月息2.1%，由开户银行按季收利息，并从10月1日起，国营工交企业改向同级财政按2.1%逐月缴纳流动资金占用费。新投产的企业，其定额内流动资金由财政拨给，银行不给贷款。1981年3月，国营企业按月初国拨流动资金账面余额每月交占用费，但拨给的特种储备资金不征占用费；关停企业从关停之日起，免缴占用费。流动资金占用费，企业在每月25日前一次缴库，不按时缴纳者，每月加收1%的滞纳金。

1983年，实行利改税的企业不再缴纳资金占用费。是年7月1日起，国营企业的流动资金全部划归人民银行统一管理，要增加的流动资金由银行按信贷政策供应，财政不再增拨流动资金。

1985年6月，对国营工交企业1980年以前的流动资金损失进行核销，但1980年年底以后由集体转国营的企业和从国营企业混岗作业分离出来的集体企业，在核销流动资金损失时不核减国拨流动资金。

1986年11月，零陵地区执行财政部、中国人民银行关于国营企业库存商品、物资调整价格差额的财务处理规定，凡中央和省定价的商品、物资，在统一调整供应调拨价格以后，国营工业生产企业、物资供销企业和商业企业库存的商品、物资，一律按调价前一天实际库存数量和新的定价调整账面价值，新老定价的差额，作增减国家流动资金处理。对于调价后的库存商品，物资增减值相抵后为净减值，且净减值大于国家流动资金的，其差额部分作损益处理。中央和省定价以外的商品，物资价格调整，以及由于议购议销浮动价、超产供应价和临时削价，而使国营工业生产企业、物资供销企业和商业企业库存商品、物资发生新老价格差额，随用（销）随处理，计入成本。

1986—1991 年，零陵地区实行厂长（经理）目标责任制，把资金周转率和资金占用水平作为任期目标和任期终结审计的重要内容之一。

三、成本（费用）管理

1952 年以前，零陵地区地方国营企业财务制度不健全，企业成本（费用）开支无统一的制度和标准。1953 年 1 月起，全区执行财政部颁布的国营工业企业统一成本计算规定，地县国营工业企业的工厂成本项目为：原料及主要材料、辅助材料、工艺技术过程耗用的燃料、动力、生产工人工资和附加工资、新产品试制费、废品损失、停工损失、车间经费和企业管理费、各种产品的商业成本，还包括产品销售费用。是年 6 月，对技术组织措施中属于产品试制费的部分，从生产费用开支按递延费用摊销。是年起，年初给各企业下达降低成本计划指标，年终进行考核分析。1955 年 10 月，改为凡不增加固定资产而开支的技术组织措施费列入生产费用分期摊销；为试制新产品开支的其他费用，分期摊入该新产品的成本。

1957 年 3 月，对安全技术劳动保护措施费，属于不增加固定资产的费用列入生产费用，数额较大的分两年摊销。1960 年 4 月，根据工资总额按国家规定的比例提取的工资附加费计入成本。1961 年，下放农村 3 个月以内的职工，其工资和差旅费计入成本；3 个月以上仍由原单位支付的工资和差旅费列营业外支出。企业主要生产车间连续停产一个月以内的，职工工资及管理费用计入生产成本。

1963 年 10 月起，对新建企业为竣工投产培训技术人员、工人、管理人员所花的培训费用，竣工验收后在企业成本中列支，竣工验收后的试车费和试制生产费用也进入生产成本。

1965 年，对企业修建生产急需的零星、小型、简易建筑物，单位面积不超过 20 平方米，又不影响当年成本和利润计划的，可计入生产成本。企业利用废旧料和业余工时进行技术革新、技术革命，单项措施费不超过 500 元的，也计入生产成本。

1969 年 9 月 1 日起，国营企业按工资总额的 2%计提工会经费和按工资总额的 3%计提劳动保险金，停止预提原属这方面开支的项目，改在企业管理费中开支。

退休职工和长期病休职工的工资以及其他劳保开支，改在营业外列支；医药卫生补助金、福利补助金和企业奖励基金合并成企业职工福利基金，按企业工资总额的11%提取。

1973年5月起，零陵地区执行财政部国营工业交通企业若干费用开支办法，产品成本开支范围：为制造产品而耗用的各种原料、材料、燃料和动力以及外购半成品；生产工人、管理人员的工资和按照工资总额提取的福利基金；固定资产基本折旧基金、大修理基金和固定资产中小修理费用；应当列入产品成本的低值易耗品购置费；应当列入产品成本的停工费用；废品损失；产品的包装和销售费用；经企业主管部门批准，每平方米造价不超过20元的简易料棚修建费和其他生产费用。1975年12月起，成本项目增加废水、废气、废渣造成损失的赔偿费。1979年1月起，工交企业恢复按职工工资总额的2%提取工会经费。

1980年1月起，实行利润留成的企业按工资总额的11%提取的职工福利基金，以及按标准工资10%~12%提取奖金，统一改在利润留成中开支，不再计入成本。从7月起，恢复企业财产保险，保险费从企业管理费或商品流通费中列支。1982年起，企业职工教育经费，在工资总额1.5%范围内掌握开支，直接列入成本（费用），超过部分在企业利润留成中开支。

1983年6月起，企业逾期贷款加付的利息，在企业利润留成中开支，不准计入成本。1984年，实施国务院颁发的国营企业成本管理条例，零陵地区在部分大中型企业配备总会计师，负责成本管理工作。

1985年，零陵地区冷水滩造纸厂、冷水滩耐火材料厂、地区轻工业机械厂和地区纺织品批发部（站），实行工资总额同上缴税利挂钩。企业按批准的挂钩方案，随着经济效益增长而增加的工资，允许在成本（费用）中列支。1986年起，地县煤矿实行吨煤工资含量包干计入成本。其余企业全部推行工资总额同上缴利税挂钩。

1986年，零陵地区执行省规定：企业采购紧缺材料、推销积压产品支付的少量招待应酬费用可计入成本。1989年起，企业制定计划，经主管部门和财政批准后，列入企业管理费开支。

四、利润分配管理

民国时期（1912—1949），永州区的官办企业每年实现的利润如数上缴经管部门，企业发生亏损，由经管部门拨补或由以后年度的利润弥补。

新中国成立后，1949—1952年，零陵地区对国营企业实现的利润全额上缴财政，亏损由财政拨补。1953年11月起，实施政务院财经委颁发的国营企业提用企业奖励基金的临时规定，企业在全额上缴利润的前提下，完成生产总值、利润和利润上缴计划的企业，可以在计划利润中提取1%~3.5%和从超计划利润中提取8%~20%的企业奖励金，提取的总额不超过工资总额的6%~12%，也不低于工资总额的3%~5%。1957年，国营企业实行超计划利润分成办法，超计划利润分成部分作为特种基金，由企业和主管部门自行使用。1958年起，改为利润留成，留成比例以主管部门为单位计算确定，五年不变。主管部门可以在利润留成中集中少部分调剂使用。企业留成资金用于企业所需的“四项费用”（销售费用、经营费用、财务费用、管理费用）、简易仓棚费、补充流动资金不足和计划内基建投资不足、经批准的基建项目投资、竞赛奖金、职工福利设施以及职工困难补助，此项制度执行到1961年。1962—1968年，恢复企业奖金制度，企业完成国家下达的产量、质量、新品种、工资总额、降低成本、资金周转、上缴利润六项经济指标，可按计划工资总额3.5%提取企业奖金。每少完成一项扣去奖金的六分之一。超额完成利润计划或比计划减亏的企业，可从超计划利润中提取10%或比计划降低的成本中提取20%作为企业奖金。1969年，企业奖励基金与福利补助金、医药卫生补助金合并，称企业职工福利基金，按工资总额的11%提取，从成本（费用）中列支。1972年起，对县办小钢铁、小煤矿、小机械厂、小化肥厂、小水泥厂的利润实行“四六分成”，即缴县财政40%，缴国家财政60%。对县属工业的亏损，实行“二八”分担，即80%由国家财政弥补，20%由县财政负担。1978年起，实行企业基金制度，凡全面完成产量、品种、质量、原材料、燃料、动力消耗、劳动生产率、成本、利润（包括实现利润和上缴利润），流动资金占用率计划指标以及供货合同的工业企业，按工资总额5%提取企业基金；完成产量、品种、质量、利润指标和供货合同的企业，按3%提取企业基金；在完成前四项指标和供货合同的前提下，其他指标每完成一项，按工资总额增提0.5%的企业基金。

1979年，国营工业企业提取企业基金，由考核八项计划指标和供货合同，改为按产量、质量、利润（包括实现利润、上缴利润和应缴国家财政集中的基本折旧基金，下同）和供货合同四项计划指标考核。全面完成四项计划指标的企业，按职工工资总额的5%提取企业基金。其余企业，在完成利润计划指标的前提下，每完成一项，按职工工资总额的1.25%提取企业基金。经国家批准有政策性亏损的企业，比照盈利企业提取企业基金。计划亏损企业，全面完成四项计划指标的，按职工工资总额3%提取企业基金，其余企业在未突破计划亏损指标的前提下，每完成一项计划指标，按职工工资总额的0.75%提取企业基金。原定企业主管部门从超计划利润中统一提取的企业基金，改从企业当年利润增长额中提取，不同行业提取的比例为5%~15%。施工企业以全部实现利润扣除按完成任务提取的企业基金后，50%上缴财政，50%留给企业。1980 年，零陵地区对冷水滩耐火材料厂试行利润留成试点，核定基数利润留成比例 15%。企业完成产量、质量、利润和供货合同，按核定的比例提取利润留成，每少完成一项，扣减 10%的利润留成。年末超基数增长利润按 25%提取利润留成。企业提取的基数利润留成资金，按核定的比例建立生产发展基金、职工福利基金和职工奖励基金，分别管理使用。增长利润留成 60%用于发展生产，40%用于职工福利和奖金。

1982 年，零陵地区执行省财政厅、省经委关于国营工交企业实行利润留成和盈亏包干办法的若干规定，对国营工交企业停止提取企业基金，分别采取基数利润留成加增长利润留成、全额利润留成、上缴利润包干和超收分成或全留，亏损补贴包干和减亏分成或全留，超计划利润留成。1983 年 6 月 1 日起，国营企业实行利改税试行办法，对盈利的国营大、中型企业实现的利润按 55%的税率缴纳所得税，税后利润除按核定的利润留成水平留给企业外，分别采取递增包干上缴、固定比例上缴或交纳调节税的办法上缴财政。对盈利的国营小型企业所实现的利润按八级超额累进税率缴纳所得税后，一般全部留给企业，对税后利润较多的企业规定缴纳少量的承包费。

1984 年 10 月 1 日，零陵地区实行第二步利改税，将国营企业应上缴财政的利润，改为按产品税、增值税、所得税、调节税等 11 个税种向国家缴税，由税利并存逐步过渡到以税代利。税后利润，按规定建立新产品试制基金、生产发展基金、后备基金、职工福利基金和职工奖励基金，归企业掌握使用。

1986 年，零陵地区对国营企业实行“包死基数，确保上缴，超收全留，欠收自负”的经营承包责任制。其中对盈利企业采取上缴利润递增包干、超收全留、短收自补，对亏损企业的亏损补贴实行递减包干、减亏全留、超亏自补的办法，企业同政府签订承包合同，承包期 5 年。地直盈利企业 1986 年包干上缴财政净利润 867 万元，比 1985 年实际入库的 693 万元增长 25.2%。1986—1990 年，合计上缴利润 5105 万元，年递增 11.8%。地直 3 个煤矿，1986 年核定亏损补贴 198 万元，比 1985 年补贴 204.7 万元减少 3.3%，1986—1990 年弥补亏损 846 万元。

1988 年，省将粮食企业财务下放地区管理，零陵地区决定由地区粮食局实行全行业承包，将省财政厅、省粮食局分配给地区的各种专项粮油指标，各项经营亏损补贴指标 1100 万元，提价加价补贴以及各种专项资金，如数拨给地区粮食局，包干使用，节约留用，超支自负，一定三年。

五、扭亏增盈

民国时期（1912—1949），永州区官营企业扭亏增盈情况无记载。新中国成立后，实行计划管理，国营企业的盈亏受计划经济调控，企业扭亏增盈工作不突出。1966—1976年“文化大革命”运动中，企业管理制度受到错误批判，扭亏增盈工作处于停顿状态。1977年9月，零陵地区成立扭亏增盈领导小组，地委主要领导任组长，下设扭亏增盈办公室，各县相应建立机构，组织和指导企业采取措施节约利废，降低原材料消耗，减少费用开支，开展群众性的班组经济核算，挖掘企业内部潜力。是年，全区盈利企业盈利水平比1976年增长44.3%，亏损企业亏损额下降12%，亏损单位减少6个，亏损面由42%下降到37%。1978年起，全区层层下达扭亏增盈指标，年终进行考核评比。

1981年1月，零陵地区扭亏增盈办公室改设地区经委，地区财政局派人参与工作。1984年3月，地区扭亏增盈领导小组改由行署常务副专员任组长，有关部门领导参加。年初将扭亏计划层层落实到企业，按月按季通报情况，半年召开座谈会，总结成绩，交流经验，找出差距，研究措施。9月，制定扭亏增盈政策：对新发生的亏损企业，财政不补贴，银行不贷款，不准发奖金，取消上年调级浮动的工资。对经营性亏损没有扭亏，政策性亏损没有按计划减亏的企业，停发或减发奖金，超计划亏损的企业，财政不弥补。煤炭亏损企业，除因增产增销发生超计划亏损外，完不成扭亏任务的相应扣减包干分成。对产品无销路、转产无条件、改造无出路、长期难以扭亏的企业坚决关闭。对扭亏增盈任务完成不好的县（市）和部门追究领导的责任，所有亏损企业到期完不成扭亏任务的，厂（矿）长、经理、自动辞职或就地免职。是年，全区预算内135户工交企业实现利润1839.7万元，比1983年增加520.4万元，增长39.7%；亏损企业28户，占总户数的20.7%，减少6户，扭亏17.7%；亏损总额582.1万元，减亏7.8万元，扭亏1.5%。

1987年3月，零陵地区扭亏增盈领导小组改由分管工交的副专员任组长，经委和财政局的领导参加，行署颁发零陵地区扭亏增盈奖励办法，制定奋斗目标，实行首长负责制，各县（市）和地直有关局分管扭亏增盈工作的领导，向行署递交责任书，亏损企业按地区下达的扭亏目标，由负责扭亏的厂（矿）长向地县（市）扭亏增盈领导小组递交责任书。年终，行署组织检查考核，实行同奖同罚：实现利润比上年、比计划均有增长，完成上缴利润任务的县市，对分管县市长和经委主任、财政局长及扭亏增盈专干进行奖励；主管局未突破行业亏损计划，直属企业盈利水平提高，实现利润比计划、比上年均有增长，完成上缴利润任务，对局长和一名专干进行奖励；对无亏损企业的县（市）且实现利润比计划、比上年均有增长，完成上缴利润计划任务的进行奖励；对亏损企业未突破亏损计划，完成当年扭亏目标或者扭亏为盈，给厂（矿）长重奖。全区完成目标，获得省扭亏增盈奖励，或完成省下达扭亏任务，对分管专员、经委主任、财政局长和扭亏增盈专干给予奖励。地区、各县（市）主管局没有完成全年扭亏任务的，扣发有关人员基本工资；亏损企业除遭受严重自然灾害外，没有完成扭亏任务的，每增亏1%扣罚厂（矿）长全年基本工资的1%；新增经营性亏损企业，从亏损月起，每月扣减厂（矿）长基本工资的2%~5%，停发上年3%的升级工资，年底无亏损时，补发扣罚的基本工资，没有扭亏的不补发扣罚的工资，并取消当年3%的升级工资；企业弄虚作假，虚盈实亏的，扣罚厂（矿）长全年基本工资的20%，所得奖金如数收回。企业主管部门弄虚作假指使企业虚报盈利的，除收回主管部门负责人奖金外，扣罚全年基本工资的20%。是年年末，东安县、祁阳县、永州市、冷水滩市、双牌县、蓝山县、道县和地区建材、化工、二轻局被评为扭亏增盈先进单位，冷水滩造纸厂等7户企业被评为增盈先进单位，祁阳县浯溪机器总厂等11户企业被评为扭亏先进单位。是年，全区工业总产值比1986年增长16.7%，实现税金、利润分别增长9.6%、35.2%，亏损企业减少8户，亏损总额减少5%。

1988年，零陵地区继续实行和完善扭亏增盈奖惩责任制，全区工交企业实现利润6267万元，比1987年增长33.6%，亏损企业11户，减少3户，亏损总额373万元，减少21.4%。1989—1990年，国家对经济进行治理整顿，市场疲软，产品滞销，零陵地区企业经济效益连年下降，全区预算内工交企业1989年实现利润5559万元，1990年为-216万元，亏损企业由18户增至39户，亏损总额分别为645.4万元、3047万元。

1991年，零陵地区扭亏增盈工作的中心任务是解决产品积压和企业亏损问题，全区开展“扭亏增盈+百千活动”，以盈亏大户为重点，组织110个“支、帮、促”服务队，422人，定点帮助67户工交企业，43户财贸企业。全年为企业生产和技改筹集资金3170万元，支持9个技改项目，帮助企业回收货款618万元。是年，全区预算内工业实现利润1755.7万元，比1990年相对增盈1972万元，亏损企业减少8户，亏损总额减少1520.3万元，被评为全省扭亏增盈先进地区。

第四章　会计管理

清末民初，永州府（区）既无会计管理机构，又无统一的会计制度，各级官府采用“四柱清册”方式（管田、新收、开除、实在）编列经费及办理钱粮移交。民国18年（1929），永州区各县执行湖南省官厅簿记登记规则。民国20年（1931），国民政府成立主计处。民国21年（1932），颁发中央各机关及所属机关统一会计制度。民国25年（1936），公布会计法。新中国成立后，按行业性质分别制定单位预算会计制度，工业、商业、农业、交通、建安、基建等企业会计制度。1985年，颁布中华人民共和国会计法。1986年后，在各级财政部门设立会计事务管理机构，形成完整的会计管理体系。

第一节　实施会计制度

一、行政事业会计

清末民初，永州府（区）各公务机关会计没有统一的会计制度。民国18年（1929），湖南省财政厅成立改良簿记委员会，规定有关经费收支登记规则和账表，民国27年（1938），省成立会计处。民国29年（1940），永州及各县公务机关执行湖南省各机关及所属公务单位简易会计制度，免除财务计划由主管长官一人独裁，绝不容有第二人置喙其间的一条鞭法。新中国成立后，将公务机关会计改称单位预算会计。1951年，湖南省颁布《湖南省各级人民政府机关单位会计制度》。1966年，称行政事业单位会计。1989年，改称事业行政单位会计。

会计科目　民国19年（1930），行政事业单位的会计科目与财政总会计科目基本相同。民国28年（1939），《湖南省各机关及所属普通公务单位会计之规定》中方设置专用科目，分岁入与经费两类，各类下设资力与负担科目两部分。岁入类资力科目有：岁入存留现金、专户存款、应收剔除经费款、岁入纳库款、岁入退还以前年度数。岁入类负担科目分：保管款、代收岁入款、暂收款、预收款、应纳省库款、岁入预算外收入、岁入剔除经费、岁入收回以前年度支出。经费类资力科目是：经费存留现金、零用金、经费存款户、押金、暂付款、预计领用金、应领经费、余绌科目。经费类负担科目设岁出预付款、代收经费款、预领经费、岁出预算款、岁出薪俸费、岁出办公费、岁出购置费、岁出特费、经费剩余待纳库部分、经费剩余押金部分。新中国成立后，1951 年，零陵地区执行湖南省各级人民政府机关单位会计制度，会计科目分类与预算总会计相同。收入类分设预算收入和预算外收入；支出类分设预算支出和预算外支出；资产类分设行政费存款、事业费存款、代领所属经费存款、其他存款、库存现金、库存票券、收入交库、转拨所属经费、暂付款、土地房产、家具设备，图书仪器；负债类分拨入行政费、拨入事业费、拨入所属经费、应付工资、应付助学金、暂付款、应交剔除经费、固定资产基金、预算外收支盈余；资产负债共同类分设上级往来、所属往来、其他往来。1952 年，贯彻执行省颁布的县人民政府单位预算会计制度，将会计科目改为收入、支出、存款三类。1953 年，又改为资产、负债两大类，并启用会计科目编号。1955 年，规定差额预算会计可以使用单位预算会计科目、增加业务收入科目。1957 年，将行政事业单位会计科目分设 15 个一级科目、32 个二级科目。一级科目不作账簿记录，二级科目为总账科目，二级以下由各机关按实际需要设置明细科目。1960 年，取消一级科目编号，增设拨出经费类，总账科目取消 4 个，新增 9 个，共 37 个，科目名称较前简化。1964 年，取消基本建设资金专用科目 13 个（另设基建会计处理），其他科目 8 个，新增科目 7 个，共设置会计科目 23 个。1966 年，取消科目编号，将资产、负债两大类改为资金来源、资金运用和资金结存三大类。1976 年，取消代管经费支出科目，增设其他现金科目。按预算资金和其他资金分别核算，自求平衡。设置差额预算单位会计科目 22 个。预算资金来源类有：固定资产基金、拨入经费、经费暂存科目；资金运用类有经费支出、拨出经费、经费暂付科目；资金结存类有经费现金、经费存款、经费限额、经费材料、固定资产科目。其他资金来源类有：应缴预算收入、预算外收入、代管经费、其他暂存科目。资金运用类分预算外支出、其他暂付科目；资金结存类有：其他现金、其他存款、其他材料科目。差额预算单位会计科目资金来源类有：固定资产基金、周转金、专用基金、业务收入、待实现业务收入、其他收入、上级补助收入、收支差额、应付款、暂存款、特种资金收入、代管经费科目；资金运用类有业务支出、上解支出、特种资金，暂付款科目；资金结存类有现金、银行存款、应收款、产成品、材料、固定资产科目。1981 年，增设库存国库券科目。1986 年，零陵地区大部分行政事业单位实行预算包干办法，在预算经费包干科目下设事业发展基金、集体福利和奖励基金明细科目。1989—1990 年，会计科目按全额预算管理单位、差额预算管理单位及自收自支预算单位区分资金来源、资金运用、资金结存三大类别，全部会计科目用4位数编号。全额预算管理单位的预算资金有15个会计科目，其他资金部分有24个会计科目，差额预算管理单位有28个会计科目，自收自支预算单位有28个会计科目。

会计账簿 民国18年（1929），永州区各级政府机关内始用现金日记账、总账、支出分类账、消耗物品收发簿、存储物品登记簿。民国28年（1939），增加现金出纳登记簿、分类日记簿、总分类账、岁出预算明细分类账，以前年度岁出应付款明细分类账、暂付款明细分类账、其他明细分类账、财产统计账、财产明细分类账、现金出纳备查簿。民国29年（1940）后，增设零用金备查簿。1951年，零陵地区各单位采用分类账和补助登记簿。分类账分为总分类账、各种明细分类账；补助登记簿分固定资产登记簿、编制人员登记簿和办公用品登记簿。1952年，改为存款收支记账和登记簿，登记簿下设预算收入及收入交库登记簿，拨入本单位经费支出登记簿、拨入集中使用经费支出登记簿，拨入所属经费及转拨所属经费登记簿、财产登记簿。1953年，取消序时账，改为记账凭单登记簿，现金出纳簿；明细账改设固定资产、材料、银行存款、拨出所属经费、预算支出、基本建设支出、暂付款、拨入经费、应缴预算收入、暂存款、各项往来、特种资金收支等明细分类账。1954年，将总分类账分设为预算支出全额预算部分和差额预算部分账户，拨入经费及明细分类账同样分设两个账户。1957年，恢复设置序时账和总账。1960年，取消序时账，增设银行支出数登记簿。1966年，增设预算外收入明细账、应交预算收入明细账、现金出纳账、固定资产明细账、库存材料明细账。1976年，会计账簿增设其他存款明细账和产成品明细账。1989年，执行财政部制定的事业行政单位预算会计制度，各事业行政单位设置总账、各种明细账、各种日记账使用订本式。1990年后未变。

会计凭证 民国28年（1939），永州区各级政府机关会计始行记账凭证和原始凭证，并按原始凭证填制记账凭证。新中国成立后，1951年，将记账凭证划分为收入、支出、转账三种传票。1952年，取消填制传票制度，改在原始凭证上加贴盖有图章的小纸条，按顺序号码、会计科目填写后代替记账凭证。1953年，个别单位采用会计科目编号填列记账凭证。1957年，有的单位对同类原始凭证先编列原始凭证汇总表，再填列记账凭证。1964年，在记账凭证中增设借、贷两方科目名称，同时填写科目编号和名称。1968年，取消科目编号。1976年，零陵地区执行湖南省修订的行政事业单位会计制度，原始单据包括存、取款单据、借款单据、经费报销单据、收款单据及其他能够证明会计事项发生的单据。存取款、拨款单据一律作为经费报销依据。对于确实无法取得单据的，由经手人出具书面证明，经有关负责人批准，视同原始单据。涉及劳动工资的，按照有关政策办理，取得有关部门合法凭证，不以白纸领条代替原始凭证。1989 年，原始凭证归类分成：支出报销凭证，收款凭证，银行结算凭证，往来结算凭证，交拨款凭证，材料收付凭证，其他能够证明经济业务发生的单据、表册、经济合同及文件。原始凭证除文件外，不以复制件代替。记账凭单附有原始凭证，记账凭单按制单的顺序每月编连续号。月终，连同每个记账凭单后面的原始单据，装订成册，加上封面，粘贴封签，加盖有关人员的骑缝印章，妥善保管。对于不便与记账凭单装订的原始凭证，单独保管。1991 年后未变。

账务处理原则和报表　民国 18 年（1929）起，永州区各单位实行当日账务当日记完，换人复核制度。月报表有：支出计算表、收支对照表、现金结存表、消耗物品月计表、物品放置表、账册备考表、岁入类资力负担平衡表、岁入累计表、经费类资力负担平衡表、经费累计表、现金结存表、暂付款明细表、以前年度岁出应付款余额表和其他明细表等。新中国成立初期，零陵地区行政事业单位会计采用复式记账法，会计级次分为四级，会计报表分日报、月报和年报。日报表分现金日报表和实物报表两种。月报有本级编报总分类账科目平衡表、月份收入计算表、预算外收支明细表、库存实物余额明细表、其他科目余额明细表。年报分本级编报年度收入决算表、年度支出决算表、资产负债平衡表、固定资产目录。1952 年 9 月起，乡（镇）政府、初级小学等较小机构不设置单位预算会计。1954 年，各级单位预算机构只与一个机关发生领导关系，如有两个以上的其他机关的经费，则以代管经费处理；各单位处理特种资金收付事项，按增设科目并入单位会计账内。1955 年，单位预算会计的银行存款改为经费存款和其他存款两个部分，互不挪用。1960 年，各单位的基建资金，由建设银行限额拨款。自筹资金和其他拨款来源也由建设银行监督支用。1964 年，各机关的基本建设另外设置账表核算；工资基金在银行开立存款专户。1966 年起，零陵地区执行财政部颁布的行政事业单位会计制度、报销单位财务收支处理办法和省有关规定，单位预算会计改为主管会计单位、二级会计单位和基层会计单位三个级次。1976 年，属报销单位的固定资产由上级单位统一入账，成批材料亦由上级单位统一购买保管，报销单位只设收支登记簿，采用单式收付记账法。各主管会计单位月报分资金活动表和经费支出明细表，季报增加往来明细表和预算外收支明细表，年报按当年决算规定办理。1986 年起，全面实行预算包干，以银行支出数和实际支出数编列行政事业经费决算，增设经费包干结余科目，下设事业发展基金，集体福利和奖励基金两个明细科目，年终将应留存数从拨入经费科目转入经费包干结余科目，结清上下级间的领报经费账。

二、工业企业会计

民国初年，永州区境内有少数官办工矿企业，系省政府机关的附属单位，没有统一的会计制度。20世纪40年代，永州地方工矿企业会计仿照省制定的会计制度各行其是。会计科目按资产、资本、负债、损失、利益分类；记账凭证有收入传票、支出传票、转账传票。会计账簿设置总分类账、序时账、明细分类账，会计报表按月份、年度编制资产负债表、损失计算书、盈余分配表、收支明细表、财产变更情况表，根据复式记账原理采用借贷记账法。

新中国成立后，1950年，零陵地区公营企业会计执行湖南省工商厅规定：以人民币为计算单位，采用复式簿记原理记账；总分类账会计科目按资产、负债、收益和损失分类。资产类分流动、固定、其他三项；负债类分流动、固定、其他和净值四项；收益类分营业收入和营业外收入；损失类分营业支出和营业外支出；会计簿籍分序时账、分类账和补助账；会计人员根据原始凭证填制记账凭证，依记账凭证登记明细账、序时账和辅助账，据序时账登记总分类账，根据总分类账和明细分类账编制会计报表。会计报表分：资产负债表、损益表、销售利润计算表、生产费用表、成本计算表、主要产品成本分析表、国库拨款及特种资金增减表、基本建设资金收支明细表。

1953年起，各县厂矿执行国营企业统一登记会计簿籍填制会计凭证办法和国营企业决算报告编造办法。采用借贷记账法和统一的会计科目，填制会计凭证和登记会计账簿。会计核算科目有25类共149个。会计报表增加企业奖励基金计算表。1954年，采用国营工业企业统一简易会计科目及会计报表格式，将会计核算科目减至21类54个。1955年，执行财政部国营企业决算报告编送办法。1956年，贯彻财政部《国营企业基本业务标准账户计划》，县级企业推行簿改革。

1958年，进行会计制度改革，零陵地区各县基层工业企业以表代账，以单代账，搞无账会计核算。1960年，执行财政部颁发的会计制度和湖南省补充规定，纠正无账会计。1962年，执行财政部国营工业企业会计科目，将科目调整为11类58个，会计报表由8种增至15种。

1965年，部分工矿企业试行增减记账法。1966年，县级企业执行省工业企业简易会计制度，会计科目减为17个，会计报表分财务成本主要指标表、利润表、成本表、资金表。1974年，执行国营企业会计工作规则，工业企业会计科目，按增减记账法分资金占用、资金来源类设置，其中资金占用类18个科目，资金来源类10个科目，定期编制会计报表7种。1975—1980年，工业会计制度无大变动。

1981年起，零陵地区执行财政部国营工业会计制度，会计科目由34个增到50个，并编号排列，使用借贷或增减记账方法。1983年，实行第一步利改税，会计核算科目增5个减3个。1984年10月1日起，执行财政部国营工业企业实行第二步利改税会计处理问题的暂行规定。1985年，工业企业会计科目中，资金占用类35

个，资金来源类25个。1986年，实行国营工业企业原材料、燃料节约奖试行办法，在基本生产科目下增设原材料和燃料节约奖成本项目。增设应缴教育附加费科目，征收房产税、车船使用税；在应缴税金科目下增设应缴房产税和应缴车船使用税明细科目。1989年，会计科目调增到67个，会计报表13种。

三、商业企业会计

清代，永州府境内有民间贸易事业。民国时期（1912—1949），永州区有少数公营商业，但没有统一的商业会计制度。

新中国成立初期，零陵地区国营商业由中央统一管理，仿照工业会计制度管理。1954年，各县国营商业执行商业部的国营商业企业统一会计制度，实行数量金额核算制，销售商品记入商品明细账，从账面上反映商品库存数量，每旬或每月算出销售商品成本一次转账，库存商品价值的单价一律按实际库存数量用加权平均法计算。会计簿籍有总分类账、明细分类账和补助登记簿，会计凭证分原始凭证、原始凭证汇总表和记账凭单。会计科目分基本业务、基本建设、大修理及资产负债4大类25项195个一级科目。会计报表有资产负债表、流动资金周转率计算表、利润（亏损）表、商品流通费用表等14种表及财务分析和制表说明书。1958年，零陵地区进行商业会计制度改革，出现以表代账、以单代账的无账会计，财会工作正常秩序被打乱。

1960年，零陵地区各县按商业系统财务会计制度（草案）执行，会计科目分14项89个一级科目，增加公私合营企业、合作商店、小商贩的股金及盈余分配核算，分行业设商品会计核算、生产企业核算、饮食服务业务核算和储运业务核算。1963年，零陵地区百货公司、纺织品公司、五金公司等相继在冷水滩成立。执行商业部统一会计制度，会计科目分通用会计科目和专用会计科目。会计账表分商业企业、加工企业、饮食服务企业，逐月、按季、分年编报资金平衡表、利润计算表、商品流通费用表、财产损失表、专用基金明细表、有问题商品库存表、国家流动资金增减表。1966年起，零陵地区商业企业改用增减记账法，会计科目按资金来源和资金占用分类，每一会计科目保持单一性，未设双重性科目。记账方式。异类科目，同增同减，数额相等；同类科目，有增有减，数额相等。记账凭证设会计科目、资金来源、资金占用类及增加金额、减少金额栏。总分类账和普通明细分类账设金额增加、减少、余额栏，相互对应；月、季、年末根据经营收支账户的本期发生额和余额填制利润表，根据资金来源和资金占用类科目的余额填制资金平衡表。会计报表有资金表、利润表、商品流通费明细表、流动资金周转率计算表、专用基金明细表和国家资金增减年报表。

1971年，零陵地区执行商业部制定的商业会计制度试行方案。1973年，执行商业部颁发的国营商业会计制度，记账方法未变，会计科目54个，月终专业公司和商业局系统逐级汇总填报，财务主要指标电讯报告。1976年后，将专用基金科目分为更新改造资金和大修理基金，增设国库拨补亏损、农牧生产、产成品及补贴工业支出科目，会计报表9种。

1983年，零陵地区部分商业企业实行利改税，执行财政部关于利改税后有关商业会计科目、会计报表和账户处理的补充规定，增设企业留利基金、留归企业利润、税前扣除利润、商业自补亏损科目，增设企业留利基金分配使用情况表、利润分配和亏损拨补情况表。1986年，执行商业部商业会计制度，会计科目增至96个，会计报表16种。

1988—1991年，零陵地区执行商业部、财政部联合颁发的国营商业会计制度，会计核算统一使用国家标准计量单位，外币折合人民币记账，会计科目减至90个并编号使用，会计凭证分原始凭证、原始凭证汇总表、记账凭证、记账凭证汇总表，一律采用增减记账法，会计账簿有总账、明细账和补助账，会计报表分企业报表和汇总报表，其中基层企业报月报8张，季报7张，年后表12张，汇总单位报月报1张，季报5张，年报表随年度而定。

四、农业企业会计

1957年以前，零陵地区没有国营农林业单位。1958年起，各县建立一些农、林场、站，执行湖南省颁发的农场财务管理暂行办法，内容与工业会计相似，仅农场固定资产折旧不同，以直线法每年提取一次。会计科目分资产、负债及生产结算三大类28个总账科目。会计报表有：资产负债表、政府资金及特种基金增减表、损益表、主要产品成本计算表、基本建设支出决算表、季度和年度编报总账科目余额表、支出明细表。

1963年起，零陵地区执行省财政厅、省农业厅制定的湖南省国营农场统一会计制度（草案），会计科目为10类66个，会计报表19种。在实践中发现，这一制度会计科目过多，核算过繁，会计人员忙于账务，无暇参与经营管理。1966年3月，省财政厅、省农业厅重新颁发国营农场会计科目（草案），会计科目减至37个，记账方法由借贷改为增减。

1979年，零陵地区执行财政部、国家农垦局颁发的国营农场五项财务会计制度，设会计科目50个，会计月报只报资金平衡表。年度报表加编利润表、销售利润明细表、成本表、共同生产费和企业管理费明细表、专用基金表、专用拨款表、基本情况和主要经济效果指标表。

1983 年，零陵地区农林企业推行承包经济责任制，会计核算相应作修改。对承包户合理核定产品上缴任务和上缴利润、税金、企业管理费及其他应摊费用。增设承包户往来会计科目，增设专用基金——待收固定资产变价收入科目，增加承包户定额上缴明细表产品产量统计表和专用拨款支出效果表。1987 年，执行财政部、农牧渔业部制定的国营农场财务会计制度，使用会计科目 72 个，实行三位数科目编号，18 种会计报表，采用借贷记账法。家庭承包的农场会计使用 18 个科目，采用借贷记账法或单式的收、付记账法。

1988—1991 年，零陵地区出现有统有分、统分结合的家庭农场会计和产前、产中、产后服务单位会计及农工商联合体企业会计等，逐渐形成农、林、牧、副、渔多种多样的专业性会计体系。

第二节　会计队伍管理

一、会计队伍

机构　清末，永州府没有会计机构，会计职能由县丞、主簿司管。民国 18 年（1929），永州区内各县政府设置会计室，兼任会计管理。县属各机关单位只设会计，无会计机构。新中国成立后，各级各部门各单位会计机构相继建立。1950 年，零陵地区及各县财政部门设立总预算会计；机关、团体、学校设财会室；行政事业主管部门及企事业单位均建立财务会计科（股）。从 1961 年起，地区及各县财政局相继设立企业和农业财务会计机构。1983 年，建立行政事业财务会计机构。1988 年，地县（市）财政局均建立会计事务管理机构。1989 年年底，全区财务会计机构 3553 个，其中行政单位 686 个，事业单位 1547 个，企业单位 1320 个。

人员　清末与民国时期，永州的会计人数无考。新中国成立后，零陵地区陆续培训会计人员，会计队伍不断充实扩大。1982 年，全区会计人数 9697 名（未含祁阳），1989 年达到 11369 人（含祁阳），占全区干部职工的 4.3%，1991 年为 11266 人。

二、会计培训

民国时期（1912—1949），永州区会计人员培训情况无考。新中国成立后，零陵地区采取举办短期训练班、建立零陵地区财税职工中专学校、成立中华会计函授学校零陵分校及各县函授站，以及组织自学考试等方式培训财会人员。

短期训练班 1950年，零陵地区成立会计学校，招收社会青年举办三期财会训练班，每期培训时间3个月，为地区直属机关、企事业单位培训会计出纳200名。1952年，各县财政部门采取轮训或短训方式，为地方国营工业、商业、粮食、供销企业训练会计人员。1958年，地区财政局举办为期4个月的工业会计培训班，65名工业企业会计人员接受训练。1963年，地区及各县贯彻执行国务院颁发的关于会计人员职权条例，采取训练方式，对在职会计人员进行培训。1964—1980年，地区财政局在地区财贸干校、黄阳司磷肥厂、江永桃川糖厂举办工业会计培训班6期，培训会计400名。

1981—1991年，零陵地区举办新会计制度培训班、新上岗会计人员培训班、会计证考试培训班、会计专业大中专文化水平考试复习班、达标升级培训班等397期，参加培训18280人（次）。

成人中专教育 1980年3月，零陵地区成立财税干部培训学校。1985年1月，更名为零陵地区财税职工中等专业学校，有计划地对全区财税系统在职干部和企业财会人员进行学制为两年半的中专教育。1985—1991年，招收16个班学员844人，毕业13个班664人，同时招收一个电大班，毕业21人。

中华会计函授 1987年3月，零陵地区成立中华会计函授学校零陵分校，各县（市）成立函授站，学制三年，面向社会招生，参加全国成人中专教育入学统考，采取函授、电化教学、面授三位一体的教学方式，培训在职财会人员。是年秋季，全区招收学员698人。1987—1991年，省、地、县（市）累计投资242万元，在祁阳县、东安县、永州市、冷水滩市、道县、蓝山县、江华县和江永县新建教学大楼和学员宿舍8300平方米，各种电教设备及其他固定资产总值350万元。全区先后招收学员3487人，毕业1571人。零陵函授分校建校以来，年年评为湖南省办学先进单位，其中：1990年和1991年评为全国办学先进单位。1990年起，中华会计函授学校零陵分校组织会计和财政大专自学考试，在永州市、道县设立自学考试辅导站面授点，招收两个大专班。到1991年，先后招收学员568人，进行16门单科考试，取得单科合格证268人。

三、颁发会计证

会计证是会计从业资格证书的简称。1987年，零陵地区首次颁发会计证，到1991年，包括中央及省驻零陵地区的单位中领取会计证9913人，占全部财会人员的88%。

范围和对象 在零陵地区境内的各级机关、人民团体、事业单位和国营企业，县级以上所属集体企业、事业单位和国营企业，县级以下所属集体企业、事业单位专职或主要从事财务会计工作的人员，包括财务主管、总会计师从事记账、核算、结算、出纳、内部稽核审计、报表编制、财务分析；会计事务管理、会计咨询、财务干部培训、会计学会、会计师事务所工作的人员，以及专职从事食堂会计工作的人员，曾从事财务工作现在主管财务会计工作的行政领导，已办理离退休的财会人员，各级审计机构的专业审计人员，乡镇财政所的招聘干部，均属发放对象。

考试、发证　所有发证对象除按规定条件免试的学科外，均参加省会计管理部门统一命题的政治经济学常识、会计学基础、专业财务会计和计算技术考试。具有中专以上财经专业学历，或从事财务会计工作时间累计8年以上；1983年9月已授予会计干部技术职称的；正在电大、函大、业大、职大、夜大财经专业和各级财专学校学习的，以及正在参加国家高等或中专财经专业自学考试的，已取得规定考试科目，单科成绩及格的现职财会人员，只参加会计法规考试，其余三科免试。1987年，零陵地区先后组织2次会计证基础业务考试，1次会计法规考试，12810名会计人员参考。是年11月底，全区9413名会计人员，除中央、省驻零陵单位委托代考财会人员按干部管理权限发证外，实发会计证7835份，占应发证人数96.9%。1988年，再次组织会计证考试，全区1703名会计人员参考，及格1305人，实发会计证1159份。从1989年起，每年定期进行一次会计证考试。1991年，全区换发财政部统一印制的会计证，并实行会计证年检制度，对考核不合格的会计人员颁发临时会计证。是年，地区财政局、人事局、工商行政管理局和中国人民银行零陵地区支行联合发出关于会计证清理、换发和后期管理有关问题的通知，规定今后对任用无会计证人员担任会计机构负责人、会计主管人员、出纳人员的单位，各开户银行不予办理留存印签卡片；对仍聘用无会计证人员担任会计主管人员、出纳人员的事业行政单位，财政部门不予拨款，公司年检和企业重新登记时，财会机构负责人、会计主管人员、出纳人员应取得会计证作为其任职资格证明。

四、评定会计职称

1980年，零陵地区首次评定会计专业技术职称。地县由财政部门牵头，分别成立会计专业技术职称评定委员会，负责初级职称的评审和考核及申报中级职称工作。1980—1983年，经省评委审核批准，零陵地区评定会计师34人，经地区和各县评委审核批准助理会计师394人、会计员1697人。1984年起，会计专业技术职称评定工作暂停，进行整顿。1987年，恢复职称评定，会计职称审批权限有所变动。到1989年，全区经省评委评定高级会计师8人，经地区评委评定会计师760人（包括由地区会计专业技术职称评委评定的财政系统经济师29人），经各县及相当县级单位评委评定助理会计师1800人、会计员733人。1991年，处理评审工作遗留问题，全区补评会计师3人。至此，全区5426名会计人员评定技术职称，占会计人数的47.7%。是年年底，零陵地区会计专业技术职称评委会解散，评审工作结束之后会计专业技术职称实行以考代评制度。

五、奖惩

1987年，零陵地区贯彻省人民政府颁发的湖南省会计工作先进集体、先进个人奖励试行办法，经过逐级评选、推荐。1988年5月，行署召开表彰大会，授予冷水滩耐火材料厂等16个单位会计工作先进集体称号，授予朱敦备等110人先进会计工作者称号，各县市人民政府相继召开会计工作表彰大会。是年，江华县白芒营供销社会计朱敦备被湖南省人民政府授予劳动模范称号，零陵地区轻化建材公司财务科、零陵地区林业局计划财务科、冷水滩市粮食局财基股、冷水滩耐火材料厂财务科被评为湖南省会计工作先进单位。杨林桂、吴福汉、梁群力、罗登贤、欧学余、杨世岘、龙如硅、欧阳先礼、冯万斌、李成辉、荣业多、蒋扬停、胡庆国、唐昌佑、谭元明、夏志强、滕永兴、贝远识、廖晓华被评为湖南省会计先进工作者。1989年4月，零陵地区对从事财务会计工作30年以上的659人颁发会计荣誉证书。1990年，零陵地区冷水滩造纸厂财务科科长唐昌佑被财政部授予全国先进会计工作者称号。1991年，全区对113名财会人员颁发会计荣誉证书。

第三节　注册会计师管理

1980年12月，财政部印发《关于成立会计顾问处的暂行规定》的通知。1986年7月，国务院颁布《中华人民共和国注册会计师条例》，10月，财政部颁布《会计师事务所管理暂行办法》。1988年以前，零陵地区没有注册会计师。1989年，成立湖南会计师事务所零陵分所，全区11个县市相继建立会计师事务所办事处，配备工作人员23名。是年，全区验资769户，验证注册资金7739.2万元，核减资金2957.6万元，配合政法部门查实贪污案件2起，参与财务大检查，检查20个单位，查出违纪金额531万元，其中收缴入库11.3万元。是年起，组织注册会计师考试与考核工作。1990年，验资169户，纠正金额2800万元，并为零陵地区中外合资企业——湘南罐头厂进行资产评估。1991年8月，经省财政厅批准，湖南会计师事务所零陵分所改为独立的零陵地区会计师事务所，各县市办事处改为分所，全区在编50人，聘请兼职会计师60人。21名具有大专以上学历从事财会工作20年以上的会计人员，经考核报省财政厅批准为注册会计师。组织从事财会工作 3 年以上具有大专学历的财会人员参加全国注册会计师统考，成绩合格 1 人。是年，全区验资 172 户，核实注册资金与申报资金误差 340 万元，参与鉴别经济案件 25 起，全区会计师事务所业务收入 14.8 万元，比 1990 年增长 65.5%，收支两抵纯收入 3.3 万元。1989—1991 年，全区有注册会计师 29 名。

第五章　推销发行债券

清末到民国时期，永州区承募湖南省发行的各种债券。新中国成立后，零陵地区推销国家发行的公债、国库券。1988 年，发行建设债券。

第一节　民国时期的湖南省公债

清末到民国时期，湖南省发行各种公债不下 16 种。民国 22 年（1933），发行湖南省公债（原名湖南救国公债）500 万元（银圆），由全省 76 个县承募。永州区应承募 21.9 万元，实领券 20.2 万元。民国 24 年（1935），发行湖南建设公债 1000 万元（法币，下同），满期 20 年，本息全数偿清。券事公布后民怨极大，省政府将永州区的任务调减六成。民国 27 年（1938），省政府发行建设公债 180 万元，分配永州区承募数无考。民国 30 年（1941），国民政府发行同盟胜利公债和同盟胜利美金公债，分配永州区各县推销任务 328.1 万元（法币）、19.7 万元（美元），嗣复加派债额。

民国 18 年（1929），东安县政府发行短期公债 3 万元（银圆）。民国 19—22 年（1930—1933），新田县政府发行抵借券 3.2 万元（银圆），以田赋或其他收入担保，向纳税人或商户借用现金，政府不负兑现之责，但持券人可以完全抵特定时期之赋税。

第二节　新中国建立后的公债、国债

1958 年以前，国家发行的公债纳入地方财政决算收入。1981—1991 年，零陵地区推销了国家发行的国库券、特种国债和保值公债等。

人民胜利折实公债　1950年上半年，零陵地区分两期推销国家发行的人民胜利折实公债。这种公债的募集与还本付息，均以实物为计算标准。公债单位定为“分”，每分之值以上海市、天津市、武汉市、西安市、广州市、重庆市的大米（天津为小米）3公斤、面粉0.75公斤、白细布1.33米、煤炭8公斤的批发价格用加权平均法计算，由中国人民银行每旬公布一次。公债年息5厘，分5年偿还，还本付息时亦按中国人民银行公布的每分折实金额，以人民币支付。湖南省分配零陵地区推销指标199600分，实际推销192112分，占任务的96.2%，此项公债的发行和还本付息由中国人民银行办理，于1956年还清本息。

国家经济建设公债　1954—1958年，零陵地区连续5年推销国家发行的国家经济建设公债。5种公债利率都是年息4厘，本金偿还期限是：1954年发行的8年作8次偿还，1955—1958年发行的10年作10次偿还，其偿还本息概凭债券兑付，并免征利息所得税。1954—1957年发行的债券除中签的还本付息外，未中签的概凭债券上附带的息票按年付息。1958年发行的债券改为不带息票，凭中签一次兑付本息。1954—1958年，全区共推销597万元，占任务576.1万元的103.6%，其中纳入各县财政决算收入474.7万元，全部公债由中国人民银行及所属机构办理发行、还本付息。

国库券　从1981年起，国家每年发行国库券，债券收入缴中央财政。国库券利率为：1981年年息4厘；1982—1984年单位购买的年息4%，个人购买的年息8%；1985年单位购买的年息5%，个人购买的年息9%；1986—1988年单位购买的年息6%，个人购买的年息10%；1989—1990年个人购买的年息14%；1991年个人购买的年息10%（1989—1991年向单位发行的国库券改为特种国债）。本金偿还办法是：1981—1984年，国库券自发行后第6年起作5次偿还本息；1985—1987年，国库券自发行后第6年一次偿还本息；1988—1991年，国库券自发行后第4年一次偿还本息。1985年以后国库券可以在银行抵押贷款，个人购买的可以在银行贴现；1990年全面开放国库券转让市场。1981—1991年，零陵地区推销国库券13627.2万元，占任务的102%。发行国库券和还本付息，由银行办理；1990年后开始多渠道办理，财政、邮政部门参与办理。

特种国债　1989—1991年，零陵地区连续3年推销国家发行的特种国债，收入缴中央财政。特种国债发行对象是经济条件较好的企业事业单位和有关社会团体。1989—1990年发行的债券利率为年息15%，1991年为年息9%，从交款之日起满5年后一次偿还本息。1989—1991年，全区推销1341万元，完成省分配任务的99.63%。特种国债的发行和还本付息，由各地财政部门办理。

保值公债　1989年，国家发行保值公债，发行对象为城乡职工、居民、个体工商户、各种基金会、保险公司及有条件的某些公司，债券偿还期限为3年，年利率随中国人民银行规定的3年定期储蓄存款利率浮动，外加一个百分点的保值贴补率，3年到期一次还本付息。公民个人购买1989年保值公债的利息收入，免征个人收入调节税。是年，零陵地区推销2177.1万元，占省分任务的101%。各专业银行和财政、邮政部门办理发行和还本付息。公债收入缴中央财政。

第三节　发行建设债券

1988年，零陵地区行政公署决定在全区范围内发行零陵地区建设债券1500万元，在城镇和农村的机关、团体、学校和企业、事业单位及个人（含区外人员）均可购买。债券年利率：单位购买为8.4%，个人购买为12%。债券偿还期限3年，在期限内，债券可以抵押、转让、买卖和贴现。债券发行工作由湖南省信托投资公司零陵分公司负责，地区各专业银行代理销售和到期兑付。全区实际发行665.3万元。发行债券筹措的资金主要用于全区工业企业技术改造和商业网点建设，由零陵地区信托投资分公司择优发放，其利率与银行贷款利率同，并按贷款金额向借款企业收1%的手续费。发行债券利率高于发放贷款利率的利息差，由地区财政局负责补贴。是年，发放贷款600万元，其中流动资金贷款302万元，固定资金贷款298万元。

第六章　财源建设

清代后期，永州府的财源主要来自农业。农民自发扩耕、扩种，客观上从事财源建设。民国时期（1912—1949），官办工厂的盈利全部上缴，财源建设增加的收入为官府所得。新中国成立后，零陵地区各级人民政府执行“发展经济、保障供给”的方针，大力发展农、林、牧、副、渔生产，大办工业，促产增收，财源建设工作逐步走向制度化、规范化。

第一节　促产增收

新中国成立后，零陵地区财政立足农业、发展工业，在确保粮食生产的前提下，重点扶植烤烟、甘蔗和生猪生产。“六五”计划（1981—1985）开始，对工商企业实行经营承包责任制，采取放水养鱼措施，扩大生产经营规模。

一、培植农业骨干财源

烤烟　1962年，零陵地区试种烤烟成功。1965年，新田县、江华县组织创办示范点（简称办点，下同）财税干部到广西富川参观学习种植烤烟技术，之后在新田县的石羊、大井头，江华县的涛圩、龙山等区乡推广种植烤烟，从河南请来师傅，传授烤烟技术。1963—1973年，宁远县无偿投入资金77万元，发展烤烟生产。1977年，江永县财税局办烤烟联系点21个，从外地请来烤烟师傅一名，为办点的财税干部传授烤烟技术。1979年，地区财税局局长、科长到江永县桃川公社三板桥大队办烤烟基点。1975—1988年，全区财政补贴用于发展烤烟生产所需化肥、农药、煤炭的价差款535万元。1988年，补助烤烟培植费7928万元。1990年，全区收购烤烟84.99万担，入库烤烟税3849.9万元，占财政总收入的14.5%。

甘蔗　零陵地区各县历来种植甘蔗。1949年，产甘蔗15450吨。1965年，产甘蔗32245吨。1968年，宁远县、祁阳县、江永县等县先后建成4个机制糖厂，甘蔗供应不足。1971年，生产机制糖1599吨。1972年，道县、江永县财政金融局抽调干部，在办农业基点中帮助社队发展甘蔗生产。1979年，江永县财税局安排资金40万元，局领导亲赴广西蒙山、江西等地调运良种甘蔗3000余吨。1970—1980年，全区财政无偿投资1240万元，扶植甘蔗生产。1981年，全区生产甘蔗18.2万吨，产机制糖7958吨，征收产品税167.2万元。1990年，江永桃川糖厂经过再次改造，日处理甘蔗生产能力由800吨提至1000吨。是年，全区产甘蔗26.5万吨，食糖12500吨，产品税收入336.8万元。

生猪 20世纪40年代，零陵地区平均每年出栏肉猪20余万头。新中国成立后，各级人民政府鼓励农户饲养生猪。1953年起，引进外地良种猪，推广本区东安猪。1956年，建立区、片兽医联合诊所，加强兽医防治工作，生猪死亡率逐年下降。1957年，全区发展生猪122.47万头，出栏肉猪51.65万头，比1949年分别增长60.9%和60%，征收屠宰税190.7万元。1959年起，强调集体养猪，全区生猪饲养量和出栏数量连续下降。1961年，饲养生猪下降到24.06万头，出栏肉猪下降到6.9万头。1965年后，允许将集体的生猪派到各家各户饲养，走集中饲养与分散饲养相结合的道路，是年，全区饲养生猪153.6万头，出栏肉猪73.58万头，征收屠宰税430.3万元，占财政收入的11.3%。1970年起，对农村养猪户采取派购、定购和奖售粮食、化肥等办法。1971年，全区饲养生猪709.79万头，出栏肉猪78.82万头。“五五”计划（1976—1980）后期，农业生产实行分户经营承包责任制，农村陆续出现养猪专业户。1979年，全区饲养生猪312.67万头，出栏肉猪147.37万头。1981—1985年，平均每年出栏肉猪158.17万头。“七五”时期（1986—1990），年均出栏248.3万头，征收屠宰税232.9万元。

二、加速工业发展步伐

1953—1980年，零陵地区工业产值年均递增11.26%。1981年起，地区财政对全区工矿企业实行一系列优惠政策，增强企业自我发展能力。

推行承包责任制 1983年，零陵地区财税处与经委等有关部门选择冷水滩耐火材料厂、地区轻机厂和冷水滩造纸厂进行上缴包干，一年一定的承包经营试点。1985年，在全省率先推行厂长（经理）任期目标管理责任制，以“三保一挂”（保上缴、保技改、保企业升级、工资总额与上缴税利挂钩）为内容，承包期5年；企业在完成上缴财政利税任务前提下，可以用增长利润或税金归还技术革新和技术改造贷款。是年，全区76户企业税前利润还贷626万元，3户企业以税还贷1032.6万元。1986—1990年，零陵地区财政通过各种渠道筹集资金2.56亿元，支持工商企业进行技术革新和技术改造，全区95%的预算内工矿企业进行改造，完成技改投资7.6亿元，新增固定资产6.7亿元，超过前35年增长的总和。1990年第一轮承包结束时，全区预算内工矿企业与“六五”时期（1981—1985）年均数相比，上缴财政税利增长1.4倍，企业留利增长2.1倍。

提前补亏 1986年，零陵地区财政将地区磷肥厂后三年的定额亏损150万元提前拨给该厂进行技术改造，该厂利用这笔资金调整产品结构，开发硅锰系列产品，是年扭亏为盈，1987—1991年上缴财政税利1150万元。“七五”期间（1986—1990），全区财政对亏损企业提前补亏4000万元，使21户企业先后甩掉亏损帽子，为财政减少亏损补贴1500万元，增加税利收入3700万元。

减税让利 1986年起，零陵地区财政对冷水滩造纸厂连续3年减税让利2000万元，支持企业进行系统的工程技术配套改造。1988年，第一期工程改造完毕，建成铜版纸、纸袋纸生产线，是年完成工业产值3360.3万元，实现利税2605.8万元，比改造前分别增长42%和2.1倍，成为地直企业首屈一指的盈利大户。1986—1991年，全区财政给企业减税让利1.79亿元，全部用于技术改造。

第二节 实施“3581”工程

1990年，湖南省财政厅提出县级财源建设规划，用3~5年时间，各县市年财政收入分别登上3000万元、5000万元、8000万元和1亿元台阶（简称“3581”工程）。

1991年，零陵地区实施“3581”工程，在全区有计划、有组织、有目的地系统进行财源建设，地区和各县市人民政府成立财源建设领导小组，地县财政局设财源建设办公室。是年，省财政厅确定冷水滩市1993年财政收入上8000万元。地区财政局与永州市、祁阳县等5个县市分别签订财政收入上台阶目标责任书，确定1992年宁远县上3000万元，1993年永州市上8000万元，祁阳县上5000万元，东安县和道县上3000万元。同时制定激励优惠政策：地区对确定上台阶的县市通过资金调度渠道优先给予借款扶植，以目标期内达到的财政收入数减去1990年财政收入数的差额，分别按5%、10%和15%予以借款，合同期内不收资金占用费；对于财源建设工程项目，优先借给周转金，借款利率按规定利率降低一个千分点，对按期达到上台阶目标的县市，地区财政分别给予20万元~50万元奖励；对没有实现上台阶目标的县市，则全部收回原有预算资金借款及追收资金占用费，并加计周转金利息。

1991年8月，地区财政局领导率领有关科室负责人到列入上“3581”台阶的6个县市现场办公，检查督促财源建设的组织机构、工程措施、项目论证及资金落实情况，考察筛选42个项目，重点进行扶植，解决财源建设项目资金3400万元。

第三节 农业综合开发

1989年，零陵地区被国务院列为湘南农业综合开发重点区。第一期农业综合开发时间3年，以增加粮、油、肉类产量，增强农业发展后劲为主要目标，改造中低产田，开垦宜农荒地，扩大粮食耕地，旱土改水田，推广农、林、水、畜牧科技成果，按照择优投入、集中使用、开发一片、成功一片、不留缺口、形成稳定生产能力的原则，实行民办公助、无偿支援和有偿扶持相结合的办法筹集资金。到1991年年底，投入资金1.81亿元，其中：中央、省投资7461.8万元（无偿资金3794.8万元、有偿资金3847万元），地区配套资金1038万元，县乡配套资金3596万元，贷款5832.2万元。地区财政局先后6次召开县市财政局长和农财股长会议，学习中央和省有关农业综合开发资金管理的政策规定，讨论研究资金配套使用和回收办法，从地区到县财政把农业开发资金筹集、管理工作列入议事日程，直接参与项目的论证和资金管理。

零陵地区第一期农业综合开发实际投资2.34亿元，其中：水利措施投资1.27亿元，占总投资的54.3%；农业措施投资2839.76万元，占12.0%；林业措施投资3416.22万元，占14.5%；草地改良及畜牧投资1248.43万元，占5.1%；水产投资673.07万元，占3.0%；农业机构投资947.29万元，占3.8%；科技推广投资397.71万元，占1.7%；农产品加工投资781.45万元，占3.4%；贷款贴息、业务费、前期工作费等投资512.81万元，占2.2%。实施农业综合开发3年，改良中低产田65.81万亩，为计划的107.9%；开垦造田造地19.3万亩，为计划的101.6%；造林25.19万亩，为计划的148.2%；增加出栏生猪55万头，为计划的122.6%；增加出栏牛4.2万头，为计划的107.7%；开发大水面4.1万亩，为计划4万亩的102.5%；发展网箱养鱼5723口；推广耕整机5168台件，为计划的191.9%；推广新技术67项，引进推广优良品种114个，办各类科技试验示范基地681个，面积61.5万亩，培训技术骨干6.42万人次。在水利建设上，实行配套为主，小型为主，3年投工4887万个，移动土石方3045万立方米，完成各项工程5528处，其中配套大中型水利工程29处，新建、扩建配套小型水库334座，修建塘坝4544处、电灌

561 处；架设农用线路 498 公里，装机 566 台，13201.5 千瓦；开挖疏浚灌溉渠道和田间渠道 7199.65 公里，护砌 3187.24 公里，新增储水容量 2.41 亿立方米，新增灌溉面积 34.88 万亩，改善灌溉面积 46.84 万亩；改善、增加排涝面积 33.35 万亩。全区集中开发 62 大片，每片土地少则几千亩，多则几万亩，统一规划，跨乡跨村连片实施。重点开发片的投资占开发总资金的 80.2%，形成年出栏 1000 头瘦肉型猪基地 46 处，5000 只以上家禽基地 43 处，300 只以上羊基地 13 处，2000 亩以上优质稻基地 27 处，3000 亩以上旱粮饲料基地 22 处，3000 亩以上优质烤烟基地 17 处，5000 亩以上糖料基地 8 处，3000 亩以上油料基地 23 处，1000 亩以上优质水果基地 36 处，5000 亩以上林业基地 21 处。开发区 3 年增产粮食 5.3 亿公斤，棉花 47.6 万公斤，油料 672.15 万公斤，糖料 4502.81 万公斤，肉类 3565.9 万公斤，鲜鱼 618 万公斤；增加农业产值 5.98 亿元，总收入 6.17 亿元，人平农业纯收入 203 元；增加粮食调出 5257.5 万公斤，减少粮食调入 4344.2 万公斤；开发区内荒山全部实现绿化，保持水土面积 394.93 平方公里。

第七章　财政信用

清代、民国及新中国成立至1978年前，零陵地区的财政支出均系无偿拨款，不存在财政信用。1979年，试行周转金。1985年，建立财政信用机构，开始利用财政间隙资金和吸收各单位闲置资金，依据信用原则开展财政信贷活动。

第一节　财政周转金

一、支农周转金

零陵地区的支农周转金由支援农村人民公社投资演变而来。1977年前，对农村人民公社投资是无偿的。1978年起，扶植社队企业的部分资金采用无息有偿支援的办法，由受援项目投产盈利后分期归还投资，一般5年内还清。对贫穷队的投资仍实行无偿拨款。1979年4月，湖南省财政厅颁发支农资金使用和管理的试行规定，将支援社队发展多种经营，即办多种企业的资金和小水电补助款，按无息有偿形式发放。是年6月，零陵地区执行省财政厅颁发的支援社队企业周转金试行办法，对支援社队企业的资金、社队小水电补助、集体养猪、养鸭、扶植独立核算的知青队生产资金及其他指定经费，采取有偿使用的周转金方式进行发放。借款单位先填报申请书，经公社审查报县财政局，县财政局与主管局协商，落实设备材料、产供销衔接情况后确定支持项目，由财政部门和借款单位签订借款合同，填写借据，办理放款手续。1980年，全区支农周转金642万元，发放560.5万元，各县市财政尚无此项基金。

1981年，零陵地区对逾期的周转金每月按应归还金额总数收取2‰的占用费，作为增加周转金基金参与周转。是年，全区对已发放的周转金进行清理。1982年起，地区及各县市财政部门设立周转金专账，按期向上级财政部门报送报表。1985年，全区支农周转金2160万元，比1980年增长2.4倍；实际发放1911.2万元，比

1980 年增长 2.4 倍，结存 240.8 万元。

1986 年，零陵地区财政局制定关于财政支农周转金实行部分有偿周转使用若干问题的暂行办法，规定在办理借款合同时，原则上凡属县级以上管理的借款单位应由同级主管部门担保并帮助督促按期归还。属乡镇管理的借款单位除由主管部门签证外，应由乡镇政府担保，并协助乡镇财政所进行督促使用和按时收回。是年起，地区规定支农周转金合同要经公证部门公证后才能办理借款业务。全区支援乡镇企业周转金开始按年息 3%计息，1988 年提高到年息 4%，收取周转金占用费 2‰～10‰。1986 年 8 月，地区财政局举办一期支农周转金财务会计培训班。地区财政借给祁阳县十里坪农场支农周转金 30.9 万元，发展瘦肉型生猪生产，新建猪舍 8000 平方米，是年出栏生猪 5400 头，比 1985 年增长 40.6%，实现利润 3 万元，创外汇 6.6 万元。

1988 年，零陵地区对支农周转金管理做出补充规定：凡经批准各县市财政挂账沉淀的支农周转金，其借款单位在乡镇的都要全部下放到所在地乡镇财政所进行管理和催收，收回的周转金全部转作乡财政支农周转金。同时，按照财政体制从农林特产税、耕地占用税等各项乡镇留成资金中安排 5%～30%作为乡镇财政支农周转金；各乡镇财政年度超收分成部分在投入发展生产时也按一定比例作有偿使用转入周转金，从各乡镇企业上缴乡镇利润中拿出 20%～30%作为发展乡镇企业周转基金；收取的周转金占用费 10%用于业务费，其余按规定转入周转基金。是年，全区支农周转金 3706.9 万元，其中地本级 2684 万元，发放 3405.4 万元，支持农业生产和乡镇企业项目 131 个，年增产值 3419.8 万元，利税 665.8 万元，回收周转金 575.1 万元。

1990 年，零陵地区实施支农周转金内部管理办法，发放周转金时由分管局领导审批。是年，新田县、宁远县、道县建立支农周转金经济合同仲裁制度，运用法律手段保证周转金回收。1991 年，祁阳县、永州市、宁远县财政局被评为出席省支农周转金管理先进单位。是年 6 月，全区对支农周转金管理情况进行检查。7 月底，自查单位 658 个，检查金额 4765.8 万元。8 月，地区组织 12 人分三组重点检查。

“七五”期间（1986—1990），全区支农周转金由 1545 万元增至 3157.8 万元，其中地本级 646.2 万元，累计发放支农周转金 7062.6 万元，其中地本级 914.4 万元。累计回收支农周转金 3102.4 万元，回收率 72%。全区逾期支农周转金 1655.3 万元，收回 167.7 万元，其中地本级收回 57 万元，落实还款计划 756 万元。难以收回的金额 731.6 万元，其中地本级 188.4 万元，收取占用费 21.8 万元。是年年末，全区有支农周转金 5340.5 万元，其中地本级 3544.8 万元；发放周转金 5057.5 万元，支持农业、乡镇企业项目 152 个。

二、行财周转金

1986 年，零陵地区实施行财周转金制度，地区财政预算安排行财周转基金 40 万元，各县市未设此项基金。

1987 年，零陵地区财政局作出规定：行财周转金属财政资金，是文教行政事业费的重要组成部分，县市财政可在预算内安排文教行财周转金，通过人民银行监督拨付列作支出处理。列入财政专项基金的文教行财周转金到期收回，并按规定的原则、范围、用途继续周转使用。凡使用文教行财周转金，在合同期内，按月计收 2‰的占用费。全区文教行财周转金主要来源为各级财政预算内机动财力、清理收回历年应收未收的周转金，收取接受单位的周转金逾期占用费，向省财政厅借入。是年，江华和宁远县建立行财周转金，全区行财周转金 50. 6 万元，其中地本级 43 万元。

1989 年 6 月，零陵地区财政局制定关于文教行政事业单位开展有偿服务创收增收的规定，对行财周转金基金来源，采取下列渠道筹资：每年按行财支出的 1%列入财政预算；事业主管部门从财政拨给的事业费中拿出 2%和待分配事业费指标中拿 30%~50%建立行业周转金基金，从预算包干结余挤一点；把部分专项资金由无偿拨款改为有偿使用；各单位从事业发展基金中缴 10%给主管局，在资金调度允许的情况下，对一部分单位采取提前预拨事业费的办法。是年，零陵地区文教行财周转基金 237 万元，江永县财政局借给江永一中行财周转金 7 万元兴办印刷厂，年产值 43 万元，纯收入 1. 6 万元，安排教师子女就业 27 人。

1991 年，祁阳县财政局扶植县卫生职工中等专业学校，借给周转金 40 万元，建成医院大楼 1400 平方米。是年，零陵地区行财周转金 417. 3 万元，其中地本级 270 万元。发放周转金 381 万元，其中地本级 213 万元，支持文教行政事业单位发展事业创收项目 127 个。1986—1991 年，全区行财周转金累计 1540. 3 万元，其中地本级 987. 4 万元，累计发放周转金 1042. 4 万元。

三、工商企业周转金

1982 年，东安县财政建立工商企业周转金 2. 2 万元。1985 年起，零陵地区财政对工业交通、商业等企业和基本建设及技术改造项目投资实行拨款改贷款，由无偿使用改为有偿使用。地本级财政建立周转金 40 万元，之后各县市陆续建立此项基金。

1986 年，零陵地区财政借给地区冷水滩耐火材料厂周转金 30 万元，进行技术改造，开发新产品。1989 年 3 月，零陵地区制定财政支持工业企业技改周转金管理办法，规定支工周转金借款范围限预算内国营工业、交通、物资等部门，用于企业技术改造和技术革新，对资金十分困难的企业采购紧缺原材料需要，也可借作临时周转。此项周转基金来源包括各级财政从机动财力安排的资金，当年预算内安排有偿使用的专项资金，清理企业历年应缴未缴的基本折旧基金欠款，企业承包风险金，经政府批准集中企业的加价款、差价款、开发基金，原有小型技改贷款，县办“五小”分成结余和扭亏增盈奖金，利用财政应拨未拨的间歇资金，中外合资、合作企业缴纳的国家对中方职工、物价等项补贴，周转金借款收取的使用费。借款期限不超过两年，临时周转借款不超过半年，特殊原因经申请批准延期时间不超过半年，延期后的借款加收使用费5‰。实行有偿使用，按银行专项贷款利率50%收取低额使用费。临时周转借款按银行一般贷款利率计收。逾期借款加收10‰的使用利率。是年，全区工商企业周转金1036万元，发放周转金750.1万元，其中地本级404.1万元，支持工交商贸企业发展生产项目67个。

1990年，零陵地区工商企业周转金1651万元，其中地本级1227万元。1991年，增至2922.6万元，其中地本级1837万元，发放周转金2586万元，支持生产经营项目129个。

四、农林特产生产周转金

1989年起，零陵地区实行农林特产生产周转金制度，规定农林特产生产周转金用于扶植发展农林特产，培植税源。其资金来源于各地农林特产税收入总额（包括附加）提取25%（其中：上解省5%，地留5%，县市留15%）；收取的周转金占用费和逾期占用费；财政预算安排和其他资金来源。发放原则是：坚持取之于农林特产品，用之于发展农林特产品生产，以自力更生为主，国家扶植为辅，自愿申请，有偿使用，限期归还，谁发放，谁收回，任何单位和个人无权批准豁免。农林特产生产周转金由地县（市）财政农税征收部门管理。用款单位或个人向财政机关提出书面申请，财政机关进行必要的调查论证后，双方签订借款合同，使用期限不超过2年，并按月收取2‰~4‰的占用费。是年，全区农林特产生产周转金139万元。1990—1991年，全区投入190万元农林特产生产周转金，支持金洞林场速生丰产林基地建设，东安、宁远县开发白果生产，双牌县蔡里口乡迟熟西瓜、生姜生产基地及宁远九嶷山药材、茶叶基地建设。新田县利用农林特产生产周转金发展种养专业户190多户，开发水果基地4.5万亩，发展生猪32.8万头，耕牛、菜牛1.8万头，饲养家禽245万羽，发展水面养鱼2.25万亩。1991年，全区农林特产生产周转金618万元，发放182万元，支持发展生产项目98个。

第二节　信托投资事业

1985 年 8 月，成立湖南省信托投资公司零陵分公司，开始从事财政信贷活动，注册资金 612.46 万元。1990 年，拥有信贷资金 4628.3 万元，为支持全区工商企业发展生产扩大经营发挥一定作用。

一、筹措资金

资本金　零陵信托投资分公司成立时，零陵地区财政局将历年集中收取的企业更新改造资金和挖潜革新改造资金余额 464.94 万元拨给公司形成注册资本金。1986 年，地区财政局将委托建设银行发放的拨改贷资金 37 万元收回，转给信托公司作资本金。1987 年，信托公司进行利润分配时增加资本金 13 万元。截止 1990 年，资本金达到 515 万元。

委托贷款资金　1985 年，零陵地区财政局将拨改贷资金 80 万元，企业更新改造资金 38 万元和间歇资金 29.52 万元，转给信托公司作委托贷款资金。1986 年，吸收地区财政委托的结余资金 236.6 万元和集中企业的折旧基金 37.9 万元，拨改贷资金 20 万元以及间歇资金 58.4 万元，吸收各县（市）财政委托的闲置资金 305.7 万元和各部门、单位自有资金 315 万元，退回委托贷款资金 124.12 万元，年末委托贷款资金余额 997 万元。1987 年，吸收地区财政间歇资金 118 万元，财政结余资金 428 万元，拨改贷资金 215.7 万元，吸收各部门闲散资金 1285.3 万元，年末余额 3062.8 万元。1988 年，地区财政拨入间歇资金 248 万元作委托贷款资金，吸收各县市财政闲置资金 769.3 万元和各部门自有资金 542 万元，退回地区财政结余资金 259.9 万元，年末委托贷款资金余额 4362.2 万元。1989—1990 年，委托贷款资金无增加，还退回 913.2 万元。截止 1990 年年底，有委托贷款资金 3448 万元，其中财政委托 3174 万元，部门委托 274 万元。

发行债券资金　1988 年，发行零陵地区建设债券，筹得资金 665.3 万元，三年到期后本息付清。

二、发放贷款

1985 年，零陵地区信托投资公司与各企业签订贷款合同 32 份，对全区工交企业发放技术改造贷款 360.78 万元；短期资金周转贷款 50 万元，对其他行业发放贷款42万元，委托贷款74.52万元。1986年，支持全区工业企业31个生产项目进行技术改造，发放贷款1408.9万元。对商业等行业贷款387万元，支持21个项目进行改造，扩大经营场地。1987年，放贷项目72个，比1986年增加30个，放贷额2299.8万元，增长29.7%，其中：对工业贷款占67.4%，其他行业贷款占32.6%，主要投放对象是：永州市南津渡电站200万元，地区肉类联合加工厂168万元，地区纺织厂130万元，地区九嶷宾馆123万元，永州市东风氮肥厂130万元，地区百货供应站115万元，地区水泥厂100万元，零陵耐火材料厂100万元，新田县水泥厂70万元，地区副食品公司67万元，冷水滩耐火材料厂60万元，永州市铝箔纸厂60万元，地区药材公司40万元，双牌县刨花板厂30万元。1988年，对地区生产资料公司改造仓库贷款150万元，对地区化工总厂改造氨氮生产设备贷款130万元，对冷水滩耐火材料厂保温材料分厂技改项目贷款125万元，扶植湘南罐头厂中外合资项目贷款100万元，补充地区九嶷山制药厂和永州市东风氮肥厂技改资金缺口各放贷款80万元，全年对70个项目发放贷款4209万元，比1987年增长83%。1989和1990年，发放贷款降至705万元和873.4万元，投放项目39个和28个，两年中主要放贷项目和用途是：地区生产资料公司组织农药、化肥供应和冷水滩造纸厂购买漂白木浆等流动资金贷款150万元和100万元，宁远县水泥一厂4.4万吨水泥生产线技改贷款60万元。1991年，发放贷款回升到2311万元，主要用于支持江华县和江永县烟草公司收购烤烟，分别放贷400万元和100万元。

三、贷款回收

1986年，回收贷款701.9万元，占应收到期贷款804.3万元的87.3%，其中一般性贷款回收359.38万元，委托贷款回收342.52万元。1987年，到期应收贷款1051.3万元，实际收回713.3万元，回收率67.8%。1988年，回收率降至45.5%。1989年，到期应回收贷款4120.9万元，实际回收1396.1万元，占33.9%。1990年，收回到期贷款本金1007.9万元，占应回收贷款4383.5万元的23%，其中信托贷款回收率为48.3%，财政委托贷款回收率为14.9%，部门委托贷款回收率为22%；债券投资贷款回收率为44.4%。

第八章 财政监督

民国初期，州、县财政接受中央、省财政和审计部门的监察。民国27年（1938），按督察区设财政视察区。民国32年（1943），实施督导制度。新中国成立后，1950—1978年，零陵地区及各县财政局间断性设有监察、审计专职机构。1979年后，全区各县财政局均设立监察股。1983年，地县相继成立审计局。

第一节 财政监察

民国时期（1912—1949），永州区和各县均无财政监察机构。民国27年（1938），由省财政派员以行政督察区为财政视察区，不定期视察。民国32年（1943）起，改设驻区督导制度，每区派荐任督导1人常驻指定区县，督导整理自治财政。是年7—12月，宁远县列为省第二期督察辅导程序。

1950年10月，零陵地区设财政监察科长1人，科员若干人；县财政局设监察员1人，助理员若干人。1951年，湘南行署财政处设监察科，配置3人，各县财政科设监察员1人。1952年，零陵地区各行政部门及财经部门在“三反”（反贪污、反浪费、反官僚主义）检查小组的基础上普遍建立群众性的监察小组，区县财政部门设立专职监察人员2人，业务垂直领导。是年，全区重点检查7个单位，其中：宁远县公安局在“三反”中贩运辣椒去衡阳出售，请客送礼，违反规定给本机关干部滥发补助受到严肃处理。1953年，各县设立监察股，配备干部1~2人。是年，全区检查案件80起，查出违纪金额30万元。1954—1957年，全区财政监察人员对行政、企事业单位进行检查，财政监察工作引起各级人民政府重视。1957年，祁阳县财政监察室对文明铺区动用公款463.08元修建跳舞台进行查处。1958年，强调群众监督，忽视专业监督，地县监察机构被取消，财政专业监察工作消失。

1962年，恢复财政监察工作，零陵地区财政部门有监察专职干部7人，兼职2人。1962—1965年，全区财政监察配合各科股，检查经济案件100起，查出违纪金额80万元。1966年下半年，“文化大革命”开始，财政监察机构撤销。1968年，宁远县财政局对29个公社、5个县属企业进行财务检查，其中21个公社和4个企业无问题，从8个公社和1个企业中查出私人借公款1.8万元，挪用公款875.60元，贪污盗窃1261.15元，机关食堂伙食亏空占用公款9125.97元。

1978年，恢复财政监察机构。1979年，零陵地区财税局设立监察科，编制5人。到1984年，全区11个县市均设立监察股。是年，全区清理干部职工拖欠公款172.1万元，收回136.6万元。

1985年，零陵地区财政监察查出违反财经纪律案件104起，收回违纪金额82.8万元。是年开始，财政监察转向内部监督，全区检查22个乡财政所，查出东安县塘复乡财政会计贪污1.7万元，被判刑7年。1986年，全区聘请兼职监察员383人，经过短期培训和现场练兵，统一发放监察人员工作手册。是年，全区组织141人检查60个乡财政所，其中无问题的乡财政所34个，有问题的26个，查出违纪金额60.2万元，收回资金21.5万元，更正错账金额38.7万元。财政监察人员还参与财务大检查工作，配合有关部门检查1092户企业和单位，查出更正违纪金额624.4万元。

1987年7月，零陵地区举办监察干部培训班，培训学员17人，开设会计原理、审计学、乡财政三门课程。9月，召开各县市财政局长会议，地区财政局对财政监察工作提出四点要求：各县市财政局局长要把监察工作提到一定的位置上；分管副局长要经常督促指导，局长也要过问，不得放任自流；监察干部没有配齐的，抓紧配齐；加强监察干部的思想教育。是年，省分配零陵地区检查46个乡镇财政所任务，实际检查47个，发现新田县城关镇等28个单位遵守财政纪律，执行财务制度，无违纪现象。有19个乡财政所截留上缴收入2.1万元，挪用灾歉减免款11.7万元，支农用转金使用不当4.1万元，挪用拖欠公款7.9万元，滥发奖金补贴实物2.5万元，用公款旅游请客送礼487元。贪污受贿人数7人，金额4875元，其他违纪金额1.9万元，应收回违纪金额10.2万元，实收回6.2万元。

1988年，省分配零陵地区监察任务检查43个乡镇财政所，全区实际检查47个。祁阳县金洞镇等38个乡镇无违纪现象；在9个乡镇财政所查出贪污3.4万元，截留财政收入1.8万元，挪用公款3.2万元，滥发奖金4.4万元，其他违纪金额1.7万元，实际收缴入库9.5万元。祁阳县苏油坪乡财政所1名招聘干部贪污公款5453元，交县检察院立案处理，追回4035元。是年，地区标准局招聘局长违反财经纪律和财务制度，被撤销招聘局长职务。

1989年，零陵地区检查130户国营企业，3户集体企业，384个行政事业单位，9个其他单位，其中44个单位有违纪问题，查出越权减免税和偷漏工商税23.9万元，企业因乱摊乱挤成本而漏缴所得税、调节税或利润 65.5 万元，漏缴能源交通基金和国家预算调节基金 4 万元，任意扩大消费基金挥霍浪费 9.9 万元，违反控制社会集团购买力规定 17.1 万元，违反国家物价法规收入 11.1 万元，其他违纪金额 49.9 万元，收缴财政入库 244.1 万元。

1990 年，零陵地区财政监察部门接受群众来信来访 168 件（次），配合政法部门查处经济违纪案 70 件。1991 年，全区重点检查 662 个单位，查出应收缴财政的违纪金额 299.1 万元，实际收缴入库 273.6 万元。

第二节 财政审计

民国时期（1912—1949），湖南审计处隶属中央监察院，其职权从事前审计扩大到事后审计、事中稽查，并可直接审查稽查到县（市），可就地审计和巡回审计，行政督察区和县无审计机构。

新中国成立至 1982 年，零陵地区和所辖各县的审计工作融入财政监察，未设立专门机构。1983 年，零陵地区成立审计局。1984 年，各县成立审计局，依法独立行使审计监督权，不受其他行政机关、社会团体和个人干涉。1985 年，地区审计局和地区财政局联合审计道县 1984 年财政决算，调增收入和减少支出 20.7 万元，剔除上缴和提留部分，决算赤字 81.7 万元，比原赤字 99.3 万元减少 17.6 万元。

1986 年，零陵地区审计冷水滩和东安县 1985 年度财政决算。1985 年度，冷水滩财政收入 1641.9 万元，财政支出 1854.4 万元，决算赤字 150.3 万元。地区审计局、地区财政局审计结果，基本符合实际，未更改决算。东安县财政收入 1060.3 万元，财政支出 1681.1 万元，决算赤字 69.9 万元，审计后处理意见：应收未收的各项税款 11.2 万元，限 1986 年 3 月底前收交入库；企业应转未转利润 14.3 万元，责成县财政局监督企业转作当年收入和冲减当年成本；县财政局虚列农业、水利等事业费 14.5 万元及预算内转预算外 4 万元，分别调增预算内收入和冲减支出。审计结果，原上报财政决算赤字 69.9 万元，调整后为赤字 51.4 万元。

1987 年，零陵地区执行省审计局、省财政厅部署，审计江永县 1986 年度财政决算。审出主要问题：财政收入未及时清交入库 86.7 万元；财政支出中未纳入年初预算、临时批准的经费 128 笔计 223.2 万元，占全年实际支出的 17.2%，其中年末突击花钱 31 笔计 153.4 万元，占全年临时批拨经费的 68.7%。经重点抽查，批复中属于以拨作支，不应列报财政支出的有 40.8 万元。审计决定：1986 年应收未收的款项，限1987年征收入库，但不列入1987年财税部门的超收分成；对不应列报财政支出的40.8万元，除拨给沅口水库工程款23.7万元外，其余17.1万元调减财政支出。经调整后，该县1986年赤字69.9万元，累计赤字127.2万元，比原上报赤字减少14.4万元。

1988年，零陵地区执行监察部、财政部和审计署发出的关于对地方财政收支进行大检查的联合通知，在各县财政局自查的基础上，地区审计局与地区财政局联合审计新田、双牌县1987年财政决算。新田县1987年财政收入1366.4万元，财政支出1708.5万元。审计时，查出应列未列的罚没收入和农林特产税收入4.2万元；以拨作支的水利建设等款61.3万元；预算外转预算内支出2.1万元。处理意见：应列未列的收入转作1988年度预算内收入，以拨作支和预算外转预算内支出等款予以变通处理。双牌县1987年财政收入728万元，财政支出1056万元，结余7.9万元，审计中发现应缴未缴的罚没收入款31.8万元；应缴未缴的农林特产税44.7万元；漏缴交通能源重点建设基金5.6万元。处理决定：将应缴未缴和漏缴的各项资金计入1988年预算内、预算外收入，取消农财股的罚没收入专存账户。

第三节 控制社会集团购买力

20世纪50年代初期，零陵地区提出增产节约，一方面自己动手，组织生产，一方面实行节约，节省开支。1959年，零陵地区各县执行省通知精神，对全区控购作出规定：各级机关、团体、企事业单位购买属于商品支出的办公用品、家具和自行车等设备购置费，除新建单位或特殊情况适当照顾外，一般在半年内停止拨发；各县小汽车统一上缴省处理，并组织清理所有用公款购买的照相机和收音机，对不需用或多余的，一律交当地财政局委托商业部门出售，所售价款作为财政收入；专业用的仪器、图书，企业系统非生产性的设备和校用教具、课桌，除必须者外，一般不再添置；对非买不可的，要严格掌握审批程序和开支；各县成立清理委员会，各机关、团体、企事业单位成立物资清理小组组织清理。1960年，压缩公用经费20%，继续紧缩社会集团购买力。1961年，执行国家规定，社会集团购买力专控商品20余种，全区无一单位购买专控商品。

1962年，零陵地区对专控商品实行核定限额，在限额内下发购物证，各单位凭购物证购买商品，按专控商品划分审批权限，由各单位领导签字，所在财政局审查批准。1962—1964年，全区行政事业单位未购买桌、椅、床、柜等家具和录音机、扩音机、计算机、电风扇、公用布等非生产性设备。1965年，零陵地区取消购物证，各县财政局一次核定全年社会集团购买力指标交各单位自行掌握控制使用。1966年，改由各单位在审批的经费预算（或财务计划指标）内自行掌握。“文化大革命”开始后，控制社会集团购买力工作停止。

1973年，省重申严格控制社会集团购买力规定，零陵地区大力压缩非生产性商品购置，规定一切新建扩建的企事业单位和恢复充实的行政事业单位，所需非生产性家具设备原则上在本单位、本系统内调剂解决；除沙发、地毯、钢丝床、小汽车、摩托车、电冰箱、录音机、旅行车、交通车、货车等10种商品继续报省控购办审批外，其余电视机、电影放映机、收音机、留声机、扩大机、高低音喇叭，打字机、油印速印机、钟表、照相机、自行车、呢绒、绸缎、大型或高级乐器、铁制或木制桌椅床柜、高价针棉织品、大型或高级体育用品、保险箱、电风扇、计算机、多用机、手提喊话器、藤器等23种商品，由地区革命委员会控购办审批。对一切非生产性设备购置和修缮、基建等开支从严掌握，年终前3个月停止审批上报，对个别特殊需要必须解决的，财政部门通过调查研究，按审批权限办理报批。1974年，地区拟定33种专控商品审批权限：即沙发、地毯、钢丝床、小汽车、摩托车、电冰箱、旅行车、交通车（不包括运输部门的专业用车）、行政事业单位购买的货车、录音机报省财政局审批；计算机、电风扇、打字机、留声机、收音机、多用机（收、扩、录、电唱二用、三用、四用）、扩大机、高低音喇叭、油印速印机、照相机、大型或高级乐器（单价在20元以上）、高级针棉织品、大型或高级体育用品（单价在50元以上）由地区财贸办审批；自行车、电影放映机、手提喊话器、油印机、钟表、保险柜、藤器、呢绒（包括毛的确良、丝的确良）、绸缎、铁制或木制桌椅、床、柜由地区革命委员会审批。1977年，贯彻执行省革命委员会的规定：一切机关、团体、部队和企、事业单位原则上不得购买沙发、地毯、钢丝床、家具、小汽车、大客车，行政事业单位购买货车、摩托车、电冰箱、电视机、电影放映机、扩大机和多用机、收音机、录音机、留声机、电风扇、照相机、自行车、缝纫机、公文包、大型或高级乐器大型或高级体育用品、保险箱、呢绒及其制品、绸缎及其制品、的确良及其制品，毛绒及其制品、毛毯、毛巾被、高价针棉织品，经主管部门审查，报省财政金融局批准。

1978年，专控商品为27种，对电视机、电影放映机、扩大机等，实行凭购货证购买，除各学校用于教学的录音机、多用机、电唱机，以及医疗单位所需的电冰箱、各大专院校、科研单位直接用于科研的仪器仪表、化学试剂、元器件、五金工具、科技书刊、设备器材，其他部门购买这些商品时执行专项报批。是年，省分配零陵地区社会集团购买力指标1100万元，实际购买1075万元。是年起，地县财政填报执行情况年报表随财政总决算报表报省。1979年，省分配零陵地区社会集团购买力指标时扣除药品和医疗器械、劳保用品、取暖用煤、非生产汽车用油、出国制服和国家体委统一分配的体育器材以及经省专项审批的小汽车、大轿车等商品后为683万元，比1978年减少37.9%，实际执行1414.6万元，突破指标1.1倍，增长31.6%。

1980年10月，零陵地区成立控制社会集团购买力领导小组，办公室设财政局。是年，省分配控制社会集团购买指标1264万元，实际执行1435.5万元，突破171.5万元，比1979年增长1.5%。1981年，全区将控制社会集团购买力由买卖双方共同控制限额，改为以花钱单位控制为主，强调各县配足控办专职人员。是年，省分配地区控制社会集团购买力指标1241万元，实际执行2576.1万元，突破指标1.1倍。全区开展控制社会集团购买力大检查，以清查违控购买小汽车为主，查出1980年以来全区新购置和拼装小汽车69辆（不含生产用车11辆），其中批准购置的27辆，占39.1%，其余属违控购置。1982年，零陵地区执行省关于添置小汽车的有关规定，处理违章购置小汽车18辆。是年起，控购办编报社会集团购买力指标完成情况年报表。1983年，全区各单位建立社会集团购买力辅助账，编制商品购买计划。是年，省控购办审批的摩托车、沙发、电冰箱、下放到地区审批；由地区审批的照相机、收音机、留声机、缝纫机、大型或高级乐器、大型或高级体育用品、呢绒及其制品、毛巾被及高级针棉织品等下放到县、市审批。是年，省分配零陵地区控制社会集团购买力指标1400万元，实际执行1865万元，比1982年增长5.7%。1984年下半年开始，放宽控购范围，将31种专控商品缩减为14种。是年4月至8月，永州市物资局通过银行向深圳、宝安、惠阳等地非法购进车辆66部，价值343.3万元，销售收入386.6万元，获利43.2万元，当地政府和司法、工商部门对参与倒卖、行贿、贪污人员依法做出刑事制裁。是年，省分地区控制社会集团购买力指标1870万元，实际执行1764万元。1985年，全区行政单位小汽车由1984年的135辆上升到201辆，增加66辆。社会集团购买力支出1776.6万元，突破指标6%，比1984年增长10%。1986年，地区控购办向行署送交关于进一步加强控制社会集团购买力的意见，提出以加强小汽车控制管理为工作重心，建立健全领导机构，充实办事人员。是年，全区组织清理小组清出违章购置小汽车40辆，罚款6.9万元。

1987年，零陵地区各县市建立控购办公室，有专职工作人员15名。是年，将省审批的录像机、空调器下放给地区审批，由地区审批的摩托车上收到省审批；地区审批的沙发床、沙发、地毯、录音机和多用机下放到县审批。11月，执行全国控购办印发的关于违反控制社会集团购买力规定的处理暂行办法。1988年，省分配零陵地区控制社会集团购买力指标4501万元，其中专控商品指标550万元，实际执行社会集团购买力支出3629万元，占指标的80.6%，比1987年增长22.7%；专控商品523.5万元，占指标的98.8%。是年起，地区汇总上报控制社会集团购买力月报表，分季上报专控商品报表和效果表，全区开展报表评比竞赛活动。

1989年起，零陵地区执行省规定，收取专控商品附加费，小汽车分档次按10%~30%收取，生产用车减半征收，全区征收附加费71.3万元。是年，省分配零陵地区社会集团购买力控购指标3601万元，实际执行3637.8万元，比1988年下降2%，专控商品674.3万元，减少395.1万元，剔除生产科研专控商品等不可比因素增长25%。1990年，全区县城以上单位社会集团购买力支出4253.6万元，比省分指标5436万元减少22%，比1989年增长17%，其中专控商品969万元，比省分指标1359万元减少29%，比1989增长44%，全区购小车108辆，增加35辆。年内检查583个单位，其中违控单位157个占27%，违控金额170.5万元，处理罚款收缴入库18.5万元。1991年，全区县以上单位社会集团购买力支出6318.0万元，为省分指标的91.6%，比1990年增长48.5%。全区购小车146辆，增加38辆。压缩申购商品1919件，金额536万元；检查574个单位，其中违控单位159个，占27.7%，查出违控金额61.5万元，罚款15.9万元，入库14.1万元。

第九章　财政机构队伍

清代、民国时期，永州无地区一级财政机构。新中国成立后，1949 年 11 月，在永州专员公署内设财粮科，之后地县财政机构日臻完善，职工队伍日益壮大。1979 年起，陆续建立乡（镇）财政机构和有关学术团体。

第一节　财政机构

一、行政管理机构

清代，永州府和所辖各县没有财政机构。民国时期（1912—1949），永州区仍无地区一级财政机构。民国初期，各县设财政委员，由省财政厅直接管辖，受县知事监督。民国 18 年（1929），各县设立财政局，直属湖南省财政厅，受县政府监督，负责本县的省税征解，经办省款坐支，奉令拨付款项以及办理地方财政收支。民国 21 年（1932），各县再度设置财政委员会，整理地方财务，审核财政预算、决算，办理财政咨询业务和拨付建设款项，次年撤销。民国 26 年（1937），各县撤局改科，由县政府第二科接管主理地方财政事务。民国 31—32 年（1942—1943），永州执行财政收支系统实施纲要，各县增设乡财产保管委员会，负责乡公有财产调查、登记、整理、保管和债权债务稽核事项。民国 35 年（1946），在县政府内设财政科，主管财政要务。民国 36 年（1947），零陵县、宁远县、祁阳县、道县划为二等分库，新田县、永明县、江华县、东安县、蓝山县为三等分库。

新中国成立后，1949 年 10 月，在永州专员公署内设财粮科，下分审计、预审会计、财政总会计，负责财政收支和粮食征购管理，各县人民政府内亦设立财粮科。1950 年 2 月，专署财粮科分为财政科和粮食科，各县相应变动。1952 年，零陵、衡阳、郴州三个专区合并成立湘南行政公署，内设财政处。1953 年，东安县、道县、江华县、江永县、蓝山县设立财政局。1954—1958 年，零陵县、祁阳县、宁远县相继成立财政局，内设预算股、办公室、人事股、企财股、税政股。1958 年，人民公社内设财政科，配备财粮委员。1961 年，各县财政税务分别设局。恢复新田县，亦设新田县财政局。

1962 年，恢复零陵专署，年底成立零陵专署财政局，内设办公室、预算科、政工科。1964 年，专署财政局下设秘书科、人监科、农业财务科、企业财务科、预算科。1965 年，增设政治处。1966—1967 年，地县财政机构处于半瘫痪状态。1968 年 9 月，零陵地区革命委员会成立，在所属生产指挥组内设财政小组。1969 年，成立零陵地区革命委员会财税管理站，下设政工组、办事组、企财组、税政组、基建组。各县亦实行财税合并，设立财税管理站或财贸组。是年，双牌县成立，设立财政小组。1971 年，撤站成立零陵地区财政金融战线领导小组，在原站下 5 个组的基础上增设信贷组、会计出纳组。1972 年 9 月，改设地区革命委员会财政金融局，下设办公室、计划信贷科、会计出纳科、企财科、税政科、农金科、政工科、基建科、金库室。1973 年，零陵县、宁远县成立财政金融局。1975 年 9 月，撤销财政金融局，分设财政税务局、中国人民银行零陵地区中心支行和地区建设银行。财政税务局下设办公室、政工科、预算科、企财科、农财科、税政科。1977 年，增设利润监缴科。1978 年，零陵地区控制社会集团购买力领导小组成立，有关控购业务先后挂靠预算科、监察科、综合计划科。1979 年，更名地区行政公署财税局，下设科室未变，恢复监察科，增设计划会计科。是年，永州镇（县级）从零陵县分出，成立永州镇财政税务局；除江永县外，其他县财政与税务分别设局。江永县在 18 个乡镇试点，设财政所。1980 年，更名零陵地区财政税务局，政工科改为人事科。1982 年，永州镇财税局改为永州市财政税务局。1983 年，推行机构改革，成立零陵地区行政公署财政税务处，年底改名零陵地区财政税务处，下设 7 科 1 室。是年，祁阳县从衡阳地区划归零陵地区，增加祁阳县财税局。

1984 年，撤销财政税务处，分设零陵地区财政处和税务处，财政处后更名为零陵地区财政局，设办公室、预算科、企业财务科、农业财务科、监察科，从预算科分出行政事业财务科。是年，撤销零陵县，恢复冷水滩市，零陵县财政局更名为冷水滩市财政局。全区 400 个乡镇建立乡镇财政所。1986 年 3 月，地区财政局内增设综合计划科，将地区国库券推销办公室并入综合计划科，5 月增设政工科，9 月增设会计事务管理科。1987 年 3 月，设立中华会计函授学校零陵地区分校，各县（市）相应设置会计函授辅导站。1988 年 5 月，零陵地区财政局由永州市中山路迁至永州市新街 32 号。是年，将企业财务科分设为工交企业财务科、商贸企业财务科，增设农业税征管科。1989 年元月，成立湖南省会计师事务所零陵分所，归口地区财政局管理。财政部驻零陵中央企业工作组集中在地区财政局内办公，其行政、工资关系受省财政厅管理，政治思想工作和后勤工作归地区财政局管理。零陵地区控制社会集团购买力领导小组下设办公室，归口地区财政局管理。1990年，东安县财政局首先设国债服务部。

1991年7月，成立零陵地区国有资产管理办公室，各县市亦成立相应机构，归口同级财政部门管理。祁阳县、冷水滩市、双牌县设国债服务部。是年，零陵地区财政局设办公室、政工科、监察科、综合计划科、预算科、工交企业财务科、商粮贸企业财务科、事业行政财务科、农业财务科、农业税征管科、会计事务管理科、中华会计函授学校零陵分校。隶属地区财政局领导的单位有零陵地区财税职工中专学校，湖南省信托投资公司零陵办事处。归口地区财政局管理的机构有：零陵地区控制社会集团购买力办公室、零陵地区国有资产管理办公室，零陵地区会计师事务所，零陵地区国库券推销领导小组办公室；挂靠地区财政局管理的单位有财政部驻零陵中央企业工作组。

二、事业单位

零陵地区财税职工中等专业学校 前身是零陵地区财政干部学校。1980年3月建立，坐落于永州镇河西桃江路。1985年元月，更名为零陵地区财税职工中等专业学校，升格为副处级事业单位，下设办公室、教务科、人保科、膳食科，归口地区财政局管理，王纯龙任副校长主持工作。至1990年年底，学校占地面积39480平方米，校舍建筑面积11606平方米，学校有教职员工58人，其中获得高级职称1人，中级职称11人，学校开设财政、税务、行政事业财务会计、乡镇企业会计4类专业、21门学课。1984—1991年，招收55个班，培训4270人。

湖南省信托投资公司零陵办事处 前身是湖南省信托投资公司零陵分公司。1985年8月成立，下设业务部、财务部、办公室，租用永州市电影公司住房办公，归口地区财政局管理。1986年1月，借址于永州市中山南路军分区教导队院内。1987年，增设信息咨询部。1988年5月，迁入永州市中山南路30号院内，增设业务二部，同时成立零陵地区信托股份有限贸易公司，挂靠分公司。是年8月，分公司升格为副处级事业单位，隶属地区财政局领导。1990年11月，更名为湖南省信托投资公司零陵地区办事处，年末撤销信息咨询部。1991年，机构未变。

三、学术团体

零陵地区财政会计学会 1982年10月，零陵地区财政会计学会成立，有会员320人。第一次会员代表大会制订通过学会章程，选出48人组成第一届理事会。魏文光为名誉会长，成资才任会长，陆顺元、唐时伍任副会长，秘书长刘光华，副秘书长卢恒华、夏志强，理事会下设财政组、会计组和珠算组，学会工作挂靠地区财政局管理。学会成立后，被湖南省财政学会和湖南省会计学会吸收为团体会员。1983—1985年，永州市、东安县、祁阳县、新田县、道县、双牌县、宁远县相继成立财政会计学会，为地区财政会计学会团体会员，发展会员993人。地直商业、机械、化工、农业、水利、轻纺、二轻、林业系统分别成立行业会计学会，接收会员795人。1982—1985年，全区各财会学会办会计培训班93期，培训1935人次，地区组织两次珠算比赛和两次珠算技术等级鉴定，有30人取得合格证书。1985年下半年起，宣传贯彻中华人民共和国会计法。1986年8月16—18日，零陵地区财政会计学会在零陵卷烟厂召开第二次会员代表大会，选出第二届理事会理事77名，其中常务理事21名，会长陆顺元，副会长李良瑞、沈根元、周祖培，秘书长胡友德，副秘书长邝一敏。理事会下设财政组、会计组、珠算组。之后，冷水滩市、江永县、江华县、蓝山县相继成立财政会计学会，地直煤炭、建材系统分别成立行业会计学会。1988年起，地直行业会计学会加入地区财政会计学会。至1990年，学会有22个分支学会，8676名会员。1986—1990年，各级学会组织财政、会计理论研讨会、学术交流会55次，收集论文679篇，其中在省以上专业刊物发表75篇，获奖4篇。1991年4月8—9日，召开第三次会员代表大会，选出第三届理事93名，其中常务理事24名，行署副专员周建国为名誉会长，陆顺元任会长，沈根元、周祖培任副会长，刘新伟任秘书长，黎立平、夏志强任副秘书长，常务理事会下设财政组和会计组。到1991年年底，零陵地区财政会计学会有23个分会，8676名会员。

零陵地区珠算协会 1989年4月，零陵地区珠算协会成立，有会员1200人，挂靠地区财政局管理。第一次会员代表大会聘任行署副专员周建国为名誉会长，选出第一届理事会理事56名，其中常务理事17名，顾问屈永清，会长李良瑞，副会长贺庆久、周祖培、邝一敏、夏志强，秘书长李铁球，副秘书长何阿雅，理事会下设学术研究组、等级鉴定组、技术竞赛组和“三算”（口算、笔算、珠算）教学组。是年，江华县、蓝山县、新田县和永州市相继成立珠算协会。1990年，冷水滩市、祁阳县、东安县、道县、宁远县、双牌县、江永县成立珠算协会。地区教委、地区林业局、地区商业局、地区农业局、地区轻纺工业局、地区二轻局、地区财税中专学校、地区机冶局分行业成立珠协组织。1991年，地区珠算协会下辖18个团体会员，1850名会员。1989—1991年，先后举行零陵地区第九届、十届、十一届珠算技术比赛，并组织3559人参加全国首届珠算科技知识竞赛，获优胜奖316人，全区每年统一组织两次珠算等级鉴定，共12107人参考，合格4716人，占39%。其中达到一级145人，二级167人，三级451人，四级1772人，五级1008人，六级1139人，七级15人，八级19人。撰写“三算”教学论文30篇，其中获省级优秀论文3篇，东安县白牙镇第一小学被中国珠算协会和中央教科所评为全国“三算”教学先进单位。至1991年年底，全区小学中开展“三算”教学的有386个班，学生1万余人。

第二节　财政队伍

清代，永州府的财政由同知或通判主管，有时也由知府兼理，各县财政由县丞或主簿掌管征税，户房管理财务、租粮、契税、杂税。民国初期，各县设财政委员，归省财政厅管辖，县知事监督办理财政事项。民国18年（1929），永州区各县财政局设局长1人，课长1人，课员和书记若干人。民国36年（1947），区内各县财政局定员为：零陵26人，宁远25人，祁阳34人，道县12人，东安17人，江华15人，新田14人，永明不详。新中国成立后，零陵地区财政人员编制与管理、业务培训、奖惩工作逐步完善。

一、人员编制与管理

1949年11月，永州专区专员公署财委下设财粮科，由中共永州地委任命科长，地委组织部调配干部22人。1950年2月，财粮科分为财政科和粮食科，各县相应变动。全区财政系统共93人，其中专署财政科19人。1952—1962年，无零陵地区建制。1962年年底，恢复零陵专署建制，设立专署财政局，配备13人，各县财政局111人。地县财政局正副局长分别由地委、县委任命，干部由人事局调配。1963年，专署财政局增至19人。1964—1969年，人员变动频繁。1970年，零陵地区革命委员会财税管理站有22人，正副主任由地区革命委员会决定，人员由地革委组织组调配。1971年，零陵地区金融战线领导小组包括财政、税务、银行共65人。1975年9月，地区财税局配编60人，实有29人。1979年，地区财政税务局编制49人配齐，全区财税系统385人。是年起，地区财税局（处）正副局（处）长由地委任命，正副科长由地委组织部任命，一般干部由人事局调配。1980年，全区财税系统371人，其中地区财政税务处57人，超编12人。1984年，财税分家，建立400个乡（镇）财政所，通过考试择优录取招聘人员，全区财政系统有干部职工843人，其中地区财政局43人，乡财政所招聘人员549名，1985年、1987年、1988年、1989年均招聘乡财政所工作人员，部分人员陆续转为干部。1985年起，地县财政局正副局长由地委、县委任命，正副科（股）长由本局任命，一般干部由人事局调配，此管理权限规定沿用至

1991年。1987年，全区财政系统1392人。1988年，增至1638人，余编56人。1989年，定编1852人，实有1758人。1990年，增编153人，实增107人，余编140名。1991年，全区财政人员定编2065人，其中行政399人，事业1666人。实有1897人，其中地区159人，县市489人，乡镇1249人。性别：男1485人，女412人；文化程度：本科54人，专科341人，中专913人，高中383人，初中186人，小学20人；专业职称：高级1人，中级80人，初级285人，未定1424人。

1949—1991年零陵地区财政局负责人一览表

表3-12

机构名称（起讫时间）	职务	姓名	任职时间	备注
永州区行政专员公署财粮科 （1949.10—1951.6）	科长 副科长	李田耕 晁　帆		
零陵地区行政专员公署财政科 （1951.7—1952.9）	科长	晁　帆	1952.6—	
（1952.10—1962.11）				零陵专署财政科先后并入湘南行署财政处、衡阳专署财政局
零陵地区行政专员公署财政局 （1962.12—1969.2）	局长 局长 副局长	唐治义 程伍云 葛子玉	1962.12—1966.7 1966.7—1969.2 1963.2—	
零陵地区革命委员会财税管理站 （1969.3—1971.9）	主任 第一副主任 副主任 副主任	程伍云 苏　华 成资才 王计玲（女）	1969.3—1969.8 1969.6—1970.6 1969.3—1971.9 1970.6—1971.9	
零陵地区革命委员会 财政金融战线领导小组 （1971.10—1972.9）	组长 副组长 成员 成员 成员 成员 成员	张振汉 程伍云 成资才 王计玲（女） 焦振山 苏明昆 陆顺元	1971.10—1972.9 1971.10—1972.9 1971.10—1972.9 1971.10—1972.9 1971.10—1972.9 1971.10—1972.9 1971.10—1972.9	组长由地区革命委员会生产指挥组副组长兼
零陵地区革命委员会财政金融局 （1972.9—1975.9）	局长 副局长 副局长 副局长 副局长 副局长 副局长 副局长	王桂宝 熊浩生 成资才 王计玲（女） 焦振山 陆顺元 葛子玉 田志明	1972.9—1975.9 1972.9—1975.9 1972.9—1975.9 1972.9—1975.9 1972.9—1975.10 1972.9—1975.9 1972.12—1975.9 1975.4—1975.9	

续表3-12

机构名称（起讫时间）	职务	姓名	任职时间	备注
零陵地区革命委员会财政税务局（1975. 10—1979. 5）	局长 局长 副局长 副局长 副局长 副局长 副局长	王桂宝 田志明 成资才 王计玲（女） 陆顺元 田志明 葛子玉	1975. 10—1978. 2 1978. 3—1979. 5 1975. 10—1979. 5 1975. 10—1979. 5 1975. 10—1979. 5 1975. 10—1978. 2 1975. 10—1978. 2	局长由地区革委会财贸办公室副主任兼
零陵地区行政公署财政税务局（1979. 6—1980. 3）	局长 副局长 副局长 副局长 副局长	田志明 成资才 陆顺元 王计玲（女） 余世豪	1979. 6—1980. 3 1979. 6—1980. 3 1979. 6—1980. 3 1979. 6—1980. 3 1979. 12—1980. 3	
零陵地区行政公署财政税务局（1980. 4—1983. 9）	局长 副局长 副局长 副局长 副局长 副局长 副局长 副局长	田志明 成资才 王计玲（女） 陆顺元 余世豪 廖筱仪 王继汉 曹承斌	1980. 4—1983. 9 1980. 4—1983. 9 1980. 4—1983. 9 1980. 4—1983. 9 1980. 4—1983. 9 1980. 7—1983. 9 1980. 11—1983. 9 1980. 12—1983. 9	
零陵地区行政公署财政税务处（1983. 9—1984. 2）	副处长 副处长 副处长 调研员 调研员	邹礼强 陆顺元 伏煌煜 成资才 余世豪	1983. 9—1984. 2 1983. 9—1984. 2 1983. 9—1984. 2 1983. 10—1984. 2 1983. 10—1984. 2	
零陵地区行政公署财政处（1984. 2—1984. 4）	处长 副局长 副处长 副处长	陆顺元 廖筱仪 伏煌煜 李良瑞	1984. 2—1984. 4 1984. 2—1984. 4 1984. 3—1984. 4 1984. 3—1984. 4	
零陵地区行政公署财政局（1984. 9—1991. 12）	局长 局长 副局长 副局长 副局长 副局长 副局长 副局长	陆顺元 沈根元（女） 廖筱仪 伏煌煜 李良瑞 沈根元（女） 李天智 刘海军	1984. 4—1991. 12 1991. 12—1991. 12 1984. 4—1991. 12 1984. 4—1991. 12 1984. 4—1991. 12 1985. 11—1991. 12 1987. 7—1991. 12 1988. 9—1991. 12	

二、培训

1950 年，零陵地区贯彻执行政务院发布的关于举办工农速成中学和工农干部文化补习学校的指示，组织工农出身的财政干部进业余文化补习班学习。“一五”期间，各县财政局举办农业税助征员培训班。1958 年，每县选送 1~2 名财政干部到专区财贸干部学校培训 4 个月。“文化大革命”中，1967 年，零陵地区财政局留 3 人坚守工作，其余 18 人下到地区“五七”干校或农村劳动锻炼。各县财政局亦将大部分人员下到县“五七干校”和农村锻炼。1966—1976 年，零陵地区财政干部以学习毛泽东著作为主。1980 年 3 月，建立零陵地区财政干部学校，培训财税干部 121 人。1981—1984 年，办培训班 21 期，培训财税干部 1850 人，全区 2 人离职到高等院校进修获大专文凭。1984 年起，通过考试择优录取招聘乡财政所工作人员，以后有部分人员陆续转为干部。1985 年起，零陵地区财政干部学校升格为零陵地区财税职工中专学校，对入学学员纳入全国成人中专招生计划，学制两年半，实行统考统招，毕业后发给中专文凭。1985—1991 年，全区离职到高等院校进修获大专毕业证书的 188 人，获大专结业证书的 35 人，通过自学考试获大学本科文凭 4 人，专科文凭 17 人。地区财税中专学校为全区财政系统培养中专毕业学员 578 人。1991 年，全区财政系统干部职工具有大专以上文化程度的由 1950 年的 4 人增至 395 人，占干部、职工总数比重由 4%提到 20.8%，中专文化程度的由 4 人增至 913 人，比重由 4%提高到 48.1%。

1980—1985 年，零陵地区财政系统首次开展会计系列职称评定工作。1988—1991 年，再次开展会计和经济系列职称评定工作，共评出高级会计师 1 名，会计书 80 名，助理会计师 150 名，会计员 130 名。

三、奖惩

个人 1952 年起，零陵地区贯彻执行国家人事局颁布的国家机关工作人员奖惩暂行条例，对财政工作人员符合奖励条件和标准的由干部任免管理机关、同级人民政府或上级机关、上级人民政府分别给予表扬（发奖品），记功（发二等奖金），记大功（发一等奖金），记特等功（发特等奖金），授予工作模范、劳动英雄、人民功臣等荣誉称号（发荣誉奖金）。对犯错误的工作人员分别给予警告、记过、降级、撤职、开除惩戒处分，对违法人员由司法机关依法惩办。1957 年，执行国务院关于国家行政机关工作人员的奖惩暂行规定，对财政工作人员有下列政绩者：忠于职责，成绩优良，遵守纪律，起模范作用的；在工作上有发明创造、提出合理化建议，对于国家有显著贡献的；防止或挽救事故有功，使国家或人民利益免受重大损失的；爱护公共财产，节约国家资财有重大成绩的；同严重的违法失职行为坚决斗争，有显著功绩的，分别给予记功、记大功、授予奖品或奖金、升级、升职、通令嘉奖。对犯有下列错误之一的人员，给以惩处：违反国家的政策、法律、法令和政府的决议、命令、规章、制度；玩忽职守，贻误工作；违反民主集中制，不服从上级决议、命令、压制批评、打击报复；弄虚作假，欺骗组织；拨弄是非，破坏团结；丧失立场，包庇坏人；贪污盗窃国家财产；浪费国家资财，损害公共财物；滥用职权，侵犯人民群众利益，损害国家机关和人民群众关系；泄露国家机密；腐化堕落，损害国家机关威信。处分种类比1952年暂行条例规定增加记大过和开除留用察看处分。此奖惩规定沿用至1991年。

1950—1991年，零陵地区财政系统获得行署以上人民政府和省财政厅以上部门授予先进工作者以上荣誉称号的共49人52次；受开除以上惩戒的16人，其中依法判刑13人。

1950—1991年零陵地区财政系统获行署级以上先进工作者统计表

表3-13

姓名	工作单位	受奖时间	颁奖单位	获将称号
唐建亚	零陵县财政科	1951年	零陵地区专员公署	先进工作者
王光乾	零陵县财政局	1957年	湖南省财政厅	先进工作者
王育仁	衡阳专区财政科	1957年	湖南省财政厅	先进工作者
宋庚和	衡阳专区财政科	1957年	湖南省财政厅	先进工作者
黄国华	祁阳县财政局	1957年	湖南省财政厅	先进工作者
庾琨铭	东安县财政局	1957年	湖南省财政厅	先进工作者
周范一	江华县财政局	1957年	湖南省财政厅	先进工作者
成　华	衡阳专区财政科	1957年	衡阳地区专员公署	先进工作者
李祥思	宁远县财政局	1959年	湖南省人民政府	先进工作者
陈敖良	宁远县财政局	1986年	零陵地区行政公署	先进工作者
李均旺	江华县财政局	1986年	零陵地区行政公署	先进工作者
李素清	江华县财政局	1986年	零陵地区行政公署	先进工作者
胡荣富	新田县财政局	1986年	零陵地区行政公署	先进工作者
于治宇	祁阳县财政局	1987年	湖南省财贸委员会	财税劳模
唐陶祯	祁阳县财政局	1987年	湖南省财政厅	先进工作者
李日暄	祁阳县财政局	1987年	湖南省财政厅	先进工作者
刘诗炳	祁阳县财政局	1987年	湖南省财政厅	先进工作者
张培俭	地区财政局	1987年	零陵地区行政公署	先进工作者
朱江淮	东安县财政局	1987年	零陵地区行政公署	先进工作者

续表3-13

姓名	工作单位	受奖时间	颁奖单位	获将称号
胡荣富	新田县财政局	1987 年	零陵地区行政公署	先进工作者
蒋德贵	冷水滩市财政局	1987 年	零陵地区行政公署	先进工作者
荣业多	东安县财政局	1988 年	湖南省人民政府	先进工作者
杨林桂	双牌县财政局	1988 年	湖南省人民政府	先进会计工作者
吕保坤	冷水滩市财政局	1988 年	零陵地区行政公署	先进会计工作者
蒋春农	永州市财政局	1988 年	零陵地区行政公署	先进会计工作者
秦发楚	宁远县财政局	1989 年	湖南省财政厅	先进工作者
张　武	永州市财政局	1989 年	湖南省财政厅	先进工作者
何永师	江永县财政局	1990 年	湖南省财政厅	监察先进个人
唐梅生	冷水滩市财政局	1990 年	湖南省财政厅	浮动升级
王焕岳	永州市财政局	1991 年	湖南省财政厅	先进工作者
唐财洪	永州市财政局	1991 年	湖南省财政厅	先进工作者
郑小勇	永州市财政局	1991 年	湖南省财政厅	先进工作者
胡立辉	永州市财政局	1991 年	湖南省财政厅	先进工作者
雷珍瑞	冷水滩市财政局	1991 年	湖南省财政厅	先进工作者
秦昌书	冷水滩市财政局	1991 年	湖南省财政厅	先进工作者
唐国金	冷水滩市财政局	1991 年	湖南省财政厅	先进工作者
文绍模	东安县财政局	1991 年	湖南省财政厅	先进工作者
卢风瑞	道县财政局	1991 年	湖南省财政厅	先进工作者
彭玉忠	道县财政局	1991 年	湖南省财政厅	先进工作者
柏炳三	道县财政局	1991 年	湖南省财政厅	先进工作者
袁永清	道县财政局	1991 年	湖南省财政厅	先进工作者
李福彪	蓝山县财政局	1991 年	湖南省财政厅	先进工作者
李德明	蓝山财政局	1991 年	湖南省财政厅	先进工作者
胡荣富	新田县财政局	1991 年	湖南省财政厅	先进工作者
王福生	新田县财政局	1991 年	湖南省财政厅	先进工作者
蒋元彬	江华县财政局	1991 年	湖南省财政厅	先进工作者
李忠兰	江华县财政局	1991 年	湖南省财政厅	先进工作者

续表3-13

姓名	工作单位	受奖时间	颁奖单位	获将称号
戴双江	江华县财政局	1991 年	湖南省财政厅	先进工作者
胡　桃	地区财政局	1991 年	零陵地区行政公署	先进工作者
李在朴	东安县财政局	1991 年	零陵地区行政公署	先进工作者
朱江淮	东安县财政局	1991 年	零陵地区行政公署	先进工作者
顾新华	双牌县财政局	1991 年	零陵地区行政公署	先进工作者

单位　1951 年，零陵地区首次召开全区模范工作者（单位）大会。1957 年，全区开展群众性增产节约运动。1958 年，湖南省财政厅开展无欠税、无漏税、无欠利润县评比竞赛活动。1964 年，零陵地区开展比先进，学先进，赶先进，帮后进竞赛活动，地委召开全区社会主义建设先进集体、先进生产者会议。1968 年底，全区掀起农业学大寨群众运动，首次召开全区农业学大寨经验交流会。1978 年，地区革命委员会召开 2000 人参加的全区农业学大寨群英会。1986 年起，湖南省财政厅开展创文明财政所活动。1987 年，召开湖南省财税系统劳动模范先进集体表彰大会，在历次评比竞赛活动中，零陵地区财政系统均涌现出一批先进集体。1950—1991 年，零陵地区财政系统受行署以上领导机关表彰的先进集体（单位）共计 21 个 35 次。

1950—1991 年零陵地区财政系统受表彰单位统计表

表 3-14

受奖单位	受奖时间	颁奖单位	获奖称号
东安县财政局	1957 年	湖南省人民政府	先进单位
宁远县财政局	1959 年	湖南省财政厅	无欠税、无漏税、无欠利润县
道县财政局	1982 年	湖南省人民政府	先进单位
零陵地区国库券推销办	1984 年	湖南省国库券推销委员会	先进单位
东安县国库券推销办	1985 年	湖南省国库券推销委员会	先进单位
零陵地区国库券推销办	1985 年	湖南省国库券推销委员会	先进单位
江华县财政局办公室	1986 年	零陵地区行政公署	服务先进单位
江华县白芒营财政所	1986 年	零陵地区行政公署	先进单位
零陵地区国库券推销办	1986 年	湖南省国库券推销委员会	先进单位
东安县财政局	1987 年	湖南省财政厅	先进单位

续表3-14

受奖单位	受奖时间	颁奖单位	获奖称号
零陵地区国库券推销办	1987年	湖南省国库券推销委员会	先进单位
零陵地区财政局综合科	1987年	零陵地区行政公署	先进单位
道县财政局农财股	1987年	零陵地区行政公署	先进集体
零陵地区国库券推销办	1988年	湖南省财政厅	先进单位
东安县财政局	1988年	湖南省财政厅	思想政治工作先进单位
江华县财政局监察股	1989年	湖南省财政厅	监察先进集体
东安县财政局	1989年	湖南省财政厅	先进集体
零陵地区国库券推销办	1989年	湖南省财政厅	先进单位
零陵地区会计函授学校	1990年	财政部	先进办学单位
冷水滩市财政局	1990年	湖南省国债办	国债先进单位
东安县财政局	1990年	湖南省财政厅	先进单位
零陵地区国库券推销办	1990年	湖南省财政厅	国债工作第一名
永州市接里桥财政所	1990年	湖南省财政厅	文明财政所
冷水滩市水口桥财政所	1990年	湖南省财政厅	文明财政所
道县道江镇财政所	1990年	湖南省财政厅	文明财政所
江华县财政局	1990年	湖南省爱国卫生运动委员会	文明卫生单位
蓝山县财政局办公室	1990年	湖南省财政厅	三好服务优胜单位
零陵地区会计函授学校	1991年	湖南省财政厅	先进集体
冷水滩市财政局	1991年	湖南省财政厅	政治工作先进集体
永州市七里店财政所	1991年	湖南省财政厅	文明财政所
东安县紫溪市财政所	1991年	湖南省财政厅	文明财政所
东安县白芽市财政所	1991年	湖南省财政厅	文明财政所
东安县财政局	1991年	湖南省财政厅	先进集体
零陵地区会计函授学校	1991年	财政部	先进办学单位
零陵地区财政局农财科	1991年	湖南省财政厅	先进单位

后 记

《零陵地区志·财政志》编纂工作始于1986年10月，起步不久，主编感到心有余而力不足，难以胜任工作，主动辞退，修志工作陷入停顿。1989年8月，重组编辑小组，经过6年实干苦干，终于编纂成功。

本志问世是集体智慧的结晶，各篇章撰稿人分别是：概述张培俭；大事记李良瑞、朱江淮；收入篇第一、二、三、五赵国平，第四章陈荣光、张培俭；支出篇张培俭、邓宪君；管理篇第一、二、三章李水清，第四章周和平、李良瑞，第五章赵国平，第六章张培俭、赵国平，第七章张培俭、周和平，第八章李水清、张金生，第九章张培俭、陈荣光；总纂张培俭。编修本志自始至终受到省财政厅领导的关注和地区财政局领导的亲切关怀，全区财政系统的有关同志和老前辈积极提供很多宝贵资料，地区档案、工商、税务、银行、文化、教育、卫生、体育等有关部门给予大力支持，特别是地区地方志办公室的领导和同志们亲临指导并审阅志稿，无私地帮助我们完成零陵地区第一部财政志书的编写任务，在此表示衷心感谢！

本志受史料限制，有不完善之处，敬请读者指正！

编者

1995年6月6日

弁后记

2016年5月，永州市财政局正式启动第二轮修志工作时，发现20世纪90年代编修的《零陵地区志·财政志》已完成志稿评审，但因人员变动等原因，后续工作未能完成，志书没有出版，仅存一本手稿和打印孤本，史志保护和开发利用存在重大隐患。局党组对此高度重视，两任局长亲自过问。2016年8月3日，时任党组书记、局长杨军元签字同意印刷出版。2018年12月26日，现任党组书记、局长艾艳君在《永州市财政税务志》志稿评审会上表示，《零陵地区志·财政志》与《永州市财政税务志》一并印刷出版。2019年2月11日，局党组会专题研究《零陵地区志·财政志》出版印刷问题，责成局修志办陈晓旺、张志海、谢美香三人尽快搞好与市史志办的工作对接以及与张培俭等人的工作衔接，认真做好志书的校稿核对、出版印刷和志书发行。

局修志办全体同志不辱使命，专心校稿，立志把这段财政历史和第一轮修志人员的心血汗水原原本本地呈现在世人面前。因年代久远，资料缺失，加之校稿人时间、精力和阅历所限，难免存在校对不精确、不完善之处，敬请读者批评指正！

校稿人

2019年5月4日